U0152752

寻秦记

聂作平———

著

中华书局

图书在版编目（CIP）数据

寻秦记/聂作平著. —北京：中华书局，2023.11
ISBN 978-7-101-16342-1

Ⅰ.寻… Ⅱ.聂… Ⅲ.中国历史-秦代 Ⅳ.K233

中国国家版本馆 CIP 数据核字（2023）第 176446 号

书　　名	寻秦记	
著　　者	聂作平	
责任编辑	董邦冠	
责任印制	陈丽娜	
出版发行	中华书局	
	（北京市丰台区太平桥西里 38 号　100073）	
	http://www.zhbc.com.cn	
	E-mail：zhbc@zhbc.com.cn	
印　　刷	北京盛通印刷股份有限公司	
版　　次	2023 年 11 月第 1 版	
	2023 年 11 月第 1 次印刷	
规　　格	开本/920×1250 毫米　1/32	
	印张 11¾　插页 2　字数 200 千字	
印　　数	1-8000 册	
国际书号	ISBN 978-7-101-16342-1	
定　　价	58.00 元	

寻秦记

聂作平 著

秦人九都

秦邑（李崖）①

陇山

汧邑（边家庄）③

千河

②西垂（礼县）

渭

④汧渭之（戴家湾

秦

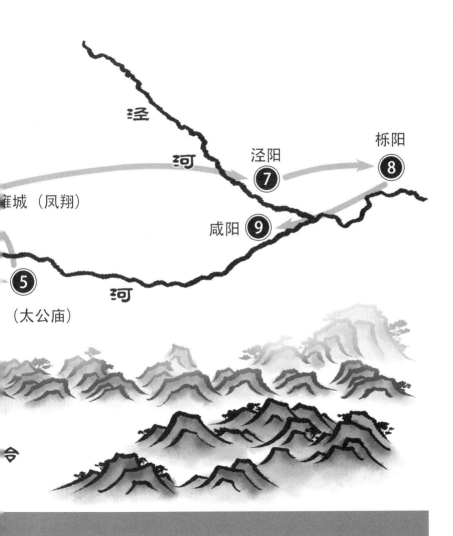

迁示意图

泾河

泾阳 ⑦

栎阳 ⑧

雍城（凤翔）

咸阳 ⑨

⑤

（太公庙）

河

今

目　录

一半是田野，一半是文字（代序）／／1

第一章　漂荡的祖先／／1

第二章　西垂之地／／35

第三章　汧邑与汧渭之会／／77

第四章　寻找平阳／／131

第五章　雍城时光／／165

第六章　泾阳往事／／233

第七章　栎阳之变／／281

第八章　咸阳：六王毕，四海一／／325

秦国（朝）世系图／／362

一半是田野，一半是文字（代序）

结束又一次数千公里的奔波回到家时，成都平原已经春深似海。出门那天，园子里的红梅才冒出几粒不起眼的花蕾，如今，花都开得残了、旧了。成排的红叶李粉白相间，空气中涌动着一股股淡淡的花香味儿。想想两天前，在北方，仍然是万物肃杀的冬日景象。秦岭余脉，山岭上的残雪闪闪发光；城阳城遗址，二月初的风吹得脸颊发痛；淮河之滨，光秃秃的杨树伫立在灰白的阳光下，几只喜鹊百无聊赖地跳来跳去……

如同以往那样，为了赶路，有时候我半夜还开着车行驶在高速公路上。偶尔到服务区休息时，就会看到白天看不到的景象：数十辆大货车停放整齐，司机们或挤在车里睡觉，或坐在小马扎上抽烟、聊天。为了生计，他们必须常年奔波。而我，与他们似乎有着某种相似之处。只不过，他们是为了物质的生计而奔波，我是为了精神的生计而奔波——这些年来，每一年，我总有好几次短则十多天长则二三十天的漫游。漫游的产物，就是在归来后的漫漫长夜里，一个字一个字敲下的一本本书——比如，此时您手中正打开的这本《寻秦记》。

作为中国历史上第一个大一统王朝，秦朝虽然只存续了短短十五年，但它对后世的影响却极为深远。谭嗣同说："二千年来之政，秦政也。"毛泽东说："百代都行秦政法。"可以肯定，直到今天，秦朝的影响依然无处不在。至于秦朝十几年间发生的一系列历史事件，诸如焚书坑儒，诸如书同文、车同轨，诸如废除分封、全面推行郡县，等等，至今还是从学界到民间都关心且津津乐道的话题。

不过，很少有人注意到这样一个事实，那就是在周天子分封的诸侯国里，秦国曾经是最卑微、最不起眼的那一个：论资历，秦国直到周平王迁都洛邑时，才因护驾有功而由大夫跻身诸侯，总算正式立国。此时，鲁、齐等国已有数百年历史了。论出身，鲁、晋、虢、燕出自周朝宗室，宋是殷商遗民，齐是功臣，而秦最初起家，仅仅因为非子为周天子牧马有功，受封作了附庸。论领土，非子时，附庸级别的秦国，按规定，"不能五十里"。虽然在那个地广人稀的年代，不一定真的"不能五十里"，但估计至多不过相当于今天的几个乡镇而已。论地理位置，非子受封的秦邑，远在甘肃，乃是地地道道的边疆，与交通方便、经济发达的关中或中原地区完全不能相提并论。论局势，秦人与戎人杂处，富于侵略性的戎人总是不断袭扰秦人，秦人不得不枕戈待旦，在夹缝里艰难求生……

然而，意外的是，几百年发展变化之后，消灭诸侯，结束分封，建立起中国第一个大一统王朝的，不是身份显赫的鲁、晋、燕，也不是文化发达的齐或地盘曾相当于其他诸侯总和的楚，而是根本不起眼的，甚至多年来一直被其他诸侯看不起的秦。

这中间，一定有一些深刻的内因和外因，这也是本书想要探讨的重要内容之一。在此，暂不剧透。

早在写作本书之前好些年，我就对秦国的成功"逆袭"抱有浓厚兴趣，并企图弄清其间的来龙去脉。机缘巧合，2015 年，《中国国家地理》杂志要出一期甘肃专辑，邀请我写一篇秦人在甘肃的文章。

这就促成了我第一次以田野考察的方式接近秦国。我从成都出发，驱车北上，经绵阳、广元后折向西北，进入与四川毗邻的甘肃陇南。在陇南市区武都夜宿后，次日下午，我来到礼县。这里，正是史料中所说的秦人早期生息的西垂。礼县城外十多公里的西汉水与永坪河的夹角间，一列山峰逶迤而过，山下是低缓的河滩与台地。台地上，七零八落地分布着土黄色的农舍。我顺着农舍之间蜿蜒的机耕道抵达山顶，穿过垭口，来到了山的另一面。山的另一面，也是一级级台地。半人高的蓑草像枯黄的波涛，没有波涛的地方，是一个个或大或小的发掘坑，而最大的或者说最重要的几个发掘坑，上面搭着蓝色雨棚。路旁，竖着一块白底红字的警示牌：考古工地，禁止入内。

这就是大堡子山秦人墓群，也就是与后来的雍城陵园、芷阳陵园和秦始皇陵园并称秦人四大陵园的西垂陵园。从辈分上讲，它是四大陵园中最年长的，是秦始皇祖先的祖先。

西垂陵园的考古发掘早已结束（关于它的发现和曾经近乎疯狂的盗掘，本书有详细讲述），山坡上，除了我和同行的一个朋友，再无他人，只能听到风吹草动的轻响。伫立风中，凝望远远近近的发掘坑，浮想联翩——在那个遥远年代，从东部迁徙至此的秦人，他们，像一粒粒顽强的种子，在异乡的土地生根、发芽，并在一场场雨水中茁壮成长，直到多年以后长成参天大树。

西垂陵园发掘出的文物，大多陈列在礼县甘肃秦文化博物馆。次日，在诗人包苞的陪同下，我走进了这座博物馆，流连于那些精美的青铜器具之间。此后两天，我又先后造访了天水牧马滩和张家川——据说，那就是非子为周天子养马并掘得第一桶金的地方。近年来，考古工作者们在这些地方有过不少收获。这些收获，以铁的事实证明了秦人早期筚路蓝缕的艰辛与倔强。

从甘肃回来，我写下了和秦人有关的第一篇文章——《大秦帝国的童年时光》（后来发表时改作《陇南，这里走出了秦帝国》）。

陇南和天水之行，进一步引发了我探究秦国崛起之谜的兴趣。随后五六年间，我多次前往甘肃、陕西、山西和河南，在田野间寻找秦人的蛛丝马迹。传统说法是，秦人九都八迁，从非子邑秦开始，秦人建了第一座"首都"，这秦人第一都最可能的地方是今天的甘肃清水县李崖。以后，则是埋葬了多位秦君的西垂，以及汧邑、汧渭之会、平阳、雍城、泾阳、栎阳和咸阳。在寻访了秦人九座都城后（九座都城中，秦邑、西垂、汧邑、汧渭之会和平阳，学者们对其地望各有说法），为了探寻秦人之根，我又去了安徽和山东。因为，那里曾是与秦人关系密切的东夷的地盘，埋葬着秦人的远祖皋陶。

以殷商余孽的身份，在荒凉的西垂一步步崛起，直至成为战国终结者，秦人这种峰回路转的命运，有多方面的原因。而且，这种崛起，也并非一帆风顺，而是充满变故，呈现出一种螺旋式的上升状态。秦人九都八迁，从方位上说，大致自西向东，他们在翻越陇山进入关中平原后，以这个彼时的天府之国为基地，依凭坚韧不拔的精神，依凭几十代人生生不息的努力，不断东扩，不断征战，终于打下了大一统王朝的基业。甘肃是秦人最早的栖身之地，陕西是秦人最重要的发展基地，是以成为和秦人关系最密切的地区。

由于年代过于久远，秦人的遗留，大多是考古发掘出的文物及考古发掘遗址，以及重大事件的大致发生地。也就是说，关于秦人踪迹，史料只提供了一些模糊而简短的甚至自相矛盾的文字，而田野之间，则可能找到久远往事的"案发现场"。

几年来，我对秦人的寻访，有时是为了到博物馆看看出土文物，有时是为了到考古现场了解原址风貌，有时是为了感受两千年的光阴变迁——从山川到风景的变迁，从物候到气候的变迁，从居民到生活的变迁。举例来说，像秦人曾经的首都汧渭之会，由于到现在也没有发现其城址，只能根据史料记载和其他一些文物，推测它可能在陕西宝鸡的孙家南头村或是戴家湾。故此，我前往这两个地方，其实既看不到城址，也看不到遗迹，但我仍然要前往。因为，我想要看看，这片据说曾经做过秦人首都的土地，在两千多年后的今天，到底是什么模样；生息在那里的人们，到底过着怎样一种生活。此外，还有另一个更根本的原因：我不希望自己对秦人秦史的解读，仅仅从文字出发，又到文字结束。我希望有一种身临其境的现场感，有一种时空交错的穿越感，有一种今昔同在的沧桑感。

因此，我想，这部书，它既是用手写成的，也是用脚写成的。它的构成元素，一半是田野，一半是文字。它的完成方式，一半在荒原，一半在书斋。

另外，我想要特别说明的是，由于史料阙如或混乱，上古史向来不像中古史和近古史那样，大多数事件都有定论。同一起历史事件，常常聚讼不休，充满分歧。比如说非子被封为附庸，到底附于谁，便各有说法；比如西犬丘究竟在哪里，也是各执一端。写作时，遇到此类问题，我一般选择比较通行的说法，或是我认为比较合理的说法。当然，不管哪一种说法，前提是皆有所本。

第一章　漂荡的祖先

1

如果有人写一封信，信封上的收件地址是"安徽省六安市金安区皖西大道 26 号"，那么，我得提醒他，这封信永远也无法送到收信人手中。

因为，皖西大道 26 号的主人，早在三千多年前就去世了。纳闷的是，这座城市在编定门牌号码时，却把死者的墓地和生者的房舍混在了一起——似乎在强调，即便是死者，也得接受管理和秩序。

这种奇怪的念头，当我跨进墓园，看到那块黑色石碑时就油然而生。

2021 年 7 月底的某个上午，农历三伏。一大早，太阳就像一枚金灿灿的牛卵子，溅起一股股骚气蓬勃的热浪，从酒店对面的河岸跳上地平线。哪怕被黑夜凉了一晚，吹到身上的风，依然热得像从电吹风里喷出似的。

我没在酒店吃早餐。我一直认为，要想在极短的时间里更多地了解一座城市，一个办法就是，加入当地人吃早餐的行列。

酒店附近有一条老街，餐馆一家接一家，几乎都是成都人说的苍蝇馆子——门脸破旧，卫生一般，价格低廉，特色取胜。

一个豆腐摊子。蜂窝煤炉顶着一口大铁锅，汤汤水水地泡了一些白色的豆腐。旁边，几张摇摇欲坠的小方桌，食客们的头埋在桌上，发出一阵阵唏哩呼噜的吞咽声。豆腐近似于四川的豆腐脑，不同者乃是豆腐更老一些，并且加了许多粉条。豆腐与粉条是主角，余下是葱、榨菜和辣椒之类的配角。

一个臭干子摊，用三轮车拉着的那种，大老远就飘来一股特殊的味儿。甲之蜜糖，乙之砒霜。这气味，钻进喜爱者鼻子，是令人垂涎的香味儿，钻进厌恶者鼻子，是令人作呕的臭味儿。

一家包子店。老长的队伍最前方，老板麻利地端出几格巨大的蒸笼，小心放到桌子上。揭开笼盖，热气腾腾的包子给周围瞬间添了几分炎热。一个正在排队的老者看我在一旁张望，便热情地为我介绍——他的话，只能听懂三分之一，主要靠猜。他说，老板五点半开门，只开到九点半，一天要卖几千只包子。

一会儿工夫，等我逛了一圈回来，快九点半了，老板要关门了，蒸笼里，还剩最后三只包子。

我买下三只包子。包子馅很别致：粉条，韭菜，带一股辣味儿。

太阳升得老高了，吃完早餐的人们早已四散而去。上班，上学，上公园，上菜市场。小城有自己的节奏。悠闲，缓慢，十年如一日，一日亦如十年。

半个小时后，我走进了墓园。我想，睡在这里的死者，三千多年前的死者，倘若他一觉醒来，看到子孙们现在的日子，想必会满意地打个哈欠，翻个身，继续他的永恒的睡眠。

墓园在皖西大道西侧。皖西大道笔直、宽阔，车多而人少，一看就是新区里的道路才有的大模大样。我查阅出版于二十多年前的《六安县志》得知，这条大道，从前原本是从六安通往合肥的公路。墓园前方的草坪里，就是那块石碑。黑色石碑上浮着四个白色大字：古皋陶墓。下面是两行小字：六安市人民政府重修，公元一九九六年十一月。

石碑左上角，非常刺眼地贴了一块蓝底白字的铭牌：皖西大道26。

普通话里，六是多音字，读 liù 和 lù。前者有两个意思：一是数目，五加一之和；二是工尺谱记音符号，相当于简谱里的5。后者只有一个意思，用于地名，比如六安。

四川话里，六只有一个音：lù。录视频时，我怕观众误认为我说的是四川话，解释说：六作为地名，不念 liù，要念 lù。六来六去，连我自己也说错了一次。

我是从徐州赶往六安的。这是第二次到徐州，上一次看了汉墓、云龙湖，这一次想看看苏东坡的黄楼。至于到六安，却与寻访苏东坡无关。

到六安，是为了寻找一个族群的根。

这个族群叫：秦。

近年来，我对大秦兴亡的兴趣极大，各处寻访与秦有关的遗址遗迹。但是，只有到了六安，我才摸到了秦人最初的根。

世界上有秦国和秦人，是在两千多年前的周朝，秦人最早的活动地点在甘肃。与甘肃相距一千多公里的六安，和秦有什么关系呢？

墓园的主体当然是墓。圆形的墓，正前方立一块铁栏圈护的碑，上部是石头本身的褐黄，下部年复一年地被香烟熏烤，褐黄中凝成一团团乌黑，像意义不明的抽象画。碑正中四个大字：古皋陶墓。碑乃清朝同治八年所立。同治八年，即公元1869年——那一年，苏伊士运河通航，明治天皇迁都东京，门捷列夫制作出元素周期表，米舍尔首次分离出DNA。还要等上整整一百年，我才出世。那是我爷爷的爷爷生活的时代。

碑后，椭圆形的墓很饱满，方砖砌到一米多高，封土高高隆起。如果从空中鸟瞰，应该形如一只倒扣的大碗。墓顶，绿草萋萋，一株枝繁叶茂的黄连亭亭如华盖，将大半座墓都笼罩在它恣肆的绿荫下，如一位慈祥的母亲，低头注视着摇篮里熟睡的孩子。

墓侧，一块水泥浇铸的碑，背面，是皋陶及其墓的简介，其文曰：

> 皋陶是上古时代东夷集团的氏族首领，历经尧、舜、禹三个时期。他倡"九德"，明"五刑"，弼"五教"，在理政、制刑、教育，融合夷夏形成中华民族诸方面作出了不可磨灭的贡献。
>
> 皋陶死后，葬于六安，夏禹封其少子奉其祀，故六安又称"皋城"。皋陶墓历经沧桑，几修几圮，1996年六安

市人民政府拨款重修。

1989 年 5 月公布为安徽省重点文物保护单位。保护范围：以墓冢为中心，东、西、南、北各 35 米。

行礼如仪并拍摄照片后，我沿着坟前小路信步走进后面的园子。

树木苍翠，被苍翠树木调教过的风终于不像大街上那么炙热。一座十分古旧的房子，看起来，足有上百年了，孤零零地立在一片平坝上。前面，一块还剩半截的残碑，文字早已漫漶。房子大门紧闭，门旁悬一块黑底白字的标牌，细看，道是：六安市文物管理局皋陶墓管理办公室。

办公室另一侧林子里，有几条石头长凳。一条上面躺着一个流浪汉，睁大眼睛，望着树梢发呆。一条上面坐着一个年轻人，双手捧着手机，不时发出大笑。

想起昨晚在酒店吃饭时，我和服务员有过一段对话。

"你是本地人吗？"

"是的。金安区的。"

"你知道六安的别称吗？"

"好像，好像叫 GAO 城。"

"哪个 GAO？"

服务员犹豫了一下："不是高低的高。"

"为什么叫 GAO 城？"

摇头："不知道。"

又想起一个小时前，早餐桌上，我问一个六十来岁的大叔："请问您知道六安的别称吗？"

"GAO 城啊。"

"哪个 GAO？"

"就是白字头下面一个本嘛。"

"这名字怎么来的？"

"和一个古人有关，是不是牛皋？岳家军在这里打过金兀术？"

旁桌一个戴眼镜的中年人扭过头："什么牛皋啊，是皋陶。皖西大道那边，还有皋陶墓。"

大叔有些不好意思："对，对，那边有一座墓，老大的，我怎么忘了。"

走出墓园，我想，所有这一切，还是从沉睡的皋陶说起吧。

2

从前——这从前是多久呢？我估算了一下，大概距今四千二百年吧。当然，只能是约数。

四千二百年前的某一天，有一个叫女修的女子，她在织布时，看到一只黑色的鸟儿——应该是燕子，下了一只蛋。在物产不丰的上古，鸟蛋不啻天赐美食。女修把鸟蛋捡起来吃了。没想到，她竟怀孕了，并产下一名男婴。

吃鸟蛋怀孕生子，纯属天方夜谭，所以我们把它视为神话。但它反映的却是真实历史：母系氏族时期，人类只知其母，不知其父。

与此相类，还有另一个几乎完全相同的传说：玄鸟生商——商人的始祖契，就是简狄吞服玄鸟蛋后所生。《诗经》说：天命玄鸟，降而生商。

女修生下的那名男婴，是为大业。大业，就是埋在六安的皋陶。

皋陶长大成人后，在尧手下任职，称为士，又称理政，即掌管法律的官员。皋陶的政绩，墓侧那块碑上的介绍就是各种史料的翻版：倡"九德"，明"五刑"，弼"五教"。

倡"九德"，即提倡九种有德的行为。明"五刑"，即制定法律，有法可依。弼"五教"，即树立五种伦理规范。

作为有史以来第一位大法官，皋陶持法公平、严格，受到了尧和舜的高度评价，后人将他和尧、舜、禹并列，尊称为"上古四圣"。

皋陶娶少典部落的女华为妻，女华生了一个儿子，是为大费。大费后来与父亲同朝为官。舜晚年时，洪水滔天，舜命大禹治水，大费则是大禹的重要助手。

治水功成，舜赐大禹玄圭，大禹没忘记大费的辅佐之功。他说："非予能成，亦大费为辅。"于是，舜也表彰奖励了大费——包括物质和精神两方面：物质方面，赐大费以皂游。皂游是什么东西呢？《史记索隐》解释，就是装饰旗帜的黑色飘带。在当时，这可能是一种身份与地位的象征。精神方面，舜祝愿大费嗣将大出，即子孙众多。不过，当时大费还没结婚，舜于是张罗将姚氏之女许配给他。从父亲皋陶只知其母不知其父，到大费娶妻，这说明，母系氏族社会正在进入父系氏族社会。

舜给大费安排的新工作是调驯鸟兽。那时，原始农牧业日益兴盛，将原本野生的鸟兽调驯成家禽家畜，责任重大，大费相当于后世的畜牧部部长。大费干得很出色，鸟兽多被驯服。舜再次给了他精神上的奖励：赐姓嬴。

因为后来的秦国和秦朝，后世常将嬴秦连用。其实，嬴比秦出现得早得多。不过，秦的外延却比嬴更广泛。

就像父亲皋陶又名大业一样，儿子大费也有另一个名字——伯益，也写作柏翳。

伯益是有史以来第一个以嬴为姓的人，而从皋陶开始，秦人的家庭关系，有了明晰的父子相承的脉络。所以，司马迁的《史记·秦本纪》就从皋陶写起。

前一天下午到达酒店时，站在阳台上，我看到绿树与楼房之间，有一片水波浩渺的湖。散步时才发现，那不是湖，而是淠河拐出的一道湾。

发源于大别山的淠河是淮河支流，它自西南流来，经霍山、岳西、六安和淮南后，于寿县注入淮河，全长二百五十多公里。

《水经注》"淠水"条下说："淠水又西北迳马亭城西，又西北迳六安县故城西，县故皋陶国也。夏禹封其少子，奉其祀。今县都陂中有大冢，民传曰公琴者，即皋陶冢也。楚人谓冢为琴矣。"

皋陶去世后，大禹把他的小儿子封于六，以奉其祀。六国的地盘，就在今天的六安淠河两岸。现在，六安一带还有皋姓，据说就是皋陶裔孙。皋陶墓北两公里处，有一个叫跑马埂的小地方，两条小河左右伴流。二十世纪八十年代，考古学家在这里发现了大量陶片，经鉴定，系原始社会末期到奴隶社会早期的遗存，定名为东城都遗址。这里，是否就是当年六国的都城呢？

至于皋陶的儿子伯益，他一度被大禹确定为接班人。大禹死后，伯益按照以往的游戏规则，提出要把帝位让给大禹的儿子启。为表诚心，他跑到箕山躲起来。不料，臣子们不按常理出牌，没有像他想象的那样，深入箕山请他出山，而是属意于启，"诸侯皆去益而朝启"。这样，启继承帝位，建立夏朝。从此，禅让制变成世袭制。

伯益没能继承大禹的帝位，但他有自己的封地。他的封地有两说，一说是费国，在今山东鱼台县西南。这也是伯益被称为大费的原因。一说在嬴水流域。嬴水即今汶河支流嬴汶河，流淌于山东莱芜一带。郑樵认为，伯益因居于嬴水之滨而得嬴姓。

不管伯益的封地在鱼台还是在莱芜，总之，自他开始，世上有了嬴姓——另有一种说法是，更早的少昊也是嬴姓。但我以为，这很可能是后人追溯嬴氏历史时的一个猜测。

今天，嬴姓十分稀少。比如，"成都发布"公众号有个小程序，可以查询成都市户籍人口中各姓的人口数量。查李姓，多达一百五十余万，排名第一；查聂姓，近两万，排名第一百二十六；查嬴姓则显示：您查询的姓氏太稀罕了，已少于千分之一。

有人把姬、姜、姒、嬴、妘、妫、姞、姚称为上古八姓——另一说为姬、姜、姒、姚、嬴、妘、妫、妊。八姓中，姜、姚之外，其余诸姓都和嬴姓一样稀少。并且，八姓的每一姓都带有女字，意味着它们和母系氏族密切相关。

我的朋友费永刚，清华大学汽车工程系毕业，地道的工科男，近年却醉心上古史。他一直努力考证，试图证明大费就是费姓的始祖。有一年，我们去天水考察，偶然之间，竟在众多村庄里发现了费家庄。更巧的是，这座费家庄，正好和嬴秦有着密切关系。

这是后话。

<h2 style="text-align:center">3</h2>

从郑州到淇县大约一百三十公里，全程高速。不考虑城里堵车的话，只需一个半小时。

在苍茫的大平原上北行，过卫辉后，车窗西边出现了隐约的山峰，随着淇县临近，山峰的轮廓也越来越清晰。这就是横亘于华北平原与山西高原之间的太行山。

与淇县相比，我更喜欢它曾经的名字朝歌——是的，大多数人都不知道淇县，朝歌的知名度无疑要大得多。朝歌，《淇县志》的解释是："高歌黎明，喜迎朝阳，蒸蒸日上，兴旺发达。"

朝歌和一个王朝的覆灭有关，和一个举世闻名的昏君有关。

王朝即商朝，昏君即商朝末代君主帝辛，即人们常说的纣王。

王朝如人，总要给后人留下印象，虽然这些印象可能并不全面。比如商朝，它给我留下的印象有两个：一是特别迷信鬼神，商王牙痛脑热都要占卜，看看是哪路鬼神在作祟，然后杀牛为祭；二是特别喜欢迁都，商朝的首都总是在中原大地上飘来飘去，神出鬼没。

商朝建立前，从商人始祖契——就是简狄吞玄鸟蛋生产的那位——到成汤建商，共有八迁；商朝建立后，至少五迁。直到盘庚迁殷后，商都才稳定下来。《竹书纪年》说："自盘庚徙殷至纣之灭，二百七十三年，更不徙都。"后来，纣王长期居朝歌，但朝歌只是陪都或别苑，商朝的法定首都仍然是殷，即今河南安阳。

淇县以朝歌古城闻名，虽然真正的古迹儿乎阙如。城里，有一座摘星台公园。早在四十多年前，儿童时代，我就听祖母讲过纣王为苏妲己修建摘星台的故事。那时，我一直以为苏妲己是"苏大姐"。眼前的摘星台，以及后人附会出的比干摘心处等所谓"古迹"，既粗糙，也于史无征，相当于戏说。当然，要比西门庆故居或水帘洞遗址稍微靠谱一丁点儿。我顺着小路走过去，荒凉的土丘上，林木掩映，亭台破败，没看到游客模样的外地人，只有口音很重的当地居民，把园子当作散步和谈恋爱的去处。

簋是一种青铜器，圆口，两耳，起初用于盛食品，后来用于祭祀，常与鼎配伍。

1976年，陕西临潼零口镇，出土了一只高近三十厘米，重近八公斤的簋。铭文表明，它是一个叫利的人制作的。按习惯，命名为西周利簋。

西周利簋上的铭文解决了一个历代聚讼不休的问题：武王伐纣灭商的牧野之战到底发生在哪一年？

利簋铭文如下：

> 珷征商，隹甲子朝，岁鼎，克闻，夙又商，辛未，王才阑師，易又事利金，用作檀公宝尊彝。

译成现代汉语，大意是：武王讨伐商纣王，是在甲子日的清晨。是时岁星在中天。战斗到天黑，武王占领朝歌。八天后，辛未日，武王于阑師论功行赏，赐给利一些金属，利用这些金属为祖先檀公制作祭器，以纪念先祖檀公。（关于利簋铭文，不同专家有不同释读，这是其中一种。）

二十世纪九十年代，夏商周断代工程的专家学者，根据包括利簋铭文在内的诸多史料及考古实证，得出了牧野之战的准确时间：公元前 1046 年。

大战在朝歌以南的牧野进行。商军大败，纣王逃回朝歌。绝望中，他登上鹿台，身上挂满珠宝，自焚而死。

出淇县县城东行，大约六七公里的原野上，淇河从一望无际的麦地间流过，像一条暗黄的绳，费力地拴起了若干碧绿的翡翠。麦地中，一丘隆起，高出河面数丈。高丘四周，石头砌边，上面是青葱的树木。如果从高处看，就像一只长长的盘子里，盛了一些绿色菜蔬。

"盘子"前面，有一尊微型塑像，塑的就是纣王，而那座大土丘，据说是他的墓地。

塑像与墓地之间，树着五方黑色石碑，全是近十多年所立。匪夷所思的是，尽管纣王以残暴著名，其中一方碑上刻的却是：功垂千古，气节万年。我怀疑自己看错了，但没错。

前往纣王墓地，是一个阳光灿烂的春日下午。我们吃午饭的那家小店的老板，说他老家就在纣王墓所在的淇河西岸。说起纣王墓，他像是一个自学成才的专家。他坚信当地的一个传说：纣王死前，叮嘱儿子武庚将他葬于淇河中。武庚令人截断河水，在河床上凿出洞穴，把老爹的棺材放了进去。之后封口，河水照流。纣王墓便淹没在滚滚河水中。很多年后，河床不断冲刷，纣王墓从水中露了出来，并与河岸连为一体。

纣王墓所在的土丘下，一边是刚发出不少青色枝叶的杨树，婆娑的树影倒映水中；一边是茂盛的麦地，麦地外侧，十多株梅花，开得妖艳张扬，让人联想起史书中关于纣王糜烂生活的诸多记述。

有意思的是，距纣王墓不远处，还有姜夫人墓和苏妲己墓。只不过，那两座墓要比纣王墓小得多。

纣王自焚而死，商朝灭亡。城门失火，殃及池鱼，这个享国达五百多年的王朝的终结，给大业和伯益的子孙们带来了巨大灾难。

考诸源流，商人与嬴氏都属于东夷族群。故此，他们之间虽也有过征战杀伐，但总体来说还是较为亲近。夏朝末年，成汤讨伐夏桀，为他驾车的叫费昌。费昌，按司马迁记录的嬴氏谱系，乃若木玄孙。若木，则是伯益之子、大业之孙。此外，大费另一个儿子大廉的后裔，也为商王充当过御者。领导的司机虽不是领导，却因接近领导而具有一定的社会地位，这是不争的事实。是以"嬴姓多显，遂为诸侯"。

到了纣王时代，嬴氏家族有一对非常优秀的父子。父亲叫蜚廉，善跑，故又称飞廉；儿子叫恶来，力大无穷。"父子俱以材力事殷纣"，得到纣王重用。

　　天道轮回，随着周人兴起，商朝一天天衰落。并且，原本臣服于商人的东夷各部，也先后叛乱，纣王不得不把精锐部队调往东边平叛。如此一来，当周武王会盟诸侯向朝歌进攻时，纣王只得仓促将奴隶编为军队，遂有牧野之战的惨败。

　　恶来死于武王伐纣期间。具体怎么死的，战死还是被俘杀，语焉不详。飞廉此前被纣王派往北方公干，躲过一劫。关于他的结局，说法很多，有自杀殉殷说，有终老北方说，也有被周人追杀于海隅说。

4

　　走在曲阜街头，无法回避的是孔子。

　　两千多年来，曲阜一直是儒家圣地。即便在最炎热的七月，三孔——孔庙、孔府和孔林——的售票处和检票口，都是攒动的人头，像一锅煮熟的粥里翻滚的米粒。进门，除孔林因面积广大而游人稍稀外，孔庙和孔府内，同样是攒动的人头，导游的声音从小喇叭里送出来，与游人的说笑声和手机的拍摄声绞在一起，让人感到愈发闷热。

其实，作为一座历史悠久的古城，三孔之外，曲阜还有不少我认为颇值得一看的遗迹。三孔名气太大，而其他遗迹如同太阳下的蜡烛一样被忽略了——当我走进空无一人的少昊陵时，这种感受更加强烈。

少昊陵坐落于曲阜城外的原野上。公路穿过小村庄后，进入村庄背后，长势良好的庄稼铺满视野。玉米高过人头，芝麻开出白色小花。田垄上，杂树丛生，其间有三五株紫薇，雨后，深红浅红的花朵甚是娇艳，恰好与朴实的芝麻花形成鲜明对比。

转过庄稼地，是一条直直的甬道。甬道两侧，高大的柏树排列整齐，树下，铺砌甬道的青砖与青砖的空隙里，见缝插针的野草招摇地迎风舞动。

甬道正前方，有一座一望便知岁月悠久的石坊。

从石坊下穿过，再走进古朴而陈旧的大门，甬道依然保持着大门外的模样，成为整座陵墓的中轴。中轴线上，奉祀少昊的殿堂大门洞开，像一张缺牙的大嘴。殿内神龛上方，有蓝底白字：金德贻祥。出自乾隆御笔。下面，是神主牌位：少昊金天氏之神位。

一些资料——尤其是以讹传讹的网络资料，常把少昊陵称作东方金字塔，并附有一张照片，拍的是一座近似金字塔的白色建筑。

其实，那并不是少昊陵，尽管它在少昊陵园区内。

"金字塔"名为寿丘，是传说中黄帝的出生地，而少昊，是黄帝的儿子。

少昊陵在寿丘背面，须从寿丘外侧小径走过去，才能看到一座被寿丘遮挡的半圆形土堆，土堆上长满杂草，前面立着刻有"少昊陵"三字的石碑。

寿丘到少昊陵不过五十米。五十米的距离，却是两代人的光阴：从父亲出生，到儿子长眠。

在河南、山东行走，我常生出一个感慨，许多在我看来非常重要的古迹，几乎都门可罗雀。物以稀为贵，反之则不然。倘若少昊陵在其他地方，比如四川，一定会成为一个重要景点，政府不仅会精心保护古迹，还会把旁边庄稼地也划进来，建成一圈商业设施，成为当地人的休闲地。

少昊陵居然不收门票，甚至看不到工作人员，哪怕看门人。当然，也没见到游客，行走在柏树掩映的园子里，竟有几分阴森。

少昊的身份既清晰又模糊。

这缘于上古时代神话与现实不分，部族与人物混淆。

一般认为，少昊名叫玄嚣，又称青阳，是黄帝的儿子——事实上，如果依据古籍记载，大多数上古人物的血脉，都可以追溯到黄帝。这当然有演绎的成分和后世出于大一统需要的原因。

司马迁认为，商人是帝喾的后裔，那个吞了玄鸟蛋而生下商人始祖契的女子简狄，是帝喾次妃，帝喾则是玄嚣的孙子。嬴氏的先祖大业，其母女修是颛顼的孙女，颛顼则是帝喾的叔父——如是，则契是女修的堂兄，也就是大业的舅舅。从这一谱系看，商人与嬴氏的确有错综复杂的亲缘关系。

从考古的角度讲，少昊时代相当于大汶口文化时期。

大河向东流，大汶河却反其道而行之。它发源于沂蒙七十二崮之一的旋崮，自东向西流淌，汇蒙山、泰山诸水，注入东平湖。大汶河北岸的大汶口镇，因大汶河五条支流汇聚而得名。大汶口文化遗址，便分布于大汶口镇附近的大汶河两岸。

五年前，为了给央视一部纪录片撰写解说词，我从成都来到大汶河畔。河的北岸是大汶口镇，属泰安市岱岳区；河的南岸是磁窑镇堡头村，属泰安市宁阳县。遗址虽以大汶口命名，但遗址的发掘，却是从堡头村开始的。二十世纪五十年代，堡头村外的铁路修筑一派繁忙景象，施工中，工人们挖出了一些陶瓷残片。尔后，便有了令考古界瞩目的大汶口文化遗址。

　　大汶河畔，星星点点地分布着一片片杨树林。步入其中，枝繁叶茂的杨树遮天蔽日，众多鸟儿在此筑巢。当地朋友小陈指给我看数十米外的一株杨树，只见树杈上有一个巨大的鸟巢。多大呢？看上去，像是一个用杂草包裹的蒸笼，那样大的蒸笼，足以同时蒸两只全鸡或全鸭。

　　这么大的鸟巢，它的主人该有多大？我们在林子里抽了两支烟，主人还是不见踪影。正是晴朗的午后，主人一定为了生计四处奔波吧。后来，小陈指着河对岸说："快看，那里来了一只。"

　　我顺着他指的方向看过去，只看到一团模糊的白色影子。至于到底是什么鸟，没法看清，小陈也没法说清。他说，在他童年时代，大汶河边的林子里，到处都有这种白色的大鸟。

　　就在一个小时前，在宁阳文化馆的文物保管室里，我也见到了一只白色的大鸟。我让小陈带我到林子里寻找鸟的踪影，就是想验证，保管室里的大鸟，到底是不是林子里的大鸟。保管室里的那一只是用泥土烧成的，造型简洁、夸张，称为鬹，是上古时用来盛水和炊煮的器具。与其他地方出土的鬹不同，宁阳这件鬹的造型像一只引吭长鸣的鸟儿，专家把它命名为鸟形鬹。

　　制作鸟形鬹的，就是古书中记载的东夷人。《说文解字》

中说："夷，东方之人也。"

东夷人不仅把各种鸟作为各个部落的图腾和名字，甚至官职也以鸟来命名，并把陶器制成鸟的形状。显然，这是一个崇拜鸟儿、渴望飞翔的族群。

东夷始祖，古人认为就是少昊。

而少昊，是商人与嬴氏共同的远祖。这种血缘关系，比一立方水稀释出来的一两白酒还要淡。不过，他们毕竟有着相同的信仰和相近的生活方式。

所以，当商朝被周武王推翻后，嬴氏参与了商人余部的叛乱，之后嬴氏不得不离开祖居的东方，迁往遥远的西部。

一个族群的命运被改写。此后，整个东方中国两千多年的历史也将被改写。

5

从西安到曲阜，约八百公里。飞机一个半小时，高铁三到四个小时，汽车十多个小时。如果步行的话，估计二三十天。倘若一来一返，时间加倍。

三千年前的一个人，他的一来一返，耗费了整整三年。因为，他不是只顾赶路的行者，而是一个前往山东作战的士兵。

这个士兵三年后从前线回到关中老家时，他随口吟唱的歌，被摇着木铎的采诗官记了下来。那就是《诗经》中的《东山》。

下面是其中一段：

> 我徂东山，慆慆不归。
>
> 我来自东，零雨其濛。
>
> 鹳鸣于垤，妇叹于室。
>
> …………
>
> 自我不见，于今三年。

翻译一下，大意是这样的：

我去东山，长久不能回来。

我从东方归家，小雨迷蒙落下。

鹳鸟在蚁堆上鸣叫，妻子在家中叹息。

…………

我没看到这样的景象，到今天已整整三年。

这个唱着忧伤歌儿的士兵，他是随周公去东征的。东征的敌人，就是商人的残余势力，以及商人的坚定支持者们——其中，就有嬴氏。

周武王在牧野大败商军，迫使纣王自杀，从而实现了克商目标。但是，广阔的商朝地盘，并没有被周人完全占领，周人也没法完全占领。与商人相比，周人人数更少。为此，周武王实行了分封，即《尚书》所说，"武王既胜殷，邦诸侯，班宗彝，作《分器》"。

分封对象有几种。

一是三恪，即先代君主后裔。这像一种统战行动，用以表明周的统治顺应天命。舜的后代封于陈，尧的后代封于祝，黄帝的后代封于蓟，夏的后代封于杞。

二是功臣。

三是商朝王室或贵族。周人既然没法把商人的地盘全部消化，只好采取笼络政策。纣王的儿子武庚统治商朝王畿部分地区，纣王的哥哥微子启封于微，即今山东梁山一带。

四是周朝宗室。比如武王昆仲十人，伯邑考早死，武王之外的另外八个，除了两个实在年龄太小外，其余六人均受封。受封的兄弟中，管叔、蔡叔和霍叔的封地紧挨武庚，意在监视商人，称为三监。

周武王万万没想到，他派去监视商人的三个兄弟，后来竟然串通商人一起造反。

武王灭商后不久就身患重病，当时"天下未集"，朝中重臣纷纷为国家前途担心，乃至"群众惧"。武王的弟弟周公旦暗暗向神灵祈祷，希望替哥哥去死。尽管他的祈祷非常虔诚，武王还是死了。成王即位，这还是一个幼稚的孩子。

主少国疑之际，周公摄政——另一种说法是，周公僭位称王，七年后将王位还给成王。不管真相如何，周公主理朝政，遭到了管叔和蔡叔的坚决反对，史称："武王既崩，成王少，周公旦专王室。管叔、蔡叔疑周公之为不利于成王，乃挟武庚以作乱。"

参与叛乱的并不止管叔、蔡叔和武庚，今河南、山东境内的十多个小国，纷纷加入叛乱行列。其中有好几个嬴氏国家，比如徐国和奄国。

两千多平方公里的洪泽湖，在中国淡水湖家族中排名老四。不过，若上溯到公元前十二世纪，黄河尚未夺淮入海，淮河在盱眙以东汇聚成大湖之前，洪泽湖只是一个不起眼的小湖，古称富陵湖。富陵湖所在的今泗洪县，便是徐国统治中心。徐国的始封者，系皋陶的某个儿子。

商朝迁来迁去的多个首都中，其中一个叫奄商，又称奄盖、奄。那么，奄在哪里呢？答案是曲阜。

当商都从奄迁走后，这里成为奄国地盘。奄国的建立者，也是赢氏。

声势浩大的倒周行动，得到了东夷诸部的热烈响应，周公只得率军东征，这一去，便是三年。

第一年，遏制了叛乱的蔓延；

第二年，克殷并定三监；

第三年，继续向东，消灭赢氏奄国。

这就是《尚书大传》中说的，周公摄政，"一年救乱，二年克殷，三年践奄"。

东征期间，周公诛管叔，杀武庚，流蔡叔，并在原商朝王畿地区建立卫国，管制殷民七族；在原奄国地区建立鲁国，管制殷民六族；在薄姑国建立齐国，统治附近的东夷诸国。

与此同时，还有相当大一部分参与叛乱的商人及其支持者被强行迁徙。商人迁到周朝首都镐京附近，赢氏迁到更为遥远的西垂——早在商朝后期，赢氏的一支在飞廉之父中潏的带领下，就已迁往西垂，所谓"在西戎，保西垂"。不过，这两次迁徙性质却完全不同。那时，赢氏作为商王信任的臣子，去为商朝保卫西部边疆；现在，赢氏成了周人的奴隶，被流放到西部戍边。

周公对东夷的征服，还使另一些东夷部族南迁，后来演化为瑶族和畲族等南方少数民族。

6

十多年前，知道甘谷这个名字时，我还没有真正到过甘谷。

没有真正到过的意思是，我已经看到了甘谷，看到了甘谷的城，甘谷的山，甘谷的黄土和街道，甚至，还有一些迎面而过的黝黑的甘谷的脸。那时，我受青海某企业之邀，以虫草为题材创作一部长篇小说。为了完成任务，我几次坐着火车，往返于成都与西宁之间，甘谷是这条路上的必经之地。

我知道甘谷是中国最早建县的地方，为此，我提醒同行的女友注意白色站牌上的黑字：甘谷站。不过，列车并不在甘谷停留。大概只需两分钟，我们就从县城东端跑到了县城西端，或是从县城西端跑到了县城东端。绿皮火车很慢，慢得可以清晰地看到铁轨旁骑车经过的女人那夸张的红唇与黑发。有两次是夜晚，车厢刚被暗淡的路灯照亮，转瞬又陷入黑暗，只余下车轮撞击铁轨发出的冗长声响。

记忆中的甘谷很小，当我真正走进甘谷县城时，才发现它其实远比记忆中大。

七月，一年里白天最长的季节，早晨六点刚过，天就亮了。站在酒店阳台上向外眺望，天空蓝得像外太空一样迷幻，还有一些没退下去的星斗依依不舍地闪烁微光，如同在将要被蓝而深的天空淹没之前，耗尽最后的力气向外呼救。大多数人应该还在梦中。两条街交叉的街口，却已人声鼎沸。温带大陆性气候的清晨，天气凉爽，大多数人都穿两件衣服，有的戴着草帽，有的戴着遮阳帽。他们三三两两地围在一起，用我几乎听不懂的方言在交流。好在，经过本地朋友"翻译"，我知道他们正在达成合作协议。

昨天从天水来甘谷，路上，我瞥见公路两侧的山上，翠绿之中，透出一团团深红。那红，是已经成熟待采的花椒。种植户们自家忙不过来，必须请帮工。

现在，我看到的这些人，就是为花椒而来。他们几乎都是县城周边的农民。一个戴破草帽的中年男子，长满皱纹的脸，如同水土流失严重的黄土高原。他刚和招工的种植户达成协议——其实，整个市场都一个价，都以采摘量计酬：每斤四块。主人家包吃包住。汉子说，花椒种的地方不同，成熟时间也有差异，整个采摘季节差不多要维持近一个月。他这样的熟手，一天能采四五十斤，那就意味着一个月下来，差不多有五千块进项。这是一笔很不错的收入。当然也很辛苦，天刚亮就下地，天完全黑下来才收工。花椒有刺，他们的手经常被戳出血。好在，干惯了农活的手很粗糙，倒不十分痛。"生来就是这苦命哩。"汉子一笑，他的门牙缺了一颗，看上去有些滑稽。

　　菜市口的热闹维持了不到半个小时，人们很快达成协议，坐上小四轮农用车或面包车快速离开了。今天，还可以上山采摘几十斤花椒，还可以挣一百多元钱呢。人散后，地上留下一颗颗烟头，有的还冒着微弱的青烟。

　　距菜市口不远，有一座简易的花椒批发市场，同样人来人往，农用车和面包车陷在人流中，刺耳的喇叭声时时盖过人声，如一把锋利的剪刀，将人声剪成数段，再剪成数段。

　　《本草纲目》说："此秦地所产者，故言秦椒。"至于甘谷和秦的关系，要上推到二千七百多年前的秦武公十年（前688）。那一年，秦国击败了原本生活于今甘谷一带的西戎的一支——冀戎，然后在这里设置了中国最早的县——冀县。这也是甘谷人津津乐道的华夏第一县的由来。

　　清人顾祖禹在《读史方舆纪要》"伏羌县"条下说：

　　　　……古冀戎地，秦武公十年置冀县，汉属天水郡，东汉为汉阳郡治。晋亦属天水郡，乱废。后魏太平真君八年改置当亭县，仍属天水郡，后周复曰冀城县，寻废。隋大业初复置，亦属天水郡。唐武德三年改为伏羌县，仍置伏州。八年州废，县属秦州。广德以后没于吐蕃，县废。宋建隆二年置伏羌寨，祥符九年知秦州曹玮败吐蕃于此，熙宁三年升为伏羌城。金因之，元至元十三年升为县。

由此可知，尽管甘谷是中国最早的县，但由于地处边陲，华夷杂处，其县制也时设时废，甚至一度还被吐蕃占据。伏羌这个地名，带着明显的民族歧视色彩。是故，1929年，改伏羌为甘谷。换句话说，甘谷建县已有二千七百多年，但甘谷作为县名却还不到一个世纪。

如果往前追溯，在秦国设置冀县之前，嬴氏的足迹早就踏上了甘谷的土地——至少，比秦国设县还要早三四百年。

三监及东夷作乱，嬴氏国家是积极参与者。乱平，各自受到了来自周王朝的严厉处罚。这一点，前面已经讲过。

《孟子》说："周公相武王，诛纣伐奄，三年讨其君，驱飞廉于海隅而戮之。"这一记载说明，飞廉在商亡后既没有自杀殉商，也没有流落北方自然终老，而是参与了叛乱。

与《孟子》互证的是前些年出土的一批竹简，即清华大学所藏战国纪年简，称为清华简。它关于飞廉的说法与《孟子》如出一辙，且更为详细：

　　周武王既克殷，乃设三监于殷。武王陟，商邑兴反，杀三监而立录子耿。成王屡伐商邑，杀录子耿。飞廉东逃

于商奄氏，成王伐商奄，杀飞廉。西迁商奄之民于邾吾，
以御奴之戎，是秦之先，世作周危。周室既卑，平王东迁，
止于成周，秦仲焉东居周地，以守周之坟墓，秦以始大。

按清华简说法，武王灭商后，设三监；武王死，商人余
部谋反，于是杀三监而立录子耿。录子耿是谁呢？可能是纣
王的儿子或侄儿。此后，周公又杀录子耿。飞廉在叛乱失败
后，东逃至奄，周军伐奄，诛飞廉。至于奄之民——当然包
括飞廉所属的嬴氏，被西迁到邾吾，是为秦的祖先，世世代
代为周朝守卫边疆，抵抗西戎，一直要等到平王东迁，秦才
开始强大。

甘肃东南，自西向东流淌的渭河像一根输送营养的青藤。
青藤上结出一枚枚果实——那便是一座座城镇。陇西、武山、
甘谷、天水，它们均坐落在渭河之滨。它们的位置和形态也
差不多：河两岸是起伏的山地，中间是渭河冲积平原，城市
就沿着渭河布局，形成东西长而南北狭的格局。

站在甘谷县城背后的山上眺望，城区散漫地布置在小平
原上。一些近两年新建的二三十层的大楼拔地而起，鹤立鸡
群地凌驾于众多低矮的老建筑之上。密集的窗户，望之如蜂
巢。当地球上人满为患时，大多数人只能占据几个小小的窗
口，在完全不接地气的高处度过一生。

但是，在遥远的古代，同一方大地上，我们的祖先却可以拥有更为辽阔也更为自由的空间。

当然，那时候的空间既辽阔自由，也洪荒蒙昧。尤其甘谷这种边地，更是如同天地初开。

出甘谷县城西行，连霍高速与渭河结伴而行。十余公里后，从县城延伸过来的小平原变得狭窄，渭河南北两岸，各自耸起一座山——它们更像是一座山，被渭河活生生地从中间劈出了一条河道。穿过两山形成的峡谷，前面又是一方小平原。那里有甘谷下辖的一座镇子：磐安。

渭河南岸的山，山体呈丹霞地貌特有的红色。这座山，叫朱圉山。《甘谷县志》称："朱圉山为秦岭支脉，层峦叠嶂，连峰耸峙，连绵于县西南者，皆可称为朱圉山。"

朱圉山，就是周公西迁嬴氏的郏吾。

并不是所有嬴氏族人都被强行西迁。史料表明，至少还有一部分嬴氏，要么留在了奄，成为后来的鲁国国民，要么迁往黄淮流域。

恶来之外，飞廉至少还有一个儿子，这个儿子叫季胜。季，就是老三。如果恶来是老大而季胜是老三的话，中间应该还有个老二。

季胜这一支，或许没有参加叛乱，或许出于其他不可考的原因，他们没有受到西迁的处罚。季胜有个儿子叫孟增——按上古命名方式，庶出的长子称为孟，嫡出的长子称为伯。孟增，就是季胜庶妻生的长子。孟增"幸于周成王"。一个犯了弥天大罪的家族的族人，能得到周天子的赏识，孟增显然有他的过人之处。不过，史料对此语焉不详。

因幸于周成王，周成王"是为宅皋狼"，即把皋狼的地盘划给孟增，供他及族人居住。皋狼在哪里呢？据考，在今山西吕梁离石区。

孟增到了皋狼后，生子衡父。衡父的儿子叫造父。造父生活于周穆王时代，穆王喜欢骏马，酷爱远游，而造父是一个非常优秀的御者，有着高超的驾车技术。穆王西狩时，东边的徐偃王作乱，造父驾车，火速将穆王送回京师。因是功，穆王将造父封于赵城。赵城，在今山西洪洞境内。从此，造父这一支族人，就以赵为氏。后来，他的子孙参与三家分晋，建立赵国。战国七雄中，赵国和秦国本是一家人，司马迁说，"赵氏之先，与秦共祖"。

恶来这一支参与了叛乱，在周天子眼中，自然不可信任。恶来生女防，女防生旁皋，旁皋生太几。这一支，既没有在成王时被迫西迁，也没有像同宗的季胜子孙那样发达，当造父受宠后，他们依附于造父，"皆蒙赵城"，在同宗庇护下，小心翼翼地过日子。

一直到太几的儿子大骆和孙子非子时期，这种局面终于得以扭转。

大约不甘心寄人篱下，大骆和非子带领族人离开了赵城，向西而去。

从那以后，嬴氏的历史慢慢变得清晰，秦人也终于浮出水面。

一部既坎坷又顽强的大秦崛起史，就从偏远的甘肃东南迈出了第一步。

第二章　西垂之地

1

宿酒醒来，天刚亮，窗帘透进细弱的光。一阵阵水声裹着光流进来，轰轰如雷。推开窗，我又看到了昨天见过的那条江。江水浑浊，水中富含沙金，浑浊中带着褐黄，像是肝炎患者无精打采的脸。江对岸，荒芜的大山拔地而起，与酒店另一侧的山遥相呼应。古汉语里，这种山称为童山。为什么没有树木的山叫作童山呢？我猜，大概因为这样的山就像古代接受了髡刑的奴隶（童）那样头顶光秃吧。

如同昨天傍晚进城时看到的那样，城市非常局促地沿江分布，拥挤在两列大山的阴影里。在山区，找一块平坦的土地实在不容易，这样的河谷，一般都发展为城市，至少也是乡镇。

江有多个名字。古老的《禹贡》称为桓水，"西倾因桓是来"。意思是说，梁州的贡物由西倾山顺着桓水而来。可见三千多年前，如今看起来不太起眼的水流，竟是一条交通要道。

另一个名字叫葭萌水。距此两百多公里的下游，是四川与甘肃、陕西的交界地带。那里，曾有一座古老的关隘，叫葭萌关。《三国演义》里，张飞与马超曾大战于关下。不过，尽管葭萌关发生过多起战事，张飞战马超却是虚构的。而葭萌水与葭萌关，到底是先有水名还是先有关名，尚待考证。

今天，不论称桓水还是葭萌水，哪怕是当地人，都不知所云。

这条江有一个更通俗的名字：白龙江。

沿白龙江河谷分布的城市叫陇南。如果更准确一些，它是陇南市的中心城区，叫武都。

武都这个名字，起源于西汉时的武都郡。它已有两千多年历史，在先秦时期，这里已属秦国，却未建立相应的行政机构。如果推到秦人最初崛起的西垂时代，武都更是一片不毛之地。在武都和西垂之间，横亘着崎岖的西秦岭。

武都距四川最北的城市广元不到两百公里，同属岷山地区，气候、物产甚至口味都颇有相似之处。比如，在楼下吃面时，我发现，桌上显眼地摆放着花椒粉和辣椒酱，一如四川。

早餐后作别武都。高速公路上车辆稀少，行驶二三十分钟也看不到一辆。山势愈加巍峨，海拔仪上的数字在固执地上升。从车窗望去，山峰怪石林立，除了寒风中瑟瑟发抖的灌木或杂草，难以看到乔木，更难以看到南方特有的青翠。更远的地方是更高的山峰，背阴处积了薄雪，在阳光下生出闪闪寒光，像水晶。

从武都到礼县，大部分为高速公路，约一百九十公里。沿途，有两个地方值得一看，虽然它们与秦人并没有太大关系。

其一是仇池山。十天高速的众多隧道中，有一条仇池隧道。隧道左方（也就是西面）群山连绵，其中一座极为独特。如果从高空鸟瞰的话，它就像一条巨船，浮在群山之上。这就是仇池山。

东北而来的饮马河与西北而来的西汉水，在仇池山南麓汇合，两条河形成了一个近似于 V 字的夹角。夹角内，便是仇池山。二水环绕，山峰兀立，仇池山三面环水，一面衔山，除了一条崎岖小路通到山顶，四围俱是绝壁。更绝的是，山顶平坦如砥，有一片面积达十多平方公里的台地。

郦道元在《水经注》中说："仇池绝壁，峭峻孤险，登高望之，形若覆壶，其高二十余里，羊肠蟠道，三十六回。上有平田百顷，煮土成盐，因以百顷为号。"

依仗仇池山得天独厚的地理条件，魏晋南北朝天下大乱之际，杨氏家族以仇池山为中心，先后建起前仇池国和后仇池国，以及武都国、武兴国和阴平国五个地方政权，延续达四百年之久。

仇池山虽然与秦人没什么关系，不过，它从另一个侧面说明：冷兵器时代，只要有足够的土地种粮食，有食盐自给，再加上险要的地形，就能在一定范围内维持一个相对独立的小政权。

其二是洛峪镇。西和县与礼县一样，都属陇南市下辖县。西和南部，一座叫洛峪的小镇寄身群峰之麓，细细的饮马河与比饮马河更细的公路将它与外面的世界连接起来。这座平凡的镇子，追溯到汉朝，却是管理周边数万平方公里国土的武都郡郡治。

先秦时，以洛峪镇为界，以北，是秦人地盘；以南，秦人鞭长莫及，是氐羌土著的活动区域。

2

　　和武都相比，礼县这个名字出现得很晚。秦汉时期，今天的礼县属西县和武都。直到元朝，它还叫李店；及至明朝，才正式定名为礼县。

　　作为学界确认的西垂所在地，礼县常以秦始皇故里自许，自认是秦人和秦文化的发祥地。礼县盛产苹果，县城附近的平坝上，到处可见苹果园，苹果园围墙上刷着红色标语：礼县苹果，来自秦始皇家乡的苹果。

　　其实，秦始皇并没到过礼县，礼县是他的祖籍，如果改成"来自秦始皇老家的苹果"，或许更贴切。

　　连绵的群山之间，燕子河注入西汉水后继续东行，三条河形成一个巨大的 Y 字。Y 字周遭，是大山里难得一见的平坝，县城就布局在 Y 字里外——它天然地被分割成三块，几座桥又将它们紧紧相连。最重要的部分，要数 Y 字左边。那里，秦人广场、秦汉水上公园、秦都花苑等名字，都在向每一个外来者昭示，这座小城和逝去的大秦有着神秘的关联。

　　当然，与大秦关联最强的首推我此行的重要目的地之一——甘肃秦文化博物馆。

事前查阅资料得知，甘肃秦文化博物馆占地四万多平方米，由主体建筑和先秦文化广场两部分组成，"博物馆坐西向东，充分体现厚重雄宏的秦汉建筑风格"。

听从导航，我穿过西汉水上的一座桥，来到礼县最主要的大街。建筑很新，集中了众多政府机构——法院、检察院、民政局、疾控中心……

县城，尤其在西部地广人稀之地的县城，新区街道大多宽阔且人车稀少，礼县亦如是。大街一侧，两座汉阙左右呼应，阙下，是秦人广场。秦人广场后面，是仿秦汉形制的博物馆主体建筑。

秦文化博物馆前身系礼县博物馆。一家县级博物馆，其狭小寒酸可想而知，尤其在5·12汶川大地震时，多件馆藏文物严重受损。不料因祸得福，有了后来的秦文化博物馆。

意外的是，博物馆大门紧闭。一纸通告说：正在维修，暂缓开放。

幸好，来之前作了准备。诗人包苞，是我在《四川文学》做编辑时的作者，曾有过书信往来。出发前，我告诉他，我将前往礼县考察。

然而，同样意外的是，给包苞打电话，居然不通。一个软绵绵的女声说，您所拨打的电话已关机。

已经下午两点过了，日头偏西，影子拉长。当机立断，还是先去大堡子山吧——事实上，如果没有大堡子山，也就没有眼前巍峨的秦文化博物馆。

《史记·秦本纪》里，司马迁追述秦人先世时，说他们"在西戎，保西垂"。西垂到底是泛指还是特指，历来聚讼不休。王国维的《秦都邑考》认为，西垂原是泛指，指西界，后来成为特指，即西犬丘。

那么，西犬丘地望在哪里呢？他认为是汉陇西郡西县。西县是一个业已不存的旧县。《清一统志》中说："（西县）故城在今天水南一百二十里。"礼县，恰好既曾是西县故土，也在《清一统志》所说的区域范围内。于是，包括谭其骧的《中国历史地图集》等在内的著作，都把西垂标注于礼县范围内。

礼县面积超过四千平方公里，相当于四个香港，或是四分之一个北京，西垂具体在礼县什么地方呢？

这个疑问，直到二十世纪九十年代以后才慢慢有了答案。

永坪镇的得名，源于镇子西边流过的永坪河。这条自北向南流淌的山间小河，全长不过五十公里，它在礼县县城东边的秦汉大道外注入西汉水，大堡子山就位于永坪河与西汉水的夹角内。

顺着秦汉大道，过了永坪河上的一座大桥，公路沿着西汉水蜿蜒。北方的深秋,草木摇落,栗树、槐树、核桃树全都光秃秃的,冷硬的枝条在微风中轻舞,如同铁画银钩的怀素狂草。

与永坪河相比,西汉水名气大得多。古籍里,西汉水称作漾水,古人曾误认为它是汉水的上游——另一种说法是,上古时期,它的确是汉水源头,后来,由于地质变化,才由汉水源头变成嘉陵江源头。

西汉水的发源地,在天水齐寿山(又名番冢山),它还有另一个名字:犀牛江。有犀牛出没,说明从前的西汉水流域比今天更温暖湿润,也更宜于农耕和游牧。

河床虽宽,但枯水季节,河水很瘦,不过几十米的样子。河床及河床边的台地上,灰白的芦苇一丛接一丛,在风中轻轻晃动,它们和落尽叶子的枯树一起,以两岸平行的枯黄山峰为背景,让秋后的大地更加荒凉、凄清。

古人把芦苇称为蒹葭。收录于《诗经》的《蒹葭》写道:

> 蒹葭苍苍,白露为霜。
>
> 所谓伊人,在水一方。
>
> 溯洄从之,道阻且长。
>
> 溯游从之,宛在水中央。
>
> …………

这么一首温婉深情的情诗，居然出自尚武的秦人之手，多少让人有些惊讶。这正好说明，就像硬币有两面一样，小到一个人，大到一个民族，都有他们迥然相异的两面。在秦人早期活动空间里，可能没有哪里比西汉水流域更适合作为这首情诗的诞生地了。有研究者认为，《蒹葭》诞生在礼县。当然，就目前来说，既无法证实也无法证伪，仅是一种猜测而已。

在导航指引下，我沿着山间公路仔细寻找大堡子山秦公墓，来回两次，都没找到上山的路。

距"大堡子山遗址及墓群"石碑两三百米开外，一座狭长的村子散落于山麓。村里的房舍，如同房舍与房舍之间的大地一样灰黄。房舍外面，堆着一些蒙古包般的草垛。草垛旁边，高大的杨树托着几个大得夸张的鸟巢。鸟巢下面的土坎边，几个老人坐在阳光下打瞌睡，他们的脸庞，被岁月痛击后变得松弛而干枯，让人联想起一枚枚山核桃。

经过一番费力的交谈，我终于明白了，原来上山得穿过村子。十分钟后，我顺着尘土飞扬的土路爬上了山，转过山口，我看到山另一面的几级台地上，半人高的蓑草像枯黄的波涛——没有波涛的地方，是一个个或大或小的发掘坑，而最大或者说最重要的几个发掘坑，上面搭着蓝色雨棚。路旁，树着一块白底红字的警示牌：考古工地，禁止入内。

这就是大堡子山秦人墓群，也就是与此后的雍城陵园、芷阳陵园和秦始皇陵园并称秦人四大陵园的西垂陵园。从辈分上讲，它是四大陵园中最老的，埋葬着秦始皇的祖先的祖先。

回溯到二十世纪九十年代初。当时，礼县一带兴起了挖龙骨之风。所谓龙骨，乃是远古沉积的古生物化石，中医将其作为药材。挖龙骨过程中，不少古墓被发现，而古墓中的文物，显然比龙骨更值钱。于是，挖龙骨渐渐地演变为挖古墓。以至当地有"若要富，挖古墓，一夜变成万元户"的顺口溜。

土生土长的包苞告诉我，他少年时代，经常看到地里劳作的农民挖出一些青铜器。那时，农民认为这些东西是给死人陪葬的，不吉利，几乎没人带回家，随手扔在田边地角。后来，文物贩子来了，盗墓者几乎公开施工，拖拉机和挖掘机这样的大型机械纷纷上山，最多时，盗墓人数数以千计。挖出来的金箔饰品，竟然被当作普通黄金以重量计价，一些品相相对较差的青铜器被随手乱扔。他还记得，有人为了搬运一只青铜鼎，竟然动用了一辆大卡车，偏偏倒倒地开上山巅。

后来主持大堡子山发掘的文物工作者戴春阳先生回忆说：

"1992年至1993年，礼县爆发了大规模、长时间的疯狂盗掘古墓活动，由于长时间几乎公开的盗掘，没有受到任何有效的干涉和制止，这种盗掘古墓活动不仅愈演愈烈，而且使盗墓者在一定程度上掌握了该县古墓区的大体分布状况……不断有珍贵文物出土并迅速流至海外。"

1993年，《中国青年报》刊发了《甘肃日报》记者撰写的反映盗墓情况的报道《古墓悲歌》，引起甘肃省领导重视。于是，当年11月，文物部门对大堡子山进行了抢救性的考古发掘。初登大堡子山，戴春阳看到"整个山坡满目狼藉，遍布密如鱼鳞、深浅不一、大小不等的盗洞，满山横陈沾满铜锈的马骨"。

尽管古墓群被严重盗掘，考古工作者仍有重要收获：大堡子山的黄土梁峁上，共计有两百多座墓。其中，大型墓两座，中型墓九座。两座大墓均为中字形，墓中出土了殉人（有生殉也有杀殉）、殉犬、陪葬玉器、青铜器、石磬，附近有车马坑和乐器坑。但是，如同众多中小墓一样，两座大墓也被盗掘过，"摸金校尉"到底从幽深的墓穴中取走了些什么样的宝贝，是永远的谜。

考古工作者通过大墓形制、规模以及相关蛛丝马迹判断，埋葬在这里的，最有可能的是秦庄公、秦襄公或秦文公。其中，更多人倾向于秦襄公或秦文公。

夕阳的最后一缕光芒照射到秋风萧瑟的大堡子山时，我的手机响了，一看来电显示，正是下午要找的包苞打来的。原来，他临时有事下乡了。在广袤的西北乡村，很多地方没有信号。

晚上，包苞做东，召集了一批礼县诗人、作家，饮酒畅谈，自不在话下——也就是在酒桌上，包苞向我讲述了他少年时见到的大堡子山乃至整个礼县猖獗盗墓的"盛况"。

第二天一早，在包苞陪同下，我顺利走进秦文化博物馆。

一楼展厅，有一幅秦人早期活动地图。从地图看，秦人的早期地盘北起今甘肃天水张家川，南至甘肃陇南西和，分别属于渭河上游的牛头河、耤河和葫芦河流域，以及长江水系的西汉水流域。这些地区发现的若干遗址，出土的众多文物，都证实了这种说法。

3

秦文化博物馆琳琅满目的藏品中，我最感兴趣的那一件却只有图像和仿制品。那就是不其簋。

其是人名，不是语气助词。不其就是其。《史记·十二诸侯年表》载："秦庄公名其。"那么，不其就是秦庄公，不其簋，就是秦庄公所作簋。

前面说过，簋是盛放食物的容器，也是重要礼器，用于祭祀和宴飨。从形状看，它敞口，束颈，鼓腹，两侧有便于提携的双耳，略像一口火锅，不过双耳造型更为繁复。这部分称为簋身。簋身外，还有一个盖子，称为簋盖。

早在清朝文献中，就有关于不其簋的记载。不过，记载的只是簋盖上的一百五十二字铭文。至于簋身，早已不知下落。如今，簋盖收藏于国家博物馆。

1980 年，山东滕州出土了一只青铜簋。其铭文与不其簋盖上的文字几乎完全相同。并且，专家们仔细研究发现，簋盖与簋身不配套，簋身工艺水平明显高于簋盖。按理，如系同一件青铜簋的组成部分，不应该存在工艺差异，更不应该不配套。

只有一种解释：滕州出土的这只簋，其簋身与簋盖本就不是一套，簋盖是后来重铸的。

联系到国家博物馆收藏的没有簋身的不其簋盖，加上两者文字几乎完全一致，工艺水平相同，专家们断定，滕州出土的簋身，与藏于北京的簋盖，它们才是一套青铜簋的两部分。只是，不知什么原因，二者竟然天各一方。

不其簋簋盖和簋身铭文，据考订，其释文为：

> 唯九月初吉戊申，伯氏曰："不其，驭方玁狁，广伐
> 西俞，王令我羞追于西，余来归献擒。余命汝御追于洛，
> 汝以我车宕伐玁狁于高陶。汝多折首执讯。戎大同从。追
> 汝，汝及戎大敦搏，汝休，弗以我车陷于艰，汝多擒，折
> 首执讯。"伯氏曰："不其，汝小子，汝肇敏于戎工，赐汝
> 弓一、矢束、臣五家、田十田，用从乃事。"不其拜，稽
> 手，休，用作朕皇祖公伯、孟姬簋，用丏多福，眉寿无疆，
> 永纯灵终，子子孙孙，其永宝用享。

这些古奥难懂的文字，记载的是秦人早期一桩对后世有
着深远影响的大事。

这桩大事，暂时放到后面。我们先接着第一章，说说大
骆和非子离开赵城、离开造父庇护的日子。

4

大骆、非子父子率领族人西行，大概是在周穆王的孙子

周懿王时期。与精于农业的周人不同，嬴氏更擅长游牧。不知道在路上耗费了多长时间，嬴氏子孙终于来到了今天的天水和陇南一带。

站在渭河南岸的朱圉山上向南眺望，群山苍茫，奔来眼底。这些海拔多在两千米以上的山峰，看上去并不十分高峻，却连绵环绕，一层又一层，一道又一道，如同队列——能够检阅它们的，只有天上的白云与红日了。

如果飞越这些山，一直向南，直线距离大约六十公里的地方，将会有另一座县城，如同甘谷那样，懒散地布局于冲积小平原上。那座县城，就是我住过一宿的礼县。

只不过，从甘谷穿城而过的是渭河，是黄河支流；从礼县穿城而过的是西汉水，是长江支流嘉陵江的一级支流。中国最重要的两大水系，它们的分水岭，就是中间这些山。

这些山，虽然相当一部分有自己的名字——比如石鼓山、阳山、何那山、杜家山，但这些名字只是当地人所取的小名。笼统来说，这些山都属朱圉山。

圉的诸多释义中，其中一种是养马，亦指养马的奴隶。《左传》说："马有圉，牛有牧。"朱圉山，意为红色的养马之山。

谁在这里养马呢？

回答是嬴氏，尤其是非子——其他养马的嬴氏子孙默默无闻，非子却靠养马掘到了第一桶金。如果说后来的大秦帝国是一株枝繁叶茂的大树，非子就是它的第一条根。

渭河支流耤河从朱圉山中流过，微黄的河水像是把葱绿的群山切出了一道伤口。古坡镇就坐落于耤河之滨的台地上。

古坡既是一座镇子的名字，也是一片草原的名字。

不过，和北方——尤其是内蒙古呼伦贝尔那种一望无际的大草原不同，古坡只是一片面积约一百三十平方公里的山地草原。准确地说，应该叫高山草甸。

海拔一千七百米到二千一百米的山间，森林呈带状分布。粗大的槐树投下浓烈的阴影，花期虽过，繁茂的枝叶却让人想象得出刚刚逝去的热烈。云雀从远方飞过来，挑剔地选了一棵松树，落在树梢，旁若无人地叫。林子外，更多的是野花、杂草、灌木铺陈的草甸。几场雨水过后，草木疯长，空气中飘散着若有若无的泥土与青草混杂的清香。风来，花朵摇荡，阴影晃动，低头啃草的牛羊，猛然间抬起头，向着天空发出一阵阵哞叫和咩叫。午后的原野更加空旷，也更加寂寥。

即便对畜牧业一无所知，凭直觉，我也能感觉得到，这是一方肥美的草原，是一块宜于牛羊马匹生息繁衍的风水宝地。

西北大学和甘肃省文物考古所的专家，曾对朱圉山麓毛家坪遗址出土的西周至春秋的人骨进行了碳氮同位素研究。研究表明，约三分之二的人的食物中，肉类占较大比例，三分之一的人的食物中，植物为主，肉食为辅。此外，该遗址还出土了大量羊、牛、猪等家畜骨骸，以及鹿、羚羊等野生动物骨骸。这说明，那时候，朱圉山一带的畜牧业相当发达。

大骆父子带着族人，千里迢迢来到朱圉山。在这里，他们与之前西迁的族人汇合，共同生活在这片远离中央王朝控制的偏远而又富足的土地上。

非子乃庶出，他有一个嫡出的兄长叫成。

非子擅长畜牧，尤其善于养马。在交通不便的古代，马的重要性可想而知。尤其是战车，必须用优良的骏马拉动。中原地区不产马，只能由北方和西部产马区提供马匹。

那时，周天子还很强大，还是天下共主。他常年维持着一支称为六军的正规部队，当然也就需要大量马匹。

非子"好马及畜，善养息之"，名声慢慢传到了周孝王耳朵里。孝王听说后，把非子召去为他养马。

其时，非子随父亲大骆及族人生活于西犬丘。有人认为，西犬丘在今陕西兴平。其实，更大的可能是，西犬丘即西垂。

西垂的地望，学界普遍认为在礼县，具体在礼县哪里，尚无定论。所以，西垂或许是一个笼统的地名，指的是包括了朱圉山在内的甘谷、礼县一带方圆几百里的地方。

周孝王另为非子指定了一块地方养马，那地方，史书称为汧渭之会。关于汧渭之会的地望及考察始末，我留到后面的章节再详述。

为孝王养马，非子很称职，"马大蕃息"，马长得强壮，繁衍很快。孝王很满意，决定奖赏非子。他向大骆提出，以非子为嗣子——这个奖赏纯属慷他人之慨，大骆死了，总得有一个儿子继任西垂嬴氏部落首领，由非子来做还是其他人来做，反正都不需要周孝王拿出一粒粮食，划出一块土地。

孝王的提议遭到了另外两个人的强烈反对。一个自然是理应以嫡长子身份成为嗣子的非子之兄成。如果说成的反对没什么用的话，那么，成的外公申侯的反对，孝王就不得不考虑了。毕竟，申侯是当时很有实力的诸侯。

果然，申侯一反对，孝王不得不改变主意。他说，以前伯益为舜主持畜牧，牲口养得好，舜帝分封他，并赐姓嬴。现在，伯益的后人又为朕养马，朕决定封他为附庸。

周朝分封制的游戏规则里，爵分五级：公、侯、伯、子、男。大概由于封为侯的数量最大，故总称所有封国君主为诸侯，即许多侯之意。五级以下，还有另一级不入流，称附庸。附庸附属于邻近封国，并不受周天子直接管理，也没有资格朝见天子。

各个级别的封国疆域，最初都有规定："公侯皆百里，伯七十里，子男五十里，凡四等。不能五十里，不达于天子，附于诸侯，曰附庸。"

就是说，公国和侯国的面积约方圆一百里；伯国的面积约方圆七十里，子国和男国的面积约方圆五十里；至于附庸，则小于五十里。

附庸附属邻近封国，那非子附属于谁呢？有人认为是周天子，但这显然与附庸"不能达于天子"的记载不符。最大的可能是，非子附属于他的父亲大骆的西犬丘。

非子受封的附庸，乃是不入流的最低级别，封地还不到五十里，相当于今天一个乡的辖地；其人口，至多不过一两千，甚至更少。

非子封地在秦，所谓"（孝王）邑之秦"。同时，孝王还令非子复续嬴氏祀，称为秦嬴。成继续作为大骆嗣子，大骆死后，成如愿以偿接班。

于是，大骆这支嬴氏族人分成了两支，一支以成为首，属大宗，居于宗主地位，生活在西犬丘；另一支以非子为首，属小宗，居于附庸地位，生活在秦邑。

与秦相比，宋是公爵，齐、晋是侯爵，郑是伯爵，楚是子爵，诸侯会盟时，楚国国君因级别太低，连进会场的资格都没有。而非子的级别，比楚子还要低。但是，再低的爵位，也意味着非子这一支赢氏族人，获得了正式封号，有了一块可以世袭的领地；更重要的是，世界上从此有了秦和秦人——第一个秦人，自然是非子。

从秦亭镇到瓦泉村，直线距离只有三十公里。站在秦亭镇外高处遥望西北方，一重又一重的大山跌跌撞撞地挤在一起。两重山之间，沟壑深切下陷。为了避开大山，公路只好顺着河谷蜿蜒：先是沿牛头河西行，到了清水县城，又溯牛头河支流樊河北上，如此一来，三十公里变成了七十公里。

初冬的秦亭镇，雪后迎来了晴天。恰逢赶集，一条既是公路又是主街的道上，店铺和民居分列两旁，门前的树掉光了叶子，只有可怜巴巴的枝条伸向虚空，像溺水者从水中伸出的慌乱的手。清扫后的雪堆积在每一棵树周围，高高的，凝成了冰，似乎要为过冬的树盖一床雪被子。

沿途，临时摆出许多小摊。一个卖药材的摊子，摊主是个老头，端坐马扎，细眉细眼，宛如弥勒佛，笑眯眯地看着每一个路过的人；一个卖衣服的摊子，摊主是个苗条的女子，吃力地拧着一只大喇叭，用音调铿锵的方言，大声招揽顾客。三四个游手好闲的少年，无所事事地笑着、闹着，从街的这头走过去，又从街的那头走过来……整个画面，呈现出一种二十世纪八九十年代的既视感。

很难想象，这个鲜活而又零乱的地方，竟然就是非子最初的封地：秦。

当然，如果与瓦泉村相比，秦亭镇简直称得上繁华了。瓦泉村就在张家川县城旁边，县城太小，站在瓦泉村高处，抬头能看见城里新修的高楼。一条宽阔但几乎没有车辆的公路从村外穿过，瓦泉村依然是农村。

与秦亭镇一样，瓦泉村据说也是非子最初的封地：秦。

不过，真正有出土文物支撑的，是秦亭镇与瓦泉村之间一个叫李崖的地方。

清水县城主体在牛头河南岸，城北，樊河几乎垂直地注入牛头河。牛头河以北、樊河以西的夹角里，就是永清镇李崖村。李崖村村外那片台地，便是李崖遗址所在地。从地理上说，这里西临崖沟，北依邦山，台地发育良好——这样的台地，易守难攻，宜于人居。2009 年以来，考古工作者在李崖发掘了几十座古墓。其中，西周中晚期墓十余座，战国墓三十余座。西周中晚期墓，正好契合了非子时代。

人生天地间，忽如远行客。古人眼中，生是偶然，死是必然；生是出发，死是归宿；生是短暂的，死是生的延伸。事死如事生的理念下，厚葬之风异常浓厚。

在墓底中央墓主的腰部以下位置挖一个小坑，用于掩埋随葬品——最高级的随葬品是殉人，其次是动物或其他物品。这种坑，称为腰坑。

狗是人类最早驯服的动物之一——伯益为舜调驯鸟兽，不知是否有狗。狗既是狩猎助手，也是肉食来源，还是可以陪伴的朋友。保持着游牧风气的商人，他们墓中的腰坑，大多数能找到狗的骨骸。考古学上称之为腰坑狗殉。这是商朝墓葬辨识度很高的重要特征。

李崖遗址出土的西周墓中，也找到了腰坑狗殉。

灰白的狗骨在腰坑中保存得基本完好，年代久远的骨头不再令人畏惧，而是有一种接近化石的通透与玲珑。

它们也雄辩地证明，沉睡在这里的墓主，和商人、和东夷有着神秘的关联。专家认为，李崖遗址，最有可能就是非子的封地秦邑。如是，对九都八迁的秦人来讲，这里是他们的第一座"首都"。就像一条波澜壮阔的大河的源头只是颇不起眼的涓涓细流一样，一个空前强盛的大帝国的根，也如此卑微，如此微不足道。

历史发展其实有着极大的偶然性，假如当初弱小的秦人被虎视眈眈的戎狄消灭，那么，就不会再有后来的秦国、秦朝；甚至，也不会再有"百代都行秦政法"；甚至，中国两千多年的历史，将完全是另一种模样。

秦亭镇、瓦泉村和李崖三地的分布，大体呈一个等腰三角形形状。李崖位于三角形顶点，秦亭镇到瓦泉村，是三角形最长的底边，直线距离三十余公里。非子时代既没有汽车，更没有高速公路，秦人凭借壮实的身体，轻易就能翻越横亘两地之间那些两千米左右的大山。因此，我以为，秦人这块封地以李崖为中心——李崖是"首都"，是史书所说的秦邑；至于东面的秦亭镇和西北的瓦泉村，二者同样是非子的封地，尽管超过了附庸封地"不能五十里"的规定。但是，地广人稀的偏远之地，有谁精心丈量呢？至少，这些地方都是非子和初获分封的秦人的活动区域。

不仅如此，再往南八十余公里的麦积区牧马滩，同样被认为是非子的牧马之地。两千多年前，这些地方水草丰茂，人烟稀少，非子和他的族人们赶着成群的牲畜，逐水草而居。和牛羊一起不断增加的，是非子属下的人口。

大秦就像一株幼苗，有了适宜的阳光雨露，它就能茁壮成长，假以时日，它或许还能长成参天大树。

5

赢氏一直善于养马、驾车。比如大费"调驯鸟兽，鸟兽多驯服"；造父驾车技术高超，做过周天子的"司机"。这从另一个侧面说明，当年他们能从几千里外的中原地区，长途跋涉走向西部边地，正是有了马匹和马车才得以实现。

此后，对速度的重视在赢氏家族一脉相传：秦始皇一统天下后，除了修筑万里长城之外，他的另一重要工程就是开通四通八道的驿道。其中，从首都咸阳到军事重镇九原的直道，堪称中国第一条高速公路。秦始皇大力发展交通的精神，可以从他的先祖那里找到遗传基因。

秦人与驴马的密切关系，还可从中国第一部诗歌总集《诗经》里找到证据。《诗经》的《国风》部分，相当于当时的民歌，其中采自秦地的叫《秦风》，共计十首。十首诗里，直接写到车和马的就有四首。其中有各种各样的马，比如"有马白颠"（马额正中有块白毛的马，又称戴星马），"驷驖孔阜"（四匹肥壮的赤黑色的马），"驾我骐馵"（骐，青黑色花纹相间的马；馵，左后足白色的马），"骊駵是骖"（駵，身体浅黄而嘴黑的马；骊，黑色的马），"路车乘黄"（路车，诸侯的车；乘黄，四匹黄马）……这些来自远古的歌谣一再暗示：马在秦人生活中司空见惯而又重要无比，它既是可以凭借的动力，也是生活中必需的朋友，更是秦人借以与强邻争夺生存空间并获得更大发展的重要工具。

出秦亭镇，远近都是山，一浪一浪地，浪得愈远，便愈高，愈暗，愈上与天齐。近处的山不算高峻，满头披绿，像一群裹着绿头巾的女子，凑在一起嘀嘀咕咕。山与山之间，平坦的台塬和谷地见缝插针，树木东一团西一簇，如同割据的小王国。更多的地方，是如茵的绿草，间或有格桑花点缀。牛、羊、马在草地上悠闲吃草，只有不安分的马驹，吃饱喝足后，突然撒蹄狂奔，惊飞了灌木丛中的鸟儿。

我偶遇了一个放马汉子。其时，马群在坡地上吃草，鸟儿在树梢上尖叫，他倚在林中一块灰白的石头上发呆。大约因为少有人来，他为我的突然造访有些兴奋。寒暄，递烟，点火，小心伸出手护住火苗。我注意到他手上布满老茧，顿时想起甘谷那些摘花椒的农民。

方言很重，尚能听懂六七分。

"都是你的？"我指着那些马。一朵云刚从马群上方移开，金灿灿的阳光笔直地泻下来，如舞台上的追光，打在马身上。这些灵性的牲口，仿佛踩着阳光从天而降，四蹄翻飞，把阳光踢得到处飞溅。

"是额的。"

"有多少？"

"大马加马驹，四十多呢。纽从哪里来？"

"成都。"

"成都好啊，大地方。"

聊了两支烟，大概弄明白了，汉子养了四十多匹马，主要收入来自马驹。马驹买去干什么，他也不太清楚。他甚至猜是不是买去杀了吃肉。一匹马驹能卖三四千块钱，大马呢，母马七八千，公马就上一万了。一群马里只有一匹公马，配种用的，精贵呢。

"那你收入还是不错，在村里算好的吧？"

"可不敢谝传，可不敢谝传。"汉子连连摆手。谝传，就是胡说。"额不像纽攒劲，PIA 气，只能放个马。"攒劲，意为有本事；PIA 气，意为没本事。额就是我，纽就是你、你们。

6

抵达盐官前，我多次想象杜甫行经此地时看到的场景：

卤中草木白，青者官盐烟。官作既有程，煮盐烟在川。汲井岁榾榾，出车日连连……

但我没看到杜甫时代汲卤煮盐的盛况。既没看到煮盐的青烟，也没看到被卤气熏得发白的草木，更没看到汲卤的工匠和运盐的马车。我只看到一座普通的、零乱的小镇。

盐官这个名字，顾名思义，和盐以及管理盐政的机构有关。盐官原名卤城，因这里有高浓度的卤水从地下涌出。《水经注》称它"卤水与岸齐"，出产的食盐"味与海盐同"。

在包苞带领下，我走进了一座古色古香的庭院：盐井祠。院内，有一口用雕栏围绕的古井。据记载，早在两千多年前的先秦时期，这里就拉开了煮卤制盐的序幕。盐井祠正在大面积修复，院子里堆放着沙子和青砖之类的建材，几辆手推车横七竖八。几个工人在写有"安全生产，人人有责"的标语牌前忙碌，看样子是要打造新的旅游景点。正殿大门紧闭，深褐色的木门和褪色的彩绘，暗示着这座建筑年代久远。门柱上的对联，上下联都掉了一部分，无法断句。出得门来，门侧围墙下，停了一辆废弃的白色桑塔纳轿车，玻璃窗全没了，变成几个大窟窿，像是正在喘息的嘴巴。轿车旁边，胡乱堆放着一些废铁，废铁之上，是一株掉光了叶子的枯树。这一切，恰好与废弃的轿车暗相呼应。

陇右一带是秦国龙兴之地。从非子为周王牧马获封附庸，到秦襄公护送周平王东迁，得以晋身诸侯之列，再到秦国翦灭群雄，一统天下，盐官的盐起过重要作用。

在科技欠缺、交通闭塞的古代，食盐对一个国家和地区有着举足轻重的战略意义。我国的食盐资源，东部有海盐，西北有湖盐，四川有井盐，但放眼关中和陇右大片区域，生产食盐的地方只有两个，一是甘肃漳县，二是甘肃盐官。

盐官丰富的盐卤资源为秦人的兴旺发达提供了两个得天独厚的条件。

其一，与秦人相邻的其他方国或部落，绝大多数缺少食盐资源，食盐却是生活必需品，得用粮食或其他物资交换，秦人因此致富。

其二，盐官有大量从地下涌出的卤水，史料记载其中一口卤池时说："广阔十余丈，池水浩瀚，色碧味咸，四时不涸。饮马于此，立见肥壮。"像人一样，骡马也需要食盐，这样养出的骡马才膘肥体壮。历史上，盐官骡马就以膘色好、个头高、力气大、性情温和著称。直到二十多年前，盐官仍是西北地区最大的骡马交易市场。交易者除甘肃本地人外，还有从四川、陕西、宁夏、青海远道而来的。这里的骡马交易，按方志说法，可以远溯到秦人时代。

我们找到了作为骡马交易市场的一片空地。天气太冷，市场空无一人，只有一些塑料袋被寒风吹到树上和墙头，发出呜呜呜的怪叫，像一些走夜路的孩子在惊呼。一群脏兮兮的绵羊在风中低下头，锲而不舍地寻找垃圾与垃圾之间冒出来的枯黄杂草——乍眼一看，它们也如同一只只白色塑料袋，只是无法随风飘飞。镇外，一列树木稀疏的荒山横斜而过，山坡上积着星星点点的雪。比山更高的是天空，铁色的乌云低低地压下来，乌云与乌云之间，敞露出一块块灰白的天空，如同一条条垂死的鱼的白肚皮。

交易市场的另一侧是大街，卖卤肉的铺子前，一口大锅里盛满了热气腾腾的卤肉，香气源源不断地上升。卤肉摊旁是大饼铺，一只黑色箱子里，整齐地码放着几十只酥黄的大饼，大得像一面面伤痕累累的铜锣。相邻的关帝庙，门槛上坐着两个面色忧郁的老汉，一边抽着鼻子用力嗅着飘来的肉香饼香，一边用我听不懂的方言有一句没一句地说闲话。

天气寒冷，包苞把我们带进了一家挂着厚厚门帘的小店。真的是小店，小到只有两张摇摇欲坠的小桌子，出售的食物有且只有一种：扁食。我想起门前的招牌：羊肉扁食、牛肉扁食。

扁食是啥？原来就是馄饨，而我老家四川，把它称为抄手，广东一带，称为云吞。包苞用方言向老板作了安排，旋又起身去街上，一会儿工夫，他带着一身寒意挤进屋，手里拎着一大袋油汪汪的卤肉——对比那两个坐在关帝庙门前用力抽鼻子的老汉，我们很幸福。

7

现在，再回到不其簋的故事。

不其簋的制作者其，即秦庄公。从辈分上说，他是非子的玄孙。非子生秦侯，秦侯生公伯，公伯生秦仲，秦仲生其——庄公是他的儿子襄公立国后追谥的。

戎，本是中原人对西北民族的泛称。不过，有时也例外，如周灭商后，为表示对商的轻蔑，周人将商人称为戎殷或戎衣。本属东夷的徐国长期不服周室，也被周人称为徐戎。但总体而言，戎或西戎、戎狄大多时候都是指西北地区的各个民族，并常被冠以地名或蔑视性的词语以区分，比如冀戎、卦戎、畎戎、犬戎、鬼戎。

西迁的嬴氏，或者说秦人的祖先，早在商朝晚期的中潏时代，就开始"在西戎，保西垂"，肩负着为商王戍守西部边疆的重任。与他们长年打交道的，便是野蛮好战的戎狄各部。

大骆率领族人来到西垂，其后非子因牧马之功受封秦邑，他们所居的地方，尽管水草丰茂，物产丰富，但附近有一个危险的天敌：戎狄。与华夏族相比，戎狄文化落后，崇尚武力，富于侵略性。他们常与华夏族发生冲突。周的先人原本居于豳（今陕西彬县、旬邑一带），由于不堪戎狄长期侵袭，不得不东迁周原。

秦人要想在西垂扎根、发展，必须要过的一关就是抵挡戎狄入侵。

在干戈即真理，拳头即实力的年代，秦人交出了血迹斑斑的答卷。

与东方诸侯相比，秦人立国很晚，文化落后，又与戎狄杂处，东方诸侯看不起秦人，以夷狄视之。关于秦国早期历史，除了《史记·秦本纪》，鲜有其他资料。并且，《秦本纪》的不少记载，也有自相矛盾或不可信处。很多年代，只能根据间接材料进行推算和估计。

比如，周平王迁都是在公元前770年，这相当于一个时间坐标点。再依据《秦本纪》中秦人诸位君主的在位时间，大致推断得出，非子约在公元前857年去世。非子去世后，秦侯即位，在位十年。十年后，公伯立，在位三年。公元前845年，秦仲即位。

秦人早期历史上，秦仲是继非子之后的又一个重要人物。如果说非子的努力使得世上有了秦和秦人的话，那么，秦仲的努力则使秦人的政治地位得到显著提升，并为后来正式立国打下了坚实基础。

秦仲生活于周厉王和周宣王时期。有一次，王室史官史伯与郑国国君桓公讨论国际形势。郑桓公问史伯，倘若周王室衰落，诸侯谁有可能勃兴？史伯认为是晋国，因其"距险而邻于小"——国土有山河险阻，四邻都是小国，"若加之以德，可以大启"。郑桓公又问，那姜、嬴孰兴？史伯认为，秦仲和齐侯，乃是姜、嬴宗族的人才，"且大，其将兴乎！"

正是看到附庸级别的秦渐渐成长，并引起国际社会注意，周厉王顺水推舟，封秦仲为大夫。

秦仲也看到了秦人与东方诸侯的巨大差距，尤其是文化上的落后，于是采取拿来主义，像其他诸侯那样有了车马礼乐侍御之好。秦人也是从秦仲开始，才有了纪年。

秦仲三年（前842），发生了一起重大事件。

非子被封到秦邑后，他的父亲大骆去世，同父异母的哥哥成即位，继续生活于西垂。

没想到，西戎突袭西垂，不仅成死于非命，他的族人也要么被杀，要么被掳走为奴，第三批西迁的嬴氏大宗就这样消失了。

对秦仲这一支来说，此事的结果有两个：其一，大宗既然消失，原属小宗的秦仲一支，自然升格为大宗，且是唯一的正宗；其二，秦仲负有讨伐西戎，为宗族复仇的重任。

公元前 822 年前后，秦仲发起对西戎的复仇之战。然而，理想很丰满，现实很骨感，原本要为宗族雪耻的秦仲被西戎打得一败涂地，甚至他本人也战死沙场。

如果西戎一鼓作气，杀死秦仲后将秦人一举消灭，那么，此后的历史将全部改写。

西戎志不在此，从而给了秦人喘息之机。

秦仲有五个儿子，他死后，由长子其即位，这就是后来追谥的秦庄公。

父仇不共戴天，秦庄公即位后，立即与弟弟们一起商讨如何为父报仇。秦人力量弱小，明显不是西戎的对手，最好的办法是向天下共主周天子求助。

周宣王为秦庄公昆仲的精神所感动，派出一支七千人的正规军与秦人共伐西戎。不其簋上的铭文，记载的就是这次伐戎之战。

周宣王派出的高级官员，铭文上称为伯氏，他出任周军和秦人统帅。大战在远离西垂的高陵（今陕西洛水一带）展开，秦人在周军的帮助下，大获全胜，不仅重创西戎（铭文中把西戎称为玁狁），而且收复了被西戎占据的西犬丘。

周宣王接到捷报，下令奖赏秦庄公：封秦庄公为西垂大夫，把收复的西垂一带赐给秦人。另赐秦庄公弓矢——这是一个重要礼仪，象征着受赐者代表周天子行征伐之权。此外，还有"臣五家，田十田"。

秦庄公激动不已，下令铸造了一只簋，并把事情的前因后果铸在簋盖和簋身上。

其后，秦庄公从非子最初受封的秦邑迁往西垂，以西垂作为秦人的统治中心——这才有了礼县大堡子山上一座挨一座的先秦古墓。

8

从山顶俯瞰，远处，西汉水冲积而成的平坝上，高高低低的房屋，以及房屋与房屋之间的街道，当然还有街道上的行人和车辆，宛如默片镜头中的画面。近处，是经秋后枯萎的杂树，一棵棵都掉光了叶子，瘦硬的枝条凌空划过。唯有野菊花还在冷风中坚持开放，仿佛寒夜里跳动的一朵朵小而执着的黄色火焰。

礼县县城四周都是山，北面之山尤其高峻。西汉水支流燕子河从两列大山的夹缝里艰难地挤出来，于城北汇入西汉水。

西汉水以北、燕子河以西那座山，名为鸾亭山。

两千七百九十多年前，在鸾亭山有过一次极富仪式感的祭祀。

很多年后，山上出土的大量骨头——牛骨、羊骨、马骨，使人想起《史记》中的记载："乃用骝驹、黄牛、羝羊各三，祠上帝西畤。"骝驹，即红毛黑尾的小马驹；羝羊，即公羊。各三，指马、牛、羊各用三只，计九只，称为九牲，又称三太牢，是古人规格很高的一种祭祀标准。

主持祭祀的是秦庄公的儿子秦襄公。

秦襄公大名为开，在位十二年（前777—前766）。从他开始，世界上终于有了秦国——秦人从附庸跻身诸侯，秦襄公成为秦国首任国君。

附庸升级为诸侯，证明了秦人力量的壮大。秦襄公审时度势，抓住了有利的历史时机，从而使秦国实现了质的飞跃。

话说周宣王去世后，其子宫涅继位，是为周幽王。按张守节《史记正义·谥法解》解释，帝王谥号曰幽，其意为"壅遏不通""动祭乱常"。总之，这不是一个好评价。历史上的周幽王，是一个地地道道的昏君。

众所周知，历史上沟通关中和蜀中的古道，称为蜀道。褒斜道是蜀道的一段，南起褒谷口，北至斜谷口，沿褒斜二水而行，故得名。褒斜道南端，曾有一个褒城县，直到二十世纪才拆分划入勉县、留坝和南郑。

上古时，褒城有一方国，叫褒国。褒国首任国君，乃是大禹的儿子、夏启的兄弟。

褒国传承到西周末年，虽然已历千年，仍是一个弹丸小国。有一年，褒国国君得罪了周幽王，幽王发兵进剿，褒国国君只好把自己的女儿——一个绝代大美女献给他，幽王这才息兵罢战。

绝代大美女就是史书中的褒姒。

原本，周幽王登基后，立申氏为王后，申后所生儿子宜臼为太子。但是，幽王宠爱褒姒，与褒姒生了一个儿子，取名伯服。出于对褒姒的宠爱，幽王不顾大臣反对，坚持废长立幼，即废掉宜臼，另立伯服。这样一来，连带宜臼的生母申后也被废了。宜臼只好和母亲一起去投奔外公，即申国国君申侯。

有关褒姒，后世史书上记载了她的两大特点：其一，长得漂亮；其二，从来不笑，是一个冷美人。

周幽王想方设法想让从来不笑的褒姒露出笑容，试了好多办法，还是没成功。

有一天，幽王最宠信的大臣虢石父献了一条妙计，幽王深以为然，于是就照办了。当时，地处西部的京城与犬戎等相距不远，为了防止犬戎侵袭，京城外修筑了不少烽火台。

周天子与诸侯约定，一旦有紧急情况，周天子就点燃烽火。烽火次第相望，远近诸侯看到烽火，立即带兵勤王。

然而，这一次，当诸侯带着兵马匆匆赶到城外时，却发现根本没有入侵的敌人，只有周幽王和褒姒等人坐在高高的烽火台上饮酒作乐。幽王双手一挥，派人告诉诸侯：没有什么事，只不过是天子放烟火取乐罢了。

诸侯听罢，知道被戏弄了，面面相觑，只好退兵。褒姒看到众多兵马如潮水般涌来，又如潮水般退去，果然十分有趣，不由得笑了——周幽王终于看到了心爱的美人娇艳如花的笑容，只是，这笑容的代价太沉重。

以后，幽王故技重施，诸侯们再次受骗，褒姒也再次绽露笑容。

后面的故事，就是"狼来了"的翻版。申侯联合缯国和犬戎率兵来攻，幽王点燃烽火召集诸侯，但再也没有诸侯前来。幽王和儿子伯服被杀，褒姒被当作战利品掳走。至此，西周亡。

烽火戏诸侯的故事见于司马迁的《史记》，但它太过离奇，也太过戏剧性，遭到不少学者质疑。及至清华简整理后，果然发现竹简上的记载与司马迁的说法差异颇大。按清华简记载，周幽王废长立幼且废掉申后后，申侯强烈不满，周幽王派兵攻打申国。申侯为求自保，联合犬戎进攻镐京，杀死了周幽王和伯服。

申国姜姓，始封于周初，侯爵。周礼奉行同姓不婚的原则，姬姓的周王室和作为诸侯的姜姓世代通婚，因此姜姓地位很高，申国当然也一样。

按通行的说法，申国在今河南南阳一带。比如《诗经·大雅》里有一首《崧高》，系周宣王时太师尹吉甫送别申侯所作，内容是歌颂申侯辅佐天子、镇抚南方的功绩，明确讲到周宣王令申侯到谢邑去建城。谢邑，就在今河南南阳。

如果周幽王时申侯在今河南南阳的话，他就不可能与远在西部的犬戎关系密切，并且联络犬戎一同出兵。

我猜，一种可能是，周宣王令申侯到南方镇抚诸侯，完事后他又回到了申国本土，也就是今陕西眉县一带；还有一种可能是，申侯去了南方，但申人不可能全部同去，因而申国有两个，一在南阳，一在眉县。

申侯的外孙宜臼，即周平王，是东周第一任国君。

不过，很少有人知道，东周一开始，竟然天有二日，国有二君。

原来，宜臼即位后不久，以虢公翰为首的另一些诸侯，拥立周幽王的弟弟余臣为王，因其称王之地在携，史称周携王。

到底拥戴周平王还是承认周携王，这是一次政治站队，秦襄公选择哪一边呢？

秦襄公选择了周平王。他当即率兵奔赴镐京勤王。鉴于镐京已被战火毁坏，周平王只好迁都——迁往当年遵周武王遗嘱修建的、位于天下之中的成周洛邑，即今洛阳。因洛邑在镐京以东，故称东周。东周又分为春秋、战国两个时期。

周携王地盘小，拥护者少，存在了二十年。公元前750年，晋文侯为讨好周平王，发动突袭杀死周携王，二王并立的局面才画上句号。

秦襄公鞍前马后地为周平王效力，周平王也给了他丰厚的回报：

其一，提升秦的政治地位，秦不再是附庸，而是独立的诸侯，爵位为伯。虽比不上公、侯，至少高于子、男。并且，这意味着秦人从此真正立国了，成了周天子分封的国家。

其二，赐与岐丰之地。严格讲，这是周平王开的一张空头支票。所谓岐丰之地，又称岐西之地，是指岐山以西原来周人所居地区。此时，犬戎虽然退出镐京，岐丰一带却落入其手。周平王与秦襄公盟誓说："戎无道，侵夺我岐丰之地，秦能攻逐戎，即有其地。"

受到周平王封赐后，秦襄公在西垂附近的鸾亭山上，建起了用于祭祀的畤。

什么是畤呢？《古代汉语词典》和《辞海》等辞书的解释都是：古代祭天地和五帝的祭坛。畤，本意为峙立，最初指先民在田野中立起石头祭祀神灵，后来将官方的祭祀场所称为畤。

鸾亭山上，秦襄公举行了隆重的祭祀仪式，以太牢大祀献祭白帝，宣告大秦正式立国。

事实上，关于秦襄公立国祭白帝的西畤到底在哪里，除鸾亭山说外，还有西山坪说。如同鸾亭山一样，西山坪也在礼县城郊。不过，也有学者根据西山坪发掘的城池遗址和西周古墓，推测西山坪更有可能是先后几代秦君定都的西犬丘。

畤到底什么样？古籍上还能找到有关记载：

"山上皆有土人，山下有畤，埒如菜畦，畦中各有一土封，故云畤。"就是说，整个畤分为两部分，在山上建祠庙，庙里供奉用泥土塑成的神祇，即祭拜对象，如白帝。山下挖出像菜畦一样的沟垅，将地面分割出不同区域，每个区域内建一座土台子，即土封。

今天的鸾亭山山顶，残存一座巨大的长方形土堆，让人还能依稀想象两千多年前那场盛大而庄重的祭祀。

当秦襄公结束祭祀走下高高的鸾亭山时，我想，他对他和他的国家的未来一定充满信心。

他有理由认为，伟大的事业，迈出了第一步。

原本，秦襄公并没有机会继承大位。他虽是父亲庄公的嫡子，却非嫡长子。他还有哥哥，哥哥叫世父。

秦仲被戎人杀害后，世父说："戎人杀了我的爷爷，我不杀了戎王决不再回来。"并坚持把太子位让给弟弟。这样，庄公死后，就是襄公即位。

襄公剖析当时形势，自认还不具备和戎人决战的条件。于是，他采取了怀柔政策，将妹妹嫁给丰王为妻——丰王是西戎某一支的部落首领。第二年，戎人围攻西垂——不清楚是否是丰王这一支。世父出战，被戎人俘虏。关押一年多后，可能通过襄公的外交努力，世父获释回家。

　　秦襄公受封伯爵立国后，开始了收复岐丰之地的行动。经过四年艰苦卓绝的战争，秦人的足迹终于踏上了这片比西垂更为平坦，也更为肥沃的土地。然而，秦襄公刚刚抵达岐丰之地就去世了——有说战死的，有说病死的。

　　对秦襄公的功绩，司马迁是这么评价的："秦起襄公，章于文穆献孝之后，稍以蚕食六国，百有余载，至始皇乃能并冠带之伦。"

　　如果说统一六国建立大秦乃是修建一栋摩天大楼的话，那么，秦襄公是打下坚实坑基的第一人。

第三章　汧邑与汧渭之会

1

秋风生渭水，落叶满长安。第一次看到渭河是十多年前。不过，不是在秋季，而是在春天。那年四月，我从河南考察太行山挂壁公路后返蓉，没买到郑州到成都的火车票，只好在西安中转。多出的时间，顺便去了几个地方，渭河之滨即其一。

我看到的渭河是一条泥沙俱下的黄色河流，和它将要注入的黄河一样，水的颜色，暗含着一种沧桑。河的两岸，树木已吐出嫩芽，开出新花——好像只有这样的生机与灿烂，才能抵挡河流的沉重与辛酸。

十多年后，我来到了渭河的终点。

那是一个炎热的夏日午后，我站在潼关城楼一侧的山坡上眺望。

几公里外的山脚下，黄河从西北方向而来，拐出一个大弯。大弯处，渭河一头扎进黄河怀抱。两水交汇，水流变得更加迟缓，河床上堆积出一道淡黄色的沙洲，恰好与岸边青绿的庄稼形成色彩鲜明的对比——我一下子想起十多年前，黄色的渭河与绿色的树叶和红色的花朵的对比。

尽管秦人最早的统治中心在礼县，而礼县属于长江流域，但可以毫不夸张地说，渭河才是秦人的母亲河。

首先，千万年来，从甘肃进入陕西并横贯而过的渭河，冲积出了一片片肥沃的平原，其中，被称为八百里秦川的关中平原面积最大，土地最肥沃，最宜人居与农耕。

其次，渭河流经之地提供了水源，农业得到了高度发展。

最后，渭河是沟通东西的交通大动脉。

公元前762年，渭河之滨，有一次以打猎为名的主权宣示行动。

行动的主角或者说领导者，是秦襄公的儿子秦文公。

秦襄公十二年，襄公"伐戎而至岐，卒"。他刚率领秦人打到了周天子许诺赐给他的岐丰之地，突然去世了。

于是，秦文公即位。

"文公元年，居西垂宫。"西垂宫的地望，如果真的是一些学者推测的礼县西山坪的话，那么，前些年在这里发掘出的西周房屋遗址中，很可能就有西垂宫的残垣断壁。

秦文公没有忘记祖辈的东扩理想，三年后，大约后方基本稳定，他踏上了奔向东方的征途。

当时的秦国，估计治下人民有一两万，秦文公东进，却只带了区区七百人，颇让人意外——好些年前，周天子派来帮助他的爷爷秦庄公对付西戎的增援部队，即有七千之众。由此反证，秦人势力的确不够强大。

所以，这次东进不是去打仗，而是去打猎。

这次打猎很奇怪，一是耗时非常长，足有几个月。当然，也可以认为他们一边东进一边打猎。二是打猎的目的地非常远，距西垂的直线距离就有近两百公里。两千多年前，人烟稀少，森林遍布，哪里不能打猎呢？压根儿没必要花这么长时间，跑这么远的路。

更何况，西垂一带是山区，秦文公前往打猎的目的地却是平原。山区的野兽，肯定比平原多。他为什么舍近求远，舍大求小？

因为，打猎并不是目的。

秦文公四年，七百人的小队伍抵达了一个称为汧渭之会的地方。

一场夏日的暴雨后，我在秦岭山中的留坝寻访张良庙。庙门紧闭，告示说：因汛情，暂不开放。我只好灰溜溜地沿着G244国道前往宝鸡。如同上游的天水城区一样，宝鸡城区也沿渭水两岸分布，呈东西长、南北短的条形格局。

陈仓大道上的一座桥头，一块白色巨石立在路旁的台基上。四周，郁郁葱葱的绿化树投下层层阴影，像要把巨石掩埋。巨石上，刻着四个暗淡了的红色大字：千渭之会。

桥下那条河，名为千河，也就是古人所说的汧河、汧水。从桥下往东南行约一公里，千河注入渭河。

在千河与渭河形成的夹角内，即千河西岸、渭河北岸，近年建成了一座面积近一千九百公顷的千渭之会国家湿地公园。

经过千河立交桥后，我从桥上盘到桥下，驶进一条只容两车擦身而过的公路。公路通向湿地公园。

以公路为界，在我左侧二百米左右，是即将流到尽头的千河。河道旁的斜坡上，杨树、柳树以及各种灌木生长旺盛。我的右面，是一方湖泊，湖面架着木制曲桥。湖畔，大片大片的芦苇在风中招摇。湖心，荷花正艳。可惜，时值一天中最炎热的正午，没有游人欣赏，荷花却不管不顾，陶醉在自己的盛放里。

找空位停好车后，我沿着越来越窄的路往前走。拐角处，横着一座大桥。我所在的位置在桥下，走进桥洞，才发现别有天地。

宽阔而厚实的大桥阻挡了炙热的阳光，习习吹来的河风更是令人心生欢喜。大桥下面，竟是一个人声鼎沸的小世界：有人在下棋，有人在打牌，有人在聊天，有人在垂钓，还有几辆车停在桥下，司机正在午睡，双脚从窗口伸出来软软地垂吊在车窗外，乍一看，以为发生了凶杀案。

桥的正下方，与桥的方向一致，是一道石砌河坎。坎上，形成了一段水量丰盈的湖面，有人在游泳，有几个孩子发出尖利而欢快的笑声。坎下，水量骤减，水深不过两三尺，浅滩上，生出大片芦苇。它让我又一次想起距此两百公里外的西汉水滨，那年深秋时见识过的随风起舞的芦苇。

我更愿意用它的古称——蒹葭。

从桥洞下穿过去，没有了大桥庇护，尽管两旁都是叶片宽阔的梓树，但一下子还是感觉到了扑面而来的热。再走几十米，梓树也消失了，河滩上，均是灌木和芦苇。公路到了尽头，变成只能供自行车和摩托车来往的四五尺宽的土路。之前下了暴雨，土路被冲出若干沟槽，如同一条细长的受伤的手臂。

一会儿，土路也消失了，大半人高的杂草丛中，隐约可见有人踩过的痕迹——世上本来没有路，走的人多了，也就有了路。来这里的人委实太少，路没有成形，只依稀有路的初始模样。

如此深的草丛，又是蛇虫出没的夏季，我开始担心，会不会突然从草间窜出一条蛇，甚至，直接在我腿上咬一口。我后悔没有带上后备厢里的甩棍，哪怕在刚才经过的路边，顺手捡一根干枯的树枝打打草惊惊蛇也是好的。

越想越怕。我站在草丛中犹豫了。要不，就别去了。

然而，百十米外传来的哗哗哗的水声是一种诱惑。抽了一根烟，我硬着头皮走过了比我还高的最后一段杂草丛。在一座土丘上，我终于看到了我想要看的景象：千河与渭河交汇。

以我站立的地方为初始点，面向西北，这片呈扇形并且不断扩大的区域，都可以称为千渭之会——或者用古人的称呼：汧渭之会。

回去时，复又经行桥下。进入桥洞前，我登上路边大堤。这时，我看到，千河最后几百米，事实上形成了地理学上所称的牛轭湖——恰好，路旁就有一张宣传画，介绍的正是牛轭湖，不妨全文照录：

在较为平坦地区流淌的河流，河曲发育，随着流水对河面的冲刷与侵蚀，河流愈来愈曲，最后导致河流自然截弯取直，河水由取直部位径直流去，原来弯曲的河道被废弃，形成湖泊，因这种湖泊的形状恰似牛轭，故称之为牛轭湖。由于曲折的河流被切割形成的永久积水区，牛轭湖中经常发育深水灌丛沼泽。牛轭湖的静水形态，成为很多喜欢静水环境的水生植物的天堂，更是众多水鸟理想的"庇护所"。

如果那时候有媒体，比如报纸吧，那一天，秦国所有报纸的头版头条都是关于秦文公在汧渭之会宣示主权的报道——当然，由于秦文公是他死后的谥号，在他生前，秦国人称他国君，外国人称他秦君，或是秦伯。

秦文公到达汧渭之会后，宣称："昔周邑我先秦嬴于此，后卒获为诸侯。"什么意思呢？就是他追溯秦人历史，提醒天下人，早些年，他的祖先非子时代，汧渭之会乃是周天子令他们嬴氏牧马的地方。嬴氏也因养马有功，得以跻身诸侯之列。潜台词是说，汧渭之会自古以来就是秦国的神圣领土，现在，作为非子的嫡系子孙，他有十分正当的理由回到这里，将这片土地收复。

国际社会对秦文公的宣示有什么反应，史料阙如。其实，当时的秦国虽然有崛起势头，但在晋、齐这样的大国眼里，仍然只是一个和戎狄杂处的落后而偏远的小国。

秦文公宣示之后，开始在汧渭之会修筑城池。不过，这座早就消失的古城到底在哪里，历来众说纷纭，莫衷一是。

2

以前，凤翔是宝鸡市下辖县，现在，则是宝鸡市下辖区。我从千渭之会湿地公园出发前往凤翔，导航显示，至少有三条路可供选择。

我选择了最西边那条，为的是距离千河——也就是古人所称的汧河近一些。

公路溯流而上，在公路与千河之间，有一条铁路。而填充在公路、铁路和千河三者之间的，是生机勃勃的大地。大地上，高高低低的树木和一片接一片的玉米地，都是一种深沉的绿、踏实的绿，让人联想起黄土地上那些沉默的庄稼汉。

刚下过一场雨，空气湿润，隐约能闻到一股泥土被急雨打湿后的土腥味儿。我在乡村生活多年，从小就熟悉这种味儿，它很容易让我回想起老家——那座小村庄和小村庄外无边无际的红色丘陵。

只需十来分钟，便到了一座以千河命名的镇子——千河镇。

水泥公路穿镇而过，公路也是街道，街道也是公路。午后，几乎看不到人影。沿街的店铺门口，坐着纳凉的人，打盹的人，发呆的人，看手机的人。

千河镇北，千河突然比之前宽了几十倍，辽阔的水面折射着阳光，像一面巨大的镜子。原来，一道大坝将千河拦住，形成了水库。水库尽头，或者说水库北端，就是我要寻访的目的地之一——长青镇孙家南头村。

孙家南头村与长青镇近在咫尺，与镇子相比，村子显得十分破败，不少房屋都已废弃，院落里长满大半人高的杂草，如同劫后余生。

十几年前，在孙家南头村，考古工作者发掘了一处距今两千多年的西汉码头仓储遗址，后来被确定为省级重点文物。

如今的千河看起来河道不宽、水量不丰。然而两千多年前，气候更为湿润，那时的千河当是另一番模样。当时河水丰盈，足以供船只行驶。那时，这个如今几乎荒废的小村庄，是丝绸之路的重要驿站。从长安来的商船，一路溯渭河而上，到达汧渭之会后，再溯千河，经孙家南头村及上游的千阳县，抵达陇州，在陇州经由陆路翻越陇山，进入甘肃。

即便不由长安水路而行，选择陆路，同样也要经过孙家南头村以及千阳县，是以孙家南头村才会建有码头仓储基地。

比汉代码头仓储基地更重要的发现，是孙家南头村的九十一座春秋秦墓和四座附属车马坑。这些秦墓，学者田亚岐和刘爽认为："从布局上看不在秦都雍城国人墓葬之列，而可能隶属于秦国早期城邑——'汧渭之会'时期的族属墓地。"

基于此，有学者认为，秦文公所筑的秦国都城汧渭之会可能就在孙家南头村一带。比如田亚岐和刘爽在论文中说："结合对该墓地周边区域调查，诸多春秋早期秦聚落遗址分布于此，而且当初发掘墓葬的临近处可能还有时代更早的秦墓地，表明这里曾是早期秦人活动的重要区域。由于距离汧河下游河口较近，所以推测该墓地可能与早期秦城——汧渭之会有较多关联。"

以地理位置看，孙家南头村地处千河之滨，距渭河不过二三十里地，当年，肯定也是秦人地盘。不过，唯一值得怀疑的是，孙家南头村在千河东岸，并不处于汧渭之会夹角中，似不能强行把它归入汧渭之会这个地理概念。

从千渭之会溯千河而上，经孙家南头村，公路折向东北，前方横出一抹沉沉的山影，这就是灵山。灵山乃千阳岭余脉，不高。公路从垭口穿过，越垭口而下，是一级级的黄土台地，如阶梯，又如琴键。阶梯将人引向低处的碧绿深红，琴键弹奏时风生雨落。左边台地下方，千河再次被大坝阻挡，形成了一片深碧的水域，是为冯家山水库。连续经过两座特大桥梁后，千阳县城到了。历史上，千阳曾设汧县、汧源县和长蛇县。

千阳县城以北，平原消失殆尽，大山成为主角，公路沿着千河河谷斗折蛇形。四十公里外的千河上游，陇县县城落在群山之间的一块小平坝上。

陇县古为陇州，因其境内的陇山而得名。陇山高峻迂回，《三秦记》称："陇坻其坂九回，不知高几许，欲上者七日乃越。"翻山需七日，固然是夸张之辞，然山路的曲折难行倒是不争的事实。登上陇山高处，回望关中，帝京已远；眺望前程，山峦环堵，其情其景，让人想起古人的感慨"陇头流水，流离四下。念吾一身，飘然旷野""陇头流水，鸣声幽咽。遥望秦川，肝肠断绝"。

自古以来，从长安往西域的路，到了陈仓，不再继续向西，而是沿着千河谷地向西北绕行，行至陇县后，从县城以西的垭口翻越陇山，进而抵达今甘肃张家川。那里，非子的秦邑近在咫尺。

陇县的地理优势，顾祖禹在《读史方舆纪要》中总结说："扼陇底之险，控秦风之冲，为关中重镇。隗嚣凭此以窥三辅，曹魏据此以保秦陇，刘曜窥长安，引兵争陇上；石虎规氐羌，分兵屯汧陇。"

出陇县城区向西，公路与千河相伴而行，它们都选择了地势平缓的山谷。西行至曹家湾镇后，公路与河流忽然折向北方，顺着陇山的走向蜿蜒。大约在距陇县城区三十公里左右，同样由千河冲积出的河谷平坝上，有一座镇子，名固关镇。

固关，又称陇关、故关、大震关。

固关镇西数公里之遥，关山连绵，群峰之上，便是大震关旧址所在。始建于汉代的关城，因位于陇山之巅，得名陇关。又因汉武帝刘彻登山至此遇雷震，得名大震关。晚唐宣宗大中年间，在陇关附近新设安戎关，称新关；相应地，陇关称故关，不知何时，故写作了固，便成了固关。

后人常说秦人九都八迁，九都分别为秦邑、西垂、汧邑、汧渭之会、平阳、雍城、泾阳、栎阳和咸阳。也就是说，在修筑汧渭之会前，秦人还另有一座"首都"，即汧邑。

汧邑的地望，种种迹象表明，就在陇山。

把汧邑设为新国都的君主，历来有两说，一说秦文公，一说秦文公的父亲秦襄公。前者,《元和郡县图志》认为,陇州即"秦文公所都";后者,《括地志》引《帝王世纪》认为："秦襄公二年,徙都汧。"

到底哪种说法靠谱？我倾向于后者。

秦襄公获封诸侯后,为了得到周天子许诺的岐丰之地,他率领一部分部属,翻越陇山,进入关中。其时,秦人实力尚不如占据关中的犬戎,只好先在关中西北的今陇县一带修筑城池,既是新的国都,也是东扩据点。

这就是汧邑。

迁都汧邑,是在襄公二年。此后十年间,襄公一直致力于收复岐丰之地;但是,出师未捷身先死,襄公十二年,他终于率军攻到了岐地,却不幸身死——或许是病死,或许是战死,史料语焉未详。

襄公死,文公立。"文公元年,居西垂宫",这说明,因襄公身死,文公不得不从汧邑回到西垂。这也间接说明,襄公多半是在与犬戎的战争中战死的,秦人东扩的理想被残酷现实无情吊打,以致文公只好放弃汧邑,又回到祖先的发家之地:西垂。几年后,后方基本稳定,秦人实力增长,秦文公才率领七百之众以打猎为名,绕行到汧渭之会,并在汧渭之会筑城,这成为秦国继汧邑之后的又一座都城。

初春,城郊的河谷平坝上,青色的麦苗挂着雨水,微风吹动，有一种说不出的娇柔。城区四周的山上，有的地方还依稀可见残余的冰雪。这些山其实不算高峻，它们起伏不大，看起来更像黄土塬。千河及支流在县城中心汇合，形成一个工字形。

春节刚过，在陇县，我赶上了一场热闹的社火。

所谓社火，按《辞海》解释，乃是"旧时在节日扮演的各种杂戏"。社火的历史非常久远，估计和上古人类的祭祀有关。如今，在西北地区流行的旱船、高跷、秧歌，以及舞狮、舞龙等春节或其他节日举行的迹近狂欢的活动，均统称社火。至于陇县社火，《陇县志》说它起源无考，明清已盛行，最早称为"社虎"。

社火前一天晚上，人们就忙碌起来。最重要的是化妆。化妆师是一个粗壮的汉子和一个健谈的农妇，汉子手里拿着一把毛刷，将大红大绿的颜料，熟练地涂到社火演员脸上，粗犷的动作，像在刷一堵墙。汉子刷过之后，农妇进入第二道工序，她蘸了不同色彩的颜料，在演员脸上细心勾画：眉、须、鼻子、嘴角。化完妆的演员，看上去表情很夸张，他们静静地坐在椅子上或是半倚在炕上，等待脸上的颜料渐渐变干，也等待天明时的表演。

这天晚上，陇县下了一场雪。凌晨，天还没亮，通往山上的公路，积雪已被清扫干净。天刚亮，社火开始了。

走在前面的是乐队。着红衣、黄衣的队员，或腰系大鼓，或手提铜锣，敲打着在前面开路。紧随其后的，是各种造型的社火演员。陇县社火和其他地区的社火不同，称为马社火，因演员骑在马上表演而得名，不仅演员要化浓妆，就连胯下的马也要装饰一番。

社火队伍通过山路，由一座村庄前往另一座村庄。整整一天，社火队伍将走遍附近十几个村落。每到一处，锣鼓响起，马背上的演员手持各种器物表演，围观的人群迅速响起欢快的笑声。突如其来的鞭炮声，让雪后清朗的空气，渗入了一丝丝呛人的火药味儿。

在陇东南一带行走，那些擦肩而过或是有过短暂交流的当地人，印象中似乎都比较木讷。他们被风霜雕刻的脸，大多时候严肃如黄土，很少浮出微笑。而在社火锣鼓敲响的那一刻，我看到了久违的笑脸，如同在干旱的黄土塬上，一扭头，一转身，突然看到一朵娇艳的花默默盛开。瞬间有些感动。

陇县马社火也很容易让我联想到秦人。秦人以善于养马著称，陇县的关山草原，自古以来就产骏马。从地理上说，关山草原乃高山草甸，与当年非子养过马的秦邑、牧马滩等地的地貌及气候都非常相似。1958年，陇县曾组建了关山国营牧场，从事中亚混血关中马的饲养。如今，关山草原已成为小有名气的旅游景区。

社火进行到中午，凌晨已停的雪终于如梦初醒，复又洋洋洒洒地飘起来。在成都乃至整个四川盆地，雪是罕物，三五年方才下一回，不大，像是从空中撒下几袋盐粒。是以冬天下雪，对成都人来说，简直就是难得的节日。但在高寒的陇县，大雪却是家常便饭。要是有人为下雪而欣喜，恐怕会被邻人视作怪物。

雪下得愈发紧了、密了。寒风凛冽，敲锣的汉子鼻子通红，像是一根没洗净的胡萝卜。他比之前更用力地敲打铜锣，铜锣的声音仿佛也被风雪冻得坚硬，直直地撞击耳膜，叫人头晕。

东南镇真的在陇县县城东南部，千阳到陇县的公路从镇中穿过，像一根青藤串起若干果实那样，将一个个村庄串在一起：郑家沟村、韩家庄村、菜园村、高庙村、张家庄村、边家庄村。

我要去的是边家庄村。

边家庄这个名字，暗示应该有许多人家姓边，或者说，最初居住在这里的人姓边。边是一个古老的姓氏，商朝曾有一个方国叫边国，伯爵衔，其君主称为边伯。边家庄的边姓人家，他们是否就是边伯后裔呢？

边家庄村西部，自 1979 年村民取土挖出第一座墓葬以来，迄今已发掘墓葬三十多座。这些墓葬的年代大多系春秋时期。根据墓葬中随葬的青铜器可知，五鼎四簋大夫级的有八座，三鼎二簋士级的有三座。如此众多高规格的墓葬集中在一片不大的区域里，足以证明边家庄存在一座春秋时期的重要陵园。

这是什么人的陵园呢？

我从边家庄出发，穿过一片庄稼地，往东南行了约莫一公里，来到一个叫磨儿原的村子。村子原属牙科乡，后来牙科乡并入东南镇，磨儿原村也和边家庄一样，成为东南镇辖地。

磨儿原村与边家庄村在同一片黄土台地上。磨儿原村里，曾经有一段夯土城墙。可惜，我来得太晚，且又没有可靠的向导，没能找到城墙。一个说法是，东侧的夯土墙，因修建陇千公路而严重损毁；西侧的夯土墙，则因宝中铁路穿过而荡然无存。

这些夯土城墙，在二十世纪的考古发掘中，一直被认为是春秋时期的遗存，修筑城墙的人，即边家庄村外那些沉睡的墓主——他们，就是在这里短暂居住过的秦襄公和他的部族。自襄公二年到襄公十二年的十一年里，这里曾是秦国的指挥中心，亦即史籍中若隐若现的汧邑。

但是，2007年至2012年全国第三次文物普查时，考古工作者对城墙遗址进行了更为深入的考察，得出的结论却迥异从前：城墙系汉代所建——意味着要比春秋晚好几百年。

那么，汧邑遗址不在磨儿原村？可又如何解释相邻的边家庄那些高规格的春秋墓葬呢？

好在，从磨儿原遗址出土了不少新石器时代仰韶文化风格的陶缸和陶钵残片，以及战国时期的瓦当、板瓦残片，当然还有汉代的瓦当和空心砖残片。这说明，磨儿原作为一个兴盛的聚落，存在了颇为漫长的时间——从仰韶文化到汉代，至少也有两千多年。至于秦襄公短短十一年的汧邑生涯，就落在了这两千多年之间。这是两千多年间极为短暂的一瞬。与两千多年的漫长相比，十一年不过弹指一挥。

倘若磨儿原遗址系秦襄公的汧邑，即秦人的第三座都城，那么，秦人的第四座都城，也就是秦文公所筑的汧渭之会又在哪里呢？

前面说过，田亚岐等学者谨慎地推测，孙家南头村或许就是汧渭之会。

我更倾向于另一个地方，那里，与孙家南头村相距只有二十多公里。

那就是戴家湾。

戴家湾这个名字听上去乡土而普通，我估计，全中国叫戴家湾的地方可能有上千个——只要有戴姓人家居住，或者原住民姓戴，都可能叫戴家湾。我老家方圆几十里内，就有三四个戴家湾。

不过，宝鸡戴家湾却有土鸡变凤凰的味道。这个小地名叫戴家湾的地方，如今，市政府和行政中心都落址于此。一大片高楼林立，道路宽阔的市中心，居然叫戴家湾，多少让人有些诧异，就像一个满头金发的异国少女，居然名叫蔡黄花。

从戴家湾所在的行政中心西行，大约二十多公里处，城市的喧嚣变成了郊野的宁静，平坦的关中平原化身起伏的山地。两山相对处，渭河奔流。深山峡谷里被挤压了几百公里的河流，刚刚看到平原，还没来得及在平原上肆意漫流，一道高耸的大坝便将它硬生生地截断。这就是宝鸡峡水库大坝。大坝内，宽阔的水面一片深绿。大坝外，河床裸露，浅浅的黄汤中暴露出一些粗砺的石头。河床左侧，是渭河引水渠。这座建于二十世纪五十年代的水利工程，通过引水渠将渭河引入关中平原，灌溉了宝鸡、杨凌、咸阳和西安的十四个县近三百万亩农田。

引水渠自西向东流淌，出了大坝只两三公里，便进入了关中平原，也就进入了市声喧哗的宝鸡城区北端。

戴家湾小区距引水渠仅三四百米，这三四百米之间，残存着一片庄稼地。这片城市中的庄稼地，估计已经被规划为商场和住宅，只是一时还没来得及修建。长在这块地里的庄稼，也只能长一季算一季地苟延残喘了。

引水渠不宽，水很清澈，完全不像之前看到的渭河。一条同样不宽的公路，与引水渠平行，大约车流稀少，便成为戴家湾居民散步的去处。

一渠之隔的北岸，隆起一片起伏的台地，台地背后，平缓的山如同大堤。那山，当地人称为北坡。

戴家湾遗址，就坐落在北坡前的台地上。

在考古界，戴家湾遗址又称斗鸡台遗址，它在我国考古史上有重要意义，故而大名鼎鼎。

事实上，戴家湾和斗鸡台就是同一地区的不同称谓。今天，戴家湾一带，尚有斗鸡台小学、斗鸡社区等以斗鸡台或斗鸡命名的机构。

我住在行政中心附近的一家酒店。楼层高，窗户北向，站在阳台上眺望，近处，楼宇高低错落，灰色的街道像皮带一样将它们串起来；远处，山峦隆起——准确地说，它是一片切面陡直而顶部平坦的台地，或者叫塬。

这片台地，名为贾村塬。贾村塬东西宽七公里有余，南

北长约十五公里，面积在一百二十平方公里左右。塬上，原
有蟠龙、贾村和桥镇三镇，后来，桥镇并入贾村。贾村塬比
塬下的宝鸡城高出几十米，行走塬上，一望无际的麦地里，
间或坐落着一些农舍，并形成小小的村落。农人在地里忙碌，
鸟儿在槐树和杨树上跳来跳去，饱食终日且无所事事。过了
花期的槐树还残存少量细小的花朵，从原初的白色转成深黄，
如同年长色衰的妇人，依依不舍地眷恋着青春时光。

　　据说，如果从高空鸟瞰，贾村塬形如一条气势恢宏的巨
龙：龙头在西南边缘的蟠龙塬；龙尾在东北边缘的龙尾村。
因为此说，附近不少地名也与龙有关：蟠龙镇、蟠龙塬、卧
龙塬、龙丰村、龙尾村。至于贾村，地方史料说，它的古称
也与龙有关，名为龙川镇。

　　我仔细观察过谷歌地图的卫星照片，说贾村塬像一条龙，
委实需要想象力。我以为，与其说它像一条龙，不如说它更
像一只靴子。这只巨大无比的靴子从北方踩下来，一脚踩在
宝鸡城头顶。靴子底部——或者说龙的头部，就是戴家湾。
站在戴家湾附近塬上，大半个宝鸡城尽收眼底。原来，宝鸡
就藏在山谷里。

　　我更倾向于秦文公所筑的汧邑之会在戴家湾，也就是蟠
龙塬上。与文献对照，这里处于汧渭之会夹角内，与司马迁
的《史记》相吻合。从地理位置看，初来乍到的秦人把桥头

堡建在塬上，有着高明的战略眼光：这里南滨渭河，东临汧河，西边和北边都是大山，塬上要比河谷高出几十米，塬的面积达上百平方公里，又是宜于农耕的沃土，秦人据此，进可攻，退可守，正是东扩的理想基地。

这一点，也印证了《管子》关于古代立都的几大要素："凡立国都，非于大山之下，必于广川之上。高毋近旱而水用足，下毋近水而沟防省。因天材，就地利，故城郭不必中规矩，道路不必中准绳。"

戴家湾遗址出土的若干国宝级文物，也从另一面证明了这里曾是一个重要聚落。

光头、粗眉、细眼、浓须、阔嘴、戎装，桀骜不驯中带有几分暴烈，这是百年前的一个小军阀给我留下的印象。尽管只看过他一张黑白照片，但我敢打赌，如果他还能出现在街头，我就会从汹涌的人流里一眼辨识出他。他太明显，倒不是因为长相，而是因为气质。那种气质一望而知，出自一个龙蛇混杂，江湖义气与征战杀伐并存的时代。

这个小军阀号称司令，其实只是旅长，手下军队，至多几千，地盘呢，也不过几个县。

如果不是他在戴家湾大肆盗挖古墓，可能今天没有人还会记得他。

小军阀名叫党玉琨。农民出身的党玉琨在因缘际会下，于 1917 年至 1928 年之间，盘踞凤翔和岐山一带。为扩充势力，党玉琨一方面在防区内横征暴敛；另一方面，他掌握了一些盗墓技术，希望从黄土下获得意外的财喜。

从酒店出发北行，经过架在引水渠上的一座小桥，便进入了一道几米宽的沟。这道沟，叫戴家沟。县志载，明朝时一场大雨，把塬上冲出一条小沟。以后，年复一年的雨水不断冲刷，小沟不断加深、变宽。看上去，戴家沟如同鸿沟，将贾村塬分割成东西两部。

党玉琨盗宝的地方就是戴家沟。

1927 年秋到 1928 年夏的大半年里，党玉琨所部官兵将附近数以千计的农民抓到戴家沟挖宝。挖出的各种文物，具体有多少，当时就没有明确数据，如今更是难以厘清。不过，单单其中一座西周墓，就出土了各种珍贵青铜器达三十八件。

戴家湾出土的诸多青铜器中，禁是非常罕见的一种。禁，用来承尊，即盛放酒尊。看上去，它像一张小桌子，中间挖出若干孔洞。故此，当地老百姓俗称之为铜桌子。迄今为止，国内出土的青铜禁仅六件，来自戴家湾的就有两件。

戴家湾黄土下被党玉琨挖出的国宝级文物还有周公东征方鼎、子父乙盉和毛伯鼎。另外，因铭文中有"宅兹中国"而举世闻名的何尊，其第一出土地应该也是戴家湾——它于二十世纪六十年代在贾村镇陈家后院被发现，专家推断，很可能系当年从戴家湾挖出后，被人转移埋藏于此。

这些青铜重器，虽不能断定它们和秦人之间的关系，但它们充分证明，戴家湾一带，自古就是人烟稠密、文明之光薪火相传的重要聚落。

3

宝鸡陈仓区以东是岐山县。岐山县的区划轮廓，像一个单足伫立、向东眺望的巨人。巨人的脚伸进秦岭，巨人的头融入岐山。岐山属千山余脉，当地人称为北坡，但远比宝鸡的北坡雄浑高峻。巨人的大部分身子是平原，肥沃的、宜于农耕的关中平原。

我从戴家湾附近的酒店出发，上连霍高速，东行约四十公里，在蔡家坡立交出匝道，耗时不到半小时。沿途，公路与东流的渭河并行。渭河两岸，原野苍茫，沐浴在明黄色的朝阳下。大地的勃勃生机万年如斯。

蔡家坡镇是一个特立独行的存在。"外国有个新加坡，中国有个蔡家坡"，以前在某音上看到几个蔡家坡青年喊出这样的口号，一笑，以为是噱头。没想到，蔡家坡的宣传资料上，还真有此说。另外，蔡家坡某条街道的街边，鲜花和灌木簇拥着一块椭圆形石头，石头上刻有五个红字：中国蔡家坡。

倘对蔡家坡镇稍有了解，就明白这座小镇真有骄傲的本钱。

《岐山县志》说，蔡家坡原名田家坡。北宋时，曾任凤翔知府的蔡钦致仕后居住于此，死后安葬于此，子孙繁衍生息于此，久而久之，成为当地望族，田家坡遂更名蔡家坡。直到今天，蔡家坡还有不少蔡姓人家，大多是蔡钦后人。

蔡家坡南滨渭河，坐落在西安与宝鸡之间。古代，丝绸之路打此经过，蔡家坡得以成为兴旺发达的水陆码头。不过，真正改变蔡家坡命运，让它超越岐山县城的重要转折点，却是二十世纪陇海铁路的通车。

陇海铁路西起兰州，东至连云港，是横贯东西的大动脉，清朝末年开始修筑。1936 年，西安至宝鸡段竣工，在蔡家坡设站。

便利的水陆交通，丰富的农牧产品，让蔡家坡从此迎来了化蛹为蝶的花样年华。早在二十世纪四十年代，这里就建起了棉纺厂、酒精厂和机器厂。此后，又有更多企业落址于此。如今，蔡家坡以县辖镇的级别，拥有一个经济开发区，陕汽集团、法士特集团、西北机器、九州纺织等大型企业都集中于这个弹丸之地。

　　进入蔡家坡市区，宽阔的街道和林立的高楼，让人感觉这绝对不是一个镇，至少是县城，甚至地级市。然而，行政上，它的确又属于岐山县。有意思的是，高铁站设在蔡家坡镇南边，不叫蔡家坡站，叫岐山站。虽然这里距岐山县城还有几十公里。

　　入夜的蔡家坡，商业区里流光溢彩，店铺里人来人往——据说，这座镇子有二十万人口，GDP早在十年前就超一百亿，足以秒杀西部地区众多县份。最令蔡家坡人自豪的是，全国千强镇评选中，蔡家坡名列第一百二十九位，居陕西第一。

　　次日，到了岐山县城，两相对比，更加验证了一个既成事实：蔡家坡镇比县城更繁华，也更具生气。

　　岐山县城更像一座县城。楼房大多有些年月了，尽管也有近年修的高楼，但比重不大。街道大多狭窄，即便是市中心礼乐广场一带，也显得人流稀少。如果说蔡家坡是青春的，那么岐山县城就是中年的。青春狂想未来，中年纠结过去。

　　不过，说到岐山小吃，大概还是县城更正宗。至少在我这个外地人看来如此。

　　远古时代，率先种植于西亚的小麦一路东来，穿中亚，越天山，过河西，辗转传到关中平原。渭河千万年冲积而成的肥沃平原，是小麦生长的乐土。漫漫岁月里，关中小麦喂养了一代又一代人，同时也演变出花样繁多的关中面食。

　　岐山臊子面和擀面皮是最负盛名的两种。在县城某条宽不盈丈的小街上，老郑开了一家面馆，面馆不大，也就六七张桌子，恰与小街相匹配。老郑自豪地说，他用的面粉都是老家种的小麦。

　　"老家哪里？"我问。

　　他更自豪地回答："周原。"

　　我想起从蔡家坡前往岐山县城的公路上，好些地方，农民把刚收割的麦子整齐地摊到路上。来往的车辆便是一个个免费的碾子，把麦粒从麦秸上碾下来。早些年，我老家川南的农民也这么干，后来脱粒机普及，就少见了。

　　臊子面一份六碗，碗很小，这是必须的。有肉的，没肉的，任选。面条细长，灵魂是臊子。

　　擀面皮十二元一碗，那碗比臊子面碗大出一倍不止，面皮很劲道，淋上佐料，又酸又辣。无论如何，我都吃不完。老郑搓着手，恨铁不成钢地看着我说："那些年，能有碗面皮吃，就是天底下头等的享受了。"

4

岐山县城空阔处，只要视线不被楼宇阻挡，便能看到北方突起的岐山。出县城西北行五六公里，便是岐山山麓。平原与岐山的过渡地带，形成一面缓坡。缓坡间，苍翠的古木掩映着飞檐翘角的古建筑，那是周公庙。

周公旦是周文王的儿子，周武王的弟弟，周成王的叔父。周朝历史上，周公是一个举足轻重的大人物。武王伐商后病逝，成王冲龄即位，主少国疑，三监、武庚以及嬴氏起兵作乱，天下汹汹，满朝惊疑。如果没有周公三年东征，新兴的周王朝能否存续，完全是一个未知数。雄视天下的曹操在诗里以周公自喻，希望也能像这位伟大人物那样。他这样感慨：周公吐哺，天下归心。

周公有这样高的地位，不仅因为他挽狂澜于既倒，让周朝顺利渡过危险的阶段，更因为他为国家的长治久安创立了一系列措施。

这些措施影响至今。

有一些地方，人们批评某人脑袋僵化或迷信，总爱说他很封建。同时，学界也把自秦朝到 1840 年之间的两千多年中国社会形态，称为"封建社会"。

事实上，"封建"原意并非如此。

"封"指封国土，"建"指建诸侯。封建，就是君主把爵位、土地分赐给亲戚或大臣，让他们到封定的区域内建立邦国。《左传》说："昔周公吊二叔之不咸，故封建亲戚，以蕃屏周。"

就封建的原始意义而言，中国的封建社会仅有周朝一代而已，到了秦始皇统一中国，废封建，置郡县，从此完全的封建制度不复存在——汉初曾实行分封与郡县并存，只是一个过渡；西晋和明初也有过分封，但与周朝的封建不可同日而语。

周朝的分封始于文王。杨展的《西周史》认为："周文王开始重视在王畿内用分封制扩展周人占有土地和扩张势力。"武王灭商后，又进行了一次分封。但大规模的分封，是在周公主持下进行的，史称"成康大分封"。

商朝时，商王统治天下的方式，是商王直接管理王都及周边地区。这些地区称为王畿或京畿。王畿以外，让名义上臣服商王的地方族群自治。这种管理方式，在商人势力强大时能够正常运转；一旦商人势力衰弱，就会有新兴者取而代之。

成康大分封的原则是按照宗法。所谓宗法，又称宗法制，是中国古代社会血缘关系的基本原则，以嫡长子继承制为主要内容。

商朝前期，普遍实行兄终弟及制，到后期，慢慢向嫡长子继承制过渡。从周朝开始，嫡长子继承制成为铁的原则，定为一项制度，并一直沿袭到后世。

周王的儿子中，嫡长子继承王位为周天子，庶子分封出去，成为诸侯；诸侯嫡长子继位为诸侯，庶子分封出去，成为大夫；大夫嫡长子继位为大夫，庶子分封出去，成为士；士处于贵族最底层，不再分封。

这样，每一代周王都是嫡长子，称为大宗，其他诸侯则为小宗。诸侯国内，这些小宗的嫡长子，又相应成为诸侯的大宗，并有相应的小宗以及大夫，以此类推。

大宗和小宗之间，既是血缘宗法上的嫡庶、大小关系，又是政治上的君臣、上下关系。

就国家层面而言，周天子是普天之下身份最尊贵、权力最大的人，其下的诸侯对他效忠；诸侯之君在各自封国里，是身份最尊贵、权力最大的人，其下的大夫对他效忠；大夫在各自的采邑里，是身份最尊贵、权力最大的人，其下的士对他效忠。

就宗族层面而言，各个小宗听命于大宗，有向大宗效忠的义务；从士到大夫到诸侯再到王室，最大的大宗是周天子，大宗既是宗族长子又是君主。故此，学者认为："由宗法所封建的国家与周王室的关系，一面是君臣，一面是兄弟伯叔甥舅。而在其基本意义上，兄弟伯叔甥舅的观念，重于君臣的观念。"

这样，无论国家层面还是宗族层面，都是一个金字塔结构，金字塔顶端都是周天子。

这种分封制度，使得家国同构，族权与王权相结合，周公希望用它来增强国家凝聚力，并最终形成"普天之下，莫非王土；率土之滨，莫非王臣"的局面。

当周公主持分封时，在商朝世受宠信并参与反叛的嬴氏已沦为奴隶，自然没有受封的份儿，要等到几百年后的非子时期，才因牧马之功得以晋身附庸。

所以，春秋战国时的诸侯国家，它们的历史，绝大多数都比秦国更悠久。

《荀子》说："周公兼制天下，立七十一国，姬姓独居五十三人。"七十一个诸侯国中，姬姓就占了五十三个。又说："周之子孙，苟不狂惑，莫不为天下显诸侯。"——凡是姬姓王室子孙，只要不是非常愚昧，没一个不被封为诸侯的。

据《左传》所载，先后受封的卫、蔡、郕、霍、毛、邘、曹、毕、原、郇、雍、滕等国是文王后裔；邢、晋、应、韩等国是武王后裔；蒋、邢、茅、鲁、胙、祭等国是周公后裔。此外，姬姓之国还有息、随、贾、沈、密、郑、滑、樊、芮、虢等。

七十一个封国，姬姓占了四分之三左右。另外四分之一，则分封功臣和臣服者。

西周之初，最主要的封国有这样一些：

卫，周武王的弟弟康叔的封国，都朝歌，即今河南淇县。卫国乃商人旧地，在各封国中封地最广，也最重要。康叔赴封国时，周公专门作了一篇《酒诰》告诫他。

燕，召公奭的封国，都蓟，即今北京。周初，燕国统治今河北北部和辽宁南部，是周朝北疆屏障。

鲁，周公长子伯禽的封国，都奄，即今山东曲阜。

晋，成王之弟叔虞的封国，都唐，即今山西翼城。最初称为唐，后改名晋。晋地历来戎狄杂居，晋国负有阻挡戎狄南下的职责。

齐，开国元勋太公吕望的封国，都营丘，即今山东临淄。齐国建立在商朝残余势力蒲姑的地盘上，与鲁国互为犄角。

宋，商朝贵族微子启的封国，都商丘，即今河南商丘，是商人的老根据地。通过分封，商人势力被进一步切割、压缩。宋国一部分，卫国一部分，还有一部分迁到洛邑，从此失去反抗能力。

这些被周天子分封的诸侯，它们相互之间地位平等，谁也管不了谁，都直属周天子。不过，封国面积有大有小，国君爵位有高有低。

以我们今天的视角去观察，周朝的分封制，更像由周天子派出代理人，到各地进行武装殖民。

受封的诸侯来到各自的封地后，首先要建一座城堡作为军事据点，称为城，也称为国。城外的土地称为野，又称为乡。住在城里的人称为国人，住在城外的称为野人。

周天子既是各诸侯的宗长（对姬姓诸侯而言），又是各诸侯的君主。诸侯对周王宣誓效忠，按期到王城纳贡朝拜。王室如遇战事，诸侯必须勤王。王畿如遇灾荒，诸侯有救济义务。除此以外，周王对各诸侯的国内事务几乎不会干涉，悉由诸侯自行处理。

然而，随着时间推移，周王室日渐衰落，诸侯通过大鱼吃小鱼、小鱼吃虾米式的兼并而坐大，根本不把周天子放在眼里，纳贡朝拜成为一纸空文。到了后来，周天子地位一落千丈，甚至还不如一个中等诸侯有实力。

晚年的孔子常常懊恼：为什么我很久没梦见那个人了？

那个人与他非亲非故，甚至，他们从未见过面。孔子和他之间，横亘着五百多年的迢遥时光，相当于我们今天距明朝中期那样远。

但是，这个五百多年前的古人，一直是孔子心中最神圣的偶像。后人将孔子尊为圣人，将孟子尊为亚圣，而孔子很久没梦见的那个人，被尊为元圣——元者，始也。

生活于春秋时期的孔子，自认处于一个礼崩乐坏的时代，他一生极力倡导克己复礼。

他要复的是什么礼呢？

就是周礼。

孔子说过，"周监于二代，郁郁乎文哉。吾从周"。周礼借鉴了夏礼和商礼，并在此基础上演变发展而成。多么丰富完备啊，我遵从周礼。

孔子希望经常在梦中与之相见的那个人，就是周礼的创制者，即前面一再说及的旦，人们称他为周公。

岐山县城中心的礼乐广场，其名字，显然是为纪念周公。准确地说，是纪念周公创立封建制之外的另一伟大功绩——制礼作乐。

武王克商后，作为武王的重要助手和武王之后成王初年实际上的决策者，周公一直在思考一个问题，那就是原本强盛一时的天邑商，为什么会被弱小的小邦周取代？小邦周既已从商手中夺取了天下，又该怎么做，才能避免重蹈商朝的覆辙？

不论商人还是周人，都相信天命。比如纣王在位时期，哪怕明知天下诸侯对他越来越不满，可他满不在乎地认为，天命在他，他就会永远为王。

周人也相信天命，但殷商的灭亡使他们意识到，天命并非固定不变的，也会随着时势变化而转移。转移的基点是德，即天命以人心向背为根据，以此决定国家兴衰、王权更替。至于人心的向背，又取决于统治者的德。

周公提出的对应之策是敬德保民。一方面，从商人的重鬼神转移到重人事；另一方面，用礼乐制度来表现和巩固周人的德。

礼的目的，是调节统治者内部的秩序和关系；是要通过礼让每一个人清楚自己的身份、地位，从而安分守己，不逾矩、不失礼，不做和自己身份地位不相称的事。这样，社会就能长期稳定。

周礼号称经礼三百，曲礼三千，礼仪可谓繁琐复杂。人们把这些礼仪归纳为五个方面：祭祀之事为吉礼，丧葬之事为凶礼，交际之事为宾礼，兵戎之事为军礼，冠婚之事为嘉礼。

吉、凶、宾、军、嘉五大类礼仪下，又有更复杂的小类。

总之，可以说，上自天子，中到诸侯，下到卿士，整个贵族阶层从降生到死亡，每一件事，都要遵守不同的礼仪，被不同礼仪约束。礼仪的核心，就是等级制，即让每一个人都遵循等级规定。

比如，就都城规模而言，天子都城方九里，有十二道城门，宫城方三里，有五道宫门；诸侯都城方七里，宫城城门三道；大夫采邑方五里，内城门两道。

比如，就宗庙而言，天子七庙六寝，诸侯五庙三寝，大夫三庙，士一庙，庶人无庙。

比如，就死后陪葬品而言，天子陪葬车九辆，诸侯七辆，大夫五辆，士无车；天子棺椁十重，诸侯五重，大夫三重，士两重；天子五棺二椁，诸侯四棺一椁，大夫二棺一椁，士一棺一椁。

比如，就宾礼中的饮宴而言，当时，贵族宴席上，不仅主人和客人各有一套座次、用具上的礼仪，席间，双方还要诵诗。当然，诗歌一般不是现场创作，而是沿用古人作品。沿用的作品，须与饮宴的具体情况吻合。否则，会被视为失礼。

鲁文公是鲁国第十九任国君，生活于公元前七世纪初叶。有一年，卫国大夫宁武子出使鲁国，鲁文公设国宴款待他。

按周礼，这种重要外交场合，一定会诵诗，而诵诗，一般由主人发起。很多不能明说或不便明说的话，就通过诗来含蓄地表达。这叫诗言志。孔子教导儿子时说过："不学《诗》，无以言。"——不好好学习《诗》，你出席正式场合时，连话都没法说。

令宁武子意外的是，鲁文公令乐工们献上的两首诗分别是《湛露》和《彤弓》。宁武子虽意外，但脸色平静。听完后，既没有表示感谢，也没有按礼诵诗回应。这一下，轮到鲁文公意外了：难道宁武子竟是一个不知礼的人吗？

宴会结束后，鲁文公实在忍不住，就派手下人悄悄去问宁武子。

宁武子假装惊讶地说，那两首诗是为我吟诵的吗？我还以为是乐工们在练习呢。接着，他说，过去正月时，诸侯去王城朝见周天子，周天子就会让乐工吟诵《湛露》；周天子令诸侯讨伐敌人，得胜归来，就会赐给诸侯红色的弓一张，红色的箭一百支，并吟诵《彤弓》。

最后，他总结说："今陪臣来继旧好，君辱贶之，其敢干大礼以自取戾？"大意是说，我现在只是一个外交人员，来贵国是为了延续鲁国和卫国的友好关系，承蒙鲁君赐宴款待，已十分惶恐，怎么敢僭越大礼以致罪过呢？

鲁文公的手下回去一汇报，鲁文公这才恍然大悟，失礼的不是人家宁武子，而是自己。

礼乐并称，乐也是周礼的组成部分。

贵族生活中，不论五礼中的哪一种，都要用乐。不同场合，不同等级，所用之乐，从乐队规格到音乐内容，都有严格规定。

正因为礼乐的重要性，周代的贵族教育，要求学生必须掌握六种基本技能，排在最前面的便是礼和乐，之后是射（射箭）、御（驾车）、书（识字）和数（计算）。

不同等级的贵族，在用乐时有具体规定。按汉代学者郑玄的解释，周天子所用乐队人数最多，规模最庞大，其乐队占据活动场地的四面；诸侯次之，乐队占据活动场地的三面；卿大夫再次之，乐队占据活动场地的两面；士最低，只占据活动场面的一面。

不同场合，所用音乐也不同，不能混淆。比如祭祠天神时，"乃奏黄钟，歌大吕，舞《云门》"。黄钟是我国古代音乐十二律中六种阳律的第一律（又说为一种大型打击乐），大吕是我国古代音乐十二律中六种阴律的第一律。后世遂用黄钟大吕来形容音乐庄严、正大、和谐。

总而言之，礼追求稳定与秩序，乐讲究和谐及协调。周公制礼作乐，不仅使整个社会由巫术走向礼治，也让华夏民族进入了礼乐文明时代。我们今天常常自豪地宣称我们是礼仪之邦，中国人讲究礼仪的源头，正是周公和他的周礼。

5

从周公庙到周原博物馆，有一条穿行于关中平原深处的公路。两地相距三十多公里，前者属岐山县，后者属扶风县。

一路上，我总是不由自主地想起《诗经》中赞美周原的诗：

周原膴膴，堇荼如饴。

爰始爰谋，爰契我龟。

曰止曰时，筑室于兹。

译成现代汉语，大意是：周原这个地方土地肥美，长出来的苦菜也像糖一样甘甜。古时候，公亶父一再谋划，并通过占卜得到吉兆，于是在这里修房造屋，开始定居。

途中，经过一个叫驸马庄的小村落，从小村落折向北行，不到一公里，有个岐阳村。岐阳村外的原野上，有一座占地十来亩的庙，叫三王庙。三王庙的始建时间一直不太确定，有明朝说，也有清朝说。不过，三年前，附近修建水库，挖出了数以十计的石碑。其中，有一块《重修三王庙记》，系明朝万历年间所立。既然明朝万历年间已是重修，那显然在这之前，三王庙就已存在相当长时间了。

三王，即公亶父、王季和周文王。

庙内，供奉着三王塑像，看上去，就是三个慈眉善目的老者。或者说，就是三个穿着奇装异服的关中老汉。当然，这出于后人想象。

庙后几百米远的水库旁，一座土堆前立着一尊碑：周太王陵。

周太王就是公亶父。鉴于他在周人发展史上的重大贡献，他被后人追谥为太王。很长时间里，周太王陵被错误地当作周幽王墓。

史料记载，明正统十年（1445），一个叫郭仲南的进士游周原旧址时，在庙中的墙壁里发现一块碑，经过考辨，才知道民间口耳相传的周幽王墓其实是公亶父墓。而今，陵前的碑，系曾任陕西巡抚的毕沅所书——大凡去过陕西，并游览过一些名胜古迹的人，多半见过他的字。

钱穆认为，早期，周人主要活动于晋南一带。夏商鼎革之际，天下大乱，周人不得不西迁到今甘肃一带，司马迁称之为"奔戎狄之间"。当时，这一地区的主要居民为游牧的戎狄部落。周人擅长农业，因谋生方式不同，外加生活习惯差异与文化差异，周人与戎狄关系紧张，时有纷争。

后来，不堪其扰的周人首领公刘有一个重大举措：迁徙。

公刘并不姓公，就像公亶父也不姓公一样，他们都姓姬，公是对他们的尊称。

公刘迁徙之地叫豳，即今陕西彬县、旬邑县一带。

地处渭北高原西部的豳，属黄土高原地貌，雨热同季，四季分明，且有泾河流淌，明显比高寒的甘肃更宜农业。

《诗经》绘声绘色地讲，公刘率领族人，渡过泾水，来到豳地。他勘察水源，将低平肥沃的地方整治为耕地；架设浮桥，从河对岸采集石头制造工具；又勘察地形，选择了一处高地修筑城池。

经过公刘的努力，原本荒凉的豳地渐渐有了人间烟火的气息。后来，人口不断繁衍，村落不断增多，周人建起了军队，修筑了庙宇。《史记》称：周道之兴自此始。

许多年后，周人又进行了第二次迁徙。这一次，是从豳地迁往岐山周原，主持迁徙的首领就是公亶父。

自公刘到公亶父，其间大概经历了八代或十代人，也就是两百年左右的时间。至于迁徙原因，许多史家认为，是为了避开不断入侵的戎狄。也有可能，与豳地相比，周原具备更大的发展空间。

周原位于关中平原西部，包括今凤翔、岐山、扶风和武功四区县的大部与陈仓、眉县和乾县三区县的小部。它北倚岐山，南界渭河，千河与漆水分别由东西两侧流过。

周原东西长约七十公里，南北宽约二十公里，面积超过一千平方公里。这里土地肥沃，气候温和，雨量充沛，河泉密布，是人类——尤其是农耕时代人类生息的理想之地。

周人迁居到周原时，周原植被茂密。一部分是草原，岐山则是遮天蔽日的原始森林。草原为农耕提供了平整肥沃的土地，森林为生产生活和城市营建提供了充足的原材料。

凭借周原之力，这个默默无闻的小邦，迅速崛起扩张，用四代人的时间，推翻了商朝。

6

经历了申侯联合犬戎攻破镐京并杀死周幽王的剧烈动荡后，原本就衰弱的周王室更加衰弱。面对气势汹汹的犬戎，以及残破如废墟的镐京，周平王审时度势，把国都迁往作为"备胎"的洛邑。除了服务周王室的官员，大量周人乃至周朝王畿附近的诸侯也跟着东迁。

野菜也像糖一样甘甜的周原，彻底落入异族之手。少部分没随平王东迁的周室余民，选择了继续留在祖先的土地上。不过，他们的社会地位早就一落千丈，随时有可能被异族掳为奴隶。

秦文公看中了周原，渴望得到周原。原本，他的祖先非子就在汧渭之会牧马。尤其重要的是，周平王已将岐丰之地赐给了他。

秦文公率七百人东进，在渭河之滨筑城，这座东扩桥头堡，相当于向被戎人占据的周原打下了第一颗钉子。

秦文公有足够的耐心去等待——等待自身的壮大，也等待出击的合适时机。

这一等就是漫长的十二年。

十二年里，秦文公苦心经营，像一个含辛茹苦的母亲，守候孩子成长；又像一个寒夜生火的旅人，小心护住火苗，以便火苗愈燃愈旺。

秦人此前远在西垂，周边全是野蛮的戎人，近朱者赤，近墨者黑，秦人文化非常落后，为国际社会所轻视。如今，文公扩张到汧渭之会，正好向先进的周人学习。

首先是设立史官。"初有史以纪事，民多化者。"文公十三年（前753），秦国始置史官，并有左右之分。左史负责记言，右史负责记事。史官的职责，是忠实记录历史，相当于为国家写日记。有了史官，生活不再随时间的流逝日益模糊，凡事皆有据可查，可以清晰地回望走过的路。这是秦人从蒙昧走向文明的重要标志。

秦国第一个史官叫史敦。史敦并不姓史，按上古命名习惯，敦是他的名字，史是他的职业。

并且，史官的任务也不止于记录国君以及国家大事要事，还负有为国君顾问的责任。

甚至，这个顾问还得为君主解梦。

有一天晚上，文公做了一个梦，梦见一条巨大的黄蛇，将身子从天空伸下来，嘴巴的位置，在一个叫鄜衍的地方。次日，文公把史敦召来，请他分析这个梦是什么预兆。

史敦告诉秦文公："此上帝之征，君其祠之。"文公听从史敦的建议，修筑了鄜畤，祭祀秦人的先祖白帝。

鄜畤具体在哪里，历代学者争论不休。

大诗人杜甫在长诗《北征》中写道："坡陀望鄜畤，岩谷互出没。"乃是以鄜畤代指其家小所在的鄜州。

与杜诗同样认为鄜畤在陕北的，还有比杜甫早一百多年的初唐学者颜师古等人。杜甫持这种观点，可能正是受颜师古的影响。颜师古在《汉书》鄜畤条下注释："今之鄜州盖取名于此。"此后的《元和郡县图志》也称："……鄜州，因秦文公梦黄蛇自天降属于地，遂于鄜衍立鄜畤为名。"

鄜州即今陕西富县，文公时，秦国势力还局限于关中西部，哪可能把祭坛建在遥远的义渠戎控制的陕北呢？

按秦人习惯，畤的选址，一般在国都附近。比如西畤即与西犬丘同在今礼县。那么，鄜畤应该也与汧渭之会相距不远。倘若汧渭之会的地望就在戴家湾北侧的贾村塬，那么，鄜畤自然也在左近。

种种迹象指向了前文说到过的孙家南头村。一度，它被认为是汧渭之会。更多情况表明，它可能就是鄜畤旧址。

如果说鄜畤到底在不在孙家南头村还有争论的话，那么，秦文公时代的另一重要建筑——陈宝祠的遗址，则几乎可以肯定，就在戴家湾。

寻找陈宝祠颇费周折。首先是导航上没有，我只好按自己的猜想，往戴家湾后的塬上去寻找，结果错了。其次，尽管后来证明，陈宝祠距塬上不过一两公里，但大多数人并不知晓。

陈宝祠隐藏在塬下的一个角落里，背后是壁立如削的土壁。这种土壁，非常适合开凿窑洞——后来，我果然在殿后看到了几孔年代不明的窑，均已半塌，一派荒凉。塬前，一圈围墙将陈宝祠圈起来。正中是大殿——名为大殿，其实很小。当然，作为殿，不论多小，都得称大。

殿前西侧有一座小亭子，亭子里塑了两只鸡。这就是传说中的宝鸡，即所谓陈宝。

进殿，到处披红挂绿，仿佛最近才修整过，恰好与外面看到的灰墙黑瓦形成鲜明对比。殿里，正中供奉着一个女子，当地人称为陈宝娘娘。陈宝祠，人们称为娘娘庙，难怪打听陈宝祠没人知道。母性的善良与温柔使人坚信，女性神祇更具悲悯之心，更乐于解救人间苦难。所以，观世音菩萨从印度西来，慢慢由男变女。这个陈宝娘娘，也是民众心中美好愿望的化身。

陈宝娘娘旁边供奉的另两尊神像，却颇有些令人诧异。

一尊，白面而丰腴，着红袍，乃是甘罗。

甘罗，战国末期秦国人，比嬴政小三岁，秦国左丞相甘茂之孙。最初，甘罗在吕不韦手下任少庶子。十二岁时，他代表秦国出使赵国，使用计谋，从赵国白白割走十一座城池。为此，秦王封其为上卿。以后，甘罗成为神童和早慧的代名词。

一尊，黄面而白须，着蓝袍，乃是梁灏。

梁灏，唐末五代人，参加过四个朝代的科考，直到北宋才终于金榜题名，被赵匡胤钦点为状元。其时，梁灏已八十二岁。《三字经》说："若梁灏，八十二，对大廷，魁多士，彼既成，众称异，尔小生，宜立志！"

一个少年得志，一个大器晚成，陈宝祠里的甘罗与梁灏，不是高高在上不食人间烟火的神灵，而是鼓舞人心的励志榜样。

当然，这并非最初的陈宝祠。我眼前的陈宝祠，其历史，只有短短二十多年。

最初的陈宝祠什么样，已然无法考证。唯一知道的是，祠里供奉的不是神灵偶像，而是一件称为陈宝的异物。

《史记》记载得很详细：秦文公十九年（前747），"文公获若石云，于陈仓北阪城祠之。其神或岁不至，或岁数来，来也常以夜，光辉若流星，从东南来集于祠城，则若雄鸡，其声殷云，野鸡夜雊。以一牢祠，命曰陈宝"。

秦文公得到一块石头，这不是一块普通石头，望之如云朵，文公以为是宝物，命名陈宝，并修庙供奉。

这块石头到底是什么呢？很可能就是陨石。陨石带着耀眼的火光和刺耳的啸声自天而降，林子里的野鸡吓得惊叫飞舞，时人不解个中奥秘，以为神灵作怪。

神秘带来神圣，神圣引发膜拜。这块陨石的际遇，即是如此。当文公找到陨石，陨石便成为身份高贵的天赐之物，正好用来证明他的君位同样系上天所赐，是神圣的、不可动摇的。建祠并常年祭祠，则是对君权神授的不断强化，将在国人脑海里打下思想钢印。

围绕这块石头，后世还产生了更加离奇的神话。

神话讲，秦文公（一说秦穆公）时，每天凌晨，陈仓人就听到城外高山上，传来一阵阵古怪的叫声。那叫声，既不像人们见过的野兽，诸如虎豹豺狼的咆哮，也不像人们熟知的鸡鹅鸭的啼鸣。

古怪的叫声出现多次后，几个胆大的年轻人相约探个究竟。一天晚上，他们带上武器，悄悄爬上山，埋伏在一块巨石下。

黎明，叫声又响了起来。他们探头一看，一只以前从没见过的动物正在吼叫，这动物像羊不是羊，像猪不是猪。

这些年轻人一拥而上，捉住怪物，用绳子把它捆起来，押着它，准备送去献给国君。

走在路上，迎面来了两个小孩，一个男孩，一个女孩。男孩看了看怪物，问那些年轻人："你们知道这是什么动物吗？"

年轻人们摇头："不知道呢。"

女孩说："我知道，我知道，它叫媚。"

男孩抢着接过话："它最喜欢吃死人的脑子，也喜欢在黎明时大吼大叫。如果你们想杀死它的话，刀剑丝毫无用。"

年轻人问："那怎么办？"

男孩得意地说："我当然知道怎么办。你要是用柏树枝插进它的头，它就必死无疑。"

听了男孩的话，那只叫媚的怪物露出恐惧的神情，年轻人们由此判断出，男孩说的是真的。

一个年轻人顺手从路旁的柏树上折下一根枝条，假装要插进媚的头部，媚顿时满面惊慌，也开始说人话了。它说："你们不要杀我，如果你们把我放了，我告诉你们一个天大的秘密。你们把这秘密告诉国君，得到的赏赐一定比把我献给他的赏赐多得多。"

年轻人们既好奇，又希望得到更多赏赐，异口同声地说："好，我们答应你。"

媚指着那两个小孩说："他们可不是普通小孩。他们两人同一个名字，都叫陈宝。如果抓住男孩把他献给你们国君，你们国君就能得到整个天下；如果抓住女孩把她献给你们国君，你们国君就能称霸诸侯。"

年轻人们听了，放开媚，一齐去抓两个小孩。两个小孩见状，飞快地向山上跑去。但他们跑不过年轻人，眼看就要被抓住了，于是一下子变成两只野鸡，扑打着翅膀飞进山林深处。

人们火速把情况汇报给秦文公，文公大喜，带兵将大山围得水泄不通。当他们慢慢推进到山顶时，看到两只野鸡伏在一株大树上。文公令士兵上前去捉，雄野鸡腾空而起，快速向东方飞去；雌野鸡动作稍慢一些，被士兵一把抓住。

秦文公从士兵手里接过雌野鸡，正在仔细观察，野鸡却一下子变成了石头，只是形状非常像鸡。文公令士兵小心地把这块石头抬下山，为它修了一座庙，称为陈宝祠。

由于抓住了雌野鸡，也就是女陈宝，秦国后来果然崛起。

至于雄野鸡，也就是男陈宝，据说，它一直飞到了河南南阳。后来，一个叫刘秀的人就从南阳起家，建立东汉。

7

秦文公十六年（前750），"以兵伐戎，戎败走。于是文公遂收周余民有之，地至岐，岐以东献之周"。

挺进汧渭之会十二年后，秦国日强，秦文公终于如愿以偿地打败了盘踞在王畿一带的戎人，把包括周原在内的土地尽收囊中。并且，秦文公还十分恭顺地遵守周天子与他的约定：打败戎人，岐丰之地归秦；岐山以东，秦文公把它献给周天子。此时，周天子暗弱，远居洛邑，心有余而力不足，即便想占有岐山以东，恐怕也无能为力。秦文公此举，既彰显了自己的大气和对周天子的忠诚，同时又保证了自己的利益，可谓一举两得。

秦文公在位长达五十年。甚至，就连他的儿子也死在了他前面，追谥静公。儿子死后，秦文公立静公的儿子，也就是他的孙子为太子，这就是后来的秦宪公。

后世常诟病秦人严刑峻法，如果追根溯源的话，秦文公就是严刑峻法的始作俑者。

占有岐丰之地后，文公积极向周人学习，包括学习周人的礼乐文化。这时候的秦国子民，其构成十分复杂，不像之前那样，大抵属于嬴秦部族，而是既包括没有追随周平王东迁的周人余民，也包括被打败后归附的戎人。

加强统治是任何一个统治者都梦寐以求的事，文公也不例外。这位崇尚铁与血的上古君主，于公元前 746 年制定了一系列法律，其中，最重要的一条就是三族之罪。一个人犯罪，不仅他本人将受处罚，与他有血缘关系的三族亲属也将受处罚。三族，包括父亲、儿子、孙子；另有说法认为是父母、兄弟、妻子或父族、母族、妻族。总之，不管哪一说是秦法所定的三族，不争的事实是，以后，秦国实行更为残酷的连坐制度，就是从三族之罪衍生而来的。

周原博物馆的建筑很有特色，一座圆顶大殿正对大门，居于园子正中，应该是仿照周朝的明堂。明堂一侧，是下沉式的花园和房舍，房舍辟为展厅，迈步进去，有一种走进窑洞的错觉。

秦人发展史上，秦文公赶走戎人，占据岐丰之地，肥沃而宜于农耕的周原遂为秦人的加速发展注入了强劲动力。

今天的周原乃至整个关中平原，由于水土流失严重，地形切割强烈，不少地方都分布着刀砍斧削般的土壁，塬上塬下，落差高达数十米。

史料表明，两千多年前的先秦时代，塬面还相当平整，不像现在这样被切割得十分零乱。那时，渭河及支流汧河、漆河三面环绕，形成了一系列网状水系，为周原的农业提供了取之不尽的水源。

原本长于游牧的秦人，在西犬丘乃至秦邑时代已开始了农耕，及至深入汧渭之会，及至与周人不断接触，及至将周余民纳入秦国，秦人的农业有了质的飞跃。

农业不仅提供了充足的粮食，也让他们从此定居下来，安居，乐业。

所以，秦文公的诸多功绩，最重要的无非一点：从他的时代开始，秦人从游牧民族变成了农耕民族。秦国历史由游牧岁月进入农耕岁月。以后的漫长时间里，农战将成为这个国家上至君主贵族，下到编户齐民的既定命运。

第四章　寻找平阳

1

城市边缘，公路更加宽阔，要比老城区的许多街道宽上一两倍。几乎没有车辆。偶尔还有些房屋，却看不到成片的、动辄十几二十栋高楼围合的小区，而是一两层、两三层的农舍。灰白的墙，雨水淋湿了，宛如印象派作品。面向公路一侧，也有些铺面，却不见一个顾客，店主藏在店铺深处打牌，或打盹。

这是农历七月中旬，民间所谓的三伏，是关中平原最炎热的季节。时值中午，温度计显示，车外的气温飙升到了三十九摄氏度。谁不想待在空调房里，好好地打个盹，睡一个甜美的午觉呢。

可是，我不行，我得冒着酷暑去寻访。

出城区，穿过城乡接合部，便来到了北坡山麓，一条同样修建得很好的公路与北坡平行。还在远处，我便看到北坡面向城市的斜面上，原本高而密的林子，被精心剃去一大片。高大的树林变成低矮的灌木。灌木是一种叫小叶黄杨的植物，叶片呈淡黄色。淡黄色的树叶以绿色草坪为底色，构成了一个巨大的汉字——我猜足有几百平方米——虢。

我想为虢字拍一张照片，但必得退到远处，让相机把它框进去。下车拍照的五分钟里，头顶的烈日如同有毒的爬虫，在头上、臂上、腿上——只要是裸露的地方，重重地爬过去，然后是一阵火辣辣的痛。尽管成都的夏天以闷热著称，但像关中平原这样热得皮肤发痛、心里发慌的天气，还是极少见。

上了车，再往西边行驶五分钟，我来到了今天的主要寻访地。

这是一座新建的广场，名为西虢文化广场。公路里侧靠近北坡的地方，地势平缓，接近公路处，精心摆放着许多小盆栽种的鲜花，深红浅红，粉黄明黄，煞是可爱。花丛边，立着一面党旗模型，上方是黄字：热烈庆祝中国共产党成立100周年。下面是艺术体的阿拉伯数字100。再下面是白底落款：宝鸡市陈仓区林业局。看来，鲜花和模型由林业局设计、摆放和管理。广场似乎附属于北坡森林公园，而森林公园，是林业局下属单位。

　　花团锦簇之后是硬化的广场，前景为四座阙楼。左方，矗立着一尊极为高大的石雕坐像。我硬着头皮，满头汗水快步穿过广场，走向那尊坐像。坐像立于几级台阶上面的最高处，像一切大人物那样，高大、威严。基座上，两个黄色大字：虢仲。坐像后面，浮雕墙围合成半圆，由六块浮雕组成的浮雕墙，据说形似虢仲石像的坐椅，用简介上的话说，"喻意虢仲稳坐虢国，镇守西部"。浮雕内容，自西向东，依次讲述了虢国六段历史：社稷肱股，伐纣灭商，受封立国，富国强兵，代周伐虐，西虢东迁。文字说，浮雕"反映了西虢由立国到发展，由强盛到衰亡的历史过程"。

　　天气实在太热，我无暇细看，急急行走，匆匆拍照。热浪浮动的空气中，只有手机拍照时发出的轻微咔嚓声。烈日下，我的影子矮成一团，扁扁的。四周看看，右面有一条藤蔓铺成的通道。我快步向通道走去。这样，我便看到了坐像背后的立像。

　　立像站在几级台阶托起的一方圆形基座上，正前面有一个放大 N 倍的方形印章，是篆文的虢字。

　　立像当然也是虢仲，在虢国，他是主角，唯一的、不容置疑的主角。虢仲双手交合成拳，抱在胸前，满面严肃，像在行礼，又像在祷告。立像背后的文字说，他在拜谢周天子。

两分钟后，我终于走进了通道。通道是我老家称为花红的近似于小苹果的植物弯下来形成的。南方绿道常用爬山虎或金银花——这样的藤本植物，叶片更密，不仅能遮阳，甚至能避小雨。花红的通道叶片稀疏，其间垂下一些小小的红色果实，看上去很漂亮，遮阳效果却不太理想。

五分钟后，我走出了西虢文化广场，重回到车里。扑面而来的冷气，让我忍不住打了一个寒战。从高温下进入冷气中，又从冷气中进入高温下，如此反反复复，我就像一块铁匠在高炉里加热后又不断放进冷水中淬火的毛铁。只是，不知道我能否像毛铁那样百炼成钢。

三天后，同样是高温，同样是烈日当头，我走进了距西虢文化广场约四百公里的一座博物馆。那是河南三门峡的西虢文化博物馆。博物馆前的广场上，同样光溜溜地没有一棵树。正中，立着一个仿制的古人利用太阳来计时的日晷。日是太阳，晷是影子，日晷就是根据太阳影子的移动来计时的。

博物馆门前的日晷是模型，非常粗糙，粗糙到了完全不负责任的地步——那根指针居然付诸阙如。一个圆盘状的黄色晷面，像太阳下烘烤的一枚太大的烙饼。

与西虢文化广场相比，这家博物馆藏品丰富，设计大气。尤为关键的是，进入堡垒式的博物馆后，冷气充足，舒适宜人，让人有了慢慢观看的前提。我在博物馆里流连了两个小时。

武王灭商后，分封诸侯，其中，姬姓最受重视。文王的两个弟弟，即武王的两个叔叔，分别封于西虢和东虢，爵位为最高级：公。诸侯中，公爵国非常少，大多不过侯。由此可见两虢的尊贵。封于西虢的是虢仲，封于东虢的是虢叔。《帝王世纪辑存》云："故虢有三焉。周兴封虢仲于西虢……封虢叔于东虢。"虢仲与虢叔虽有封国，但长期在王室担任重要职务，是周天子非常信任的股肱之臣。

从两虢地理位置不难看出，周天子是将两虢作为保卫王畿的屏障，它们一个在今陕西宝鸡，一个在今河南荥阳，而王畿即在两地之间。两虢实为周王室的门户，两位虢公担负着为周天子守大门的重任。

西虢文化广场所在的虢镇，就是当年虢仲封地的核心区域。或者说，是西虢都城所在地。

作为中国最古老的地名之一，虢已经有超过三千年历史了。从虢到西虢，再到虢县，以及后来的虢镇，无不以虢为名。

虢字从戈从虎，原指一个人手持武器与虎相搏。这说明，早在先秦时期，今天人烟稠密的虢镇一带，常有老虎出没，与人相争。

　　清同治三年（1864）四月，淮军将领刘铭传终于拿下了由绰号陈斜眼的太平天国护王陈坤书守卫的常州。当天晚上，刘铭传入住护王府。夜深了，刘铭传还在灯下读书。寂静中，他突然听到一阵清脆悦耳的金属撞击声。

　　刘铭传很奇怪，循着声音寻过去。走到庭院中，他发现声音是从马厩传来的。他提着灯笼走进马厩仔细观察了一番，原来，马笼头上的铁环不时碰到马槽，发出了声响。这是一只很大的马槽，伸手一叩，响声沉闷。又试着推了推，极其沉重。见多识广的刘铭传知道这定非寻常之物。第二天，他令人把马槽清洗干净。原来是一只青铜器：外壁四周各饰有两只兽首衔环，其下布满纹饰，内底有八行铭文。刘铭传当即把它送回老家合肥珍藏。

　　此后，刘家家道中落，这只曾沦为马槽的青铜器，如同小儿怀抢的珍宝，觊觎者络绎不绝。军阀、日本人、国民党高官以及外国商人，都打过它的主意。直到新中国成立后，国务院电令皖西行署查访其下落，当地干部找到刘铭传五世孙刘肃曾反复做工作，终于将它从泥土中挖出来交给国家。

　　如今，这件青铜器收藏于北京。在宝物难以计数的国家博物馆，它仍然堪称镇馆之宝。

根据青铜器底部铭文，这只昔日的马槽命名为虢季子白盘。

盘是青铜器的一种。虢季子白盘长 130.2 厘米，宽 82.7 厘米，高 41.3 厘米，是迄今为止发现的体量最大的盘。专家推测，它用来盛水、盛冰，甚至还可能在沐浴时作澡盆。

虢季子白盘内底有铭文八行，计一百一十一字，专家释读为：

> 唯十又二年正月初吉丁亥，虢季子白作宝盘。丕显子白，将武于戎功，经维四方。搏伐猃狁，于洛之阳。折首五百，执讯五十，是吕先行。桓桓子白，献戎于王，王孔嘉子白义，王格周庙宣榭受卿。王曰，伯父孔显又光。王赐乘马是用左王，赐用弓彤矢其央，赐用戉用政蛮方。子子孙孙，万年无疆。

翻译成白话文，大意是：十二年正月初吉丁亥这天，虢季子白制作了这个宝盘。显赫的子白，在军事行动中英勇善战，经营四方。他征伐猃狁，到达洛水之北。斩首五百，俘虏五十，是全军先驱。威武的子白，割下敌人的八百只耳朵献给周天子。天子称赏子白的威仪。他来到成周太庙的宣榭中，举行庆祝宴会。席上，天子说："白父，你功高显赫，如

137

日月有光。"天子还赐与子白驾车的马匹、朱红色的弓箭和大钺，以便让他征讨蛮夷，辅佐君王。子白于是制作了这件宝器，子子孙孙千万年永远使用它。

从虢季子白盘的铭文可以看出，虢国的确起到了为周王室分忧担责的重任。那么，虢季子白到底是西虢人还是东虢人呢？这从该盘出土于虢川司（今属陕西太白）可以得到答案：西虢。

西虢文化广场上反映西虢历史的六块浮雕中，其中之一题为"代周伐虐"，其文曰：历代虢君皆率军出征，讨逆伐虐。文王、武王时期，虢仲参与灭商之战；成王时代，虢公随周公平定殷人之乱，灭三监；夷王时，虢公率六师伐太原之戎；宣王时，虢季子白伐玁狁于洛之阳等，遂使虢之武装成为周王朝的虎贲之师。

周王朝曾经如此倚重的西虢为什么消失了呢？

原因就在于幽王末年，申侯联合犬戎袭击镐京，幽王死，西周亡。申侯的外孙平王鉴于关中到处都是戎人势力，且国都一片狼藉，只得带领周人远奔洛邑。

跟随平王东迁的，也有虢仲的后裔。西虢迁到今河南三门峡一带，布局于黄河南北两岸，后人把它看作两部分，称为南虢、北虢。公元前655年，晋灭虢，并留下两个成语：

唇亡齿寒、假道灭虢。

迁到三门峡后的虢国和虞国都是晋国南边的小国，虞国与晋国接壤，虢国又与虞国接壤。虢国战略位置很重要，晋献公早就起了吞并之心，但两国并不直接交界，中间隔着虞国，而虞国和虢国长期友好，是盟国。

大臣荀息献计说："要消灭虢国，必须从虞国借道。虞国国君为人贪财好货，目光短浅。如果我们把宝马玉璧送给他，向他借道，他一定会同意，那时，虢虞联盟就破坏了，虢国必然独木难支。"

果然，虞国国君一看晋国送来的厚礼，心花怒放，立即把虞国与虢国的战略合作关系抛到九霄云外，答应晋军借道。

虞君手下有个大臣叫宫之奇，他看破了晋国计谋，力谏虞君。但是，被厚礼蒙了心的虞君不以为意，根本不听。

晋献公派里克为主将，荀息为副将，带领大军通过虞国伐虢，占领了虢国一部分地区。

三年后，已作好充分准备的晋国再次送上厚礼，又向虞国借道，虞君又是满口答应。宫之奇很着急，劝阻说："三年前我们就犯了大错，难道还要一错再错吗？我们和虢国的关系，就好比嘴唇和牙齿，嘴唇一旦没有了，牙齿必然感到寒冷。虢国要是灭亡了，虞国也没法独立存活。"

还是像上次一样，被厚礼蒙了心的虞君根本不听。

宫之奇知道，晋国必然会在灭了虢国之后再灭虞国，虽然自己一再劝谏，奈何国君一意孤行，他只好带着一家老小，悄悄离开了虞国。

果然就像宫之奇预言的那样，这一次，晋军很快灭了虢国，返程时，当虞君友好地前去迎接晋军时，晋军毫不费力地将他俘虏，趁机灭了虞国。

至于与西虢同时建国的东虢，早在公元前767年就被郑国所灭。整个春秋战国时期，诸侯数量不断减少，大鱼吃小鱼、小鱼吃虾米式的兼并是司空见惯的事件。一个个雪球正在越滚越大。只是，在结局到来之前，还没有人能够预言，到底哪一个诸侯，将成为最后的王者。

作为西虢首都的虢镇，如今是宝鸡陈仓区政府驻地。陈仓区前身，即宝鸡县。与市政府驻地金台区相比，陈仓区更像一座杂乱无章的县城。

令很多外地人奇怪的是，就在距虢镇只有十多公里的地方，还有一座镇叫虢王镇。虢镇、虢王镇，一字之差的名字，常常让人混淆。

历史上，虢镇和虢王镇有着千丝万缕的关系，尽管它们现在一个属陈仓区，另一个属陈仓区东北的凤翔区。

西虢的大批人马随平王东迁后，就像周室有一部分人因
故土难离或其他原因没有前往洛邑一样，还有一部分虢人也
没有随虢公东迁，继续留在了西虢。戎人潮水般袭来，更为
弱势的西虢余民完全不是对手，他们只得逃离家园。于是，
多年以来的国都虢镇被放弃了，残余的虢人撤往东北方，那
里，距交通要道渭河相对较远，属于另一片黄土台地。残余
的西虢人组成的国家，史称小虢，而虢王镇，就是小虢都城，
或者说中心聚落。

平王迁都是在公元前770年，残汤剩水般的小虢没有被
野蛮的戎人消灭，最终，它灭亡于事实证明比戎人更强悍更
勇武的秦人。公元前687年，秦灭小虢。

这时，距秦文公去世已经二十九年了，秦国国君，也换
了几任。

国君走马灯似的变，秦国东扩的理想却没变，秦国东扩
的步伐也没停。

这时，秦国的国都，已由文公时代的汧渭之会，即前文
推测的金台区戴家湾，向东移了二十公里，迁移到了今陈仓
区太公庙。

从戴家湾到太公庙，要经过虢镇。这个曾经的西虢国都，
此前为戎人所据，秦人越过它到达太公庙，并建立另一座国
都平阳，显然，盘踞在虢镇的戎人要么被消灭了，要么被赶

走了。至于虢王镇，它距平阳只有不到十公里，卧榻之侧，岂容他人鼾睡？消灭它，吞并它，也是情理中的事。

于是，曾在戎人眼皮子底下瑟瑟发抖的小虢不复存在，正式成为秦国的一部分。

2

公元前716年，在位五十年的秦文公去世，其孙即位，是为秦宪公。宪的繁体字为憲，与宁的繁体寧很相近。史料传抄，鲁鱼亥豕，有的把憲误作寧，是以有些书上把秦宪公称作秦宁公。秦宪公和秦宁公其实就是同一个人。

宪公即位时虚龄十岁，是秦国历史上第一位冲年登基的君主。十岁的孩子再早熟，恐怕也不会有什么成熟的政治主张，也不可能真正亲政理政。其时，秦国大权主要掌握于大庶长之手。

秦国的官职，像南方的楚国一样，与中原国家多有不同。比如大庶长，便为秦国独有。商鞅变法时，秦爵分为二十级，大庶长位列第十八级。但上溯到春秋时，大庶长却非爵位，而是官名，相当于其他国家的上卿或将军，是相国级高官。

宪公十岁即位，在位十二年，死时仅二十二岁，相当于今天大学四年级的学生。他在位期间，虽不能说大权完全旁落，但真正左右秦国国运的还是三位大庶长：弗忌、威垒和三父。

大体上说，三位大庶长继续执行了东扩计划。

宪公二年，即公元前 714 年，秦人把都城迁到了汧渭之会以东的平阳。

平阳这个地名太普通，普通到各地都有。春秋时，晋国有平阳，赵国有平阳，鲁国亦有平阳。以后，两晋有平阳，南朝宋有平阳，北魏有平阳。

这些平阳，都不是秦都平阳。《史记·秦本纪》云："武公居平阳封宫。"《史记正义》解释说："宫名，在岐州平阳城内。"

那么，岐州平阳城在哪里呢？

岐州为后魏所设，治所在雍，即今凤翔，隋唐时名扶风郡。岐州之地盘，以唐代为例，约辖今陕西凤翔、岐山、眉县、麟游、太白、陈仓及宝鸡城区一部。

至于岐州平阳城，也就是秦宪公所迁的秦都平阳，其地望，近年来的考古发掘与史料互证比较明确地表明，它就在虢镇与虢王镇之间的阳平镇。

如果说阳平与平阳这两个名字容易让人产生幽远联想的

话，那么，阳平镇的多次考古发掘便验证了这种联想，或许，考古也需要想象力。

自西虢文化广场东行数公里，是陈仓区下辖的东关街道。东关街道紧邻阳平镇——秦宪公时期，随着秦都迁往平阳，这一带便是秦国东进的重要据点。自从秦文公把秦都迁到汧渭之会后，秦国首都便不像许多诸侯国那样，处于安全的大后方，而是设在东扩的最前线。野性的秦人始终以出击的姿势跃跃欲试，如同森林里虎视眈眈的猎人。

汽车很快驶出陈仓城区，楼房向远离公路的方向后退。紧邻公路的，都是庄稼地。有的地方已经收割，收的是小麦，地里还残存着灰黄的麦茬。有的正蓄势生长，大多是玉米，也有少量豆类。大地上，衰亡与生长每时每刻都在同步进行。行道树和间或出现的小片林子，青幽幽的，东一团西一簇，像是烈日中漂浮的孤独岛屿，叫人极想躲进它的荫凉处，任凭头顶的蝉声雨点般落下。

太公庙村口，路边的树林前，绿色中突出一块白色——看起来是巨石，其实是水泥浇铸的赝品，上面四个大字：太公庙村。下面是年月：二零一六年五月。

再前行百十米，路旁有一家面皮机厂。面皮机厂旁边，是太公庙村党建文化广场，红色、黄色和白色的标识牌前后，低矮的灌木十分茂盛。太公庙村像一篇散文，形散而神不散地分布在广场后面。

　　我停好车，沿着小道走进村子。农舍多是一层的，偶尔也有两层的，一水的白墙红瓦。门前小空地，照例用围墙圈起来。有的围墙用铁栏杆制成，便能透过围墙看到院里的情况，无非一侧堆放农具和生活用具：盆子、水桶、锄头、铁锹。另一侧见缝插针地种着玉米，玉米已吐出暗红的须——那是玉米的花柱和柱头，称为龙须，成熟后摘下来晒干泡水，可治水肿、结石和高血压。想到我就患有多年高血压，且有结石，立即产生了摘一些回去的冲动。在城里，我不见玉米已有好些年了，看到它们，仿佛和走散多年的小表妹突然在异乡的人海里邂逅，意外而又百感交集。也有一两家不种玉米，种不具实用价值的花木，紫薇、黄杨、芍药、栀子，全都赌气似的长得生机勃勃。这样的人家，大约就是村里难得的雅士了。

　　北方多聚居，百十户人家亲热地挤在一起，围成一团；不比南方，三两户人家，甚至一户人家就自成体系。太公庙村是典型的北方村庄，一排排房屋非常整齐，看得出，修建前都有过规划，两排房屋自然形成一条通道。不过，人少，年轻人尤少。事实上，我在村里转悠了好半天，根本没见到三十岁以下的年轻人。我总共遇见了三个人，都是老人。一个老者，戴着麦秸编的草帽，一手拿烟枪，一手拿铝合金水杯和一柄用竹条编的扇子，似乎在找一个荫凉的地方纳凉。

一个更老的老人，满面憔悴，褐色的脸令人想起村子外黄土塬收割后的荒凉。老人着紫色汗衫，黑色长裤，双手按住一把简易的椅子，那椅子是由几根看上去很轻的钢管和一块皮革制成的。他之所以按住椅子，是为了能够在行走时有一个支撑，以免突然倒地。

一个佝偻着腰的老太太，手里拎着一筐蔬菜，大约刚从地里回来，匆匆地往家走。她家附近，有一株枝繁叶茂的皂角树，青砖砌了一道一米多高的墙，把树保护起来。墙的外立面有一块黑底白字的碑。碑文说："相传皂角树种植于民国初年，它矗立于村北路口，守护百姓百愈年了。"——显然，愈是错别字，当为余。

碑文又顺便解释了太公庙村村名由来："传说姜子牙曾在村里住过一宿，后来村民建太公庙并取为村名，以兹纪念先贤。"

转过路口，一排柏树上挂着两块红布，红布上是白字标语：平安建设系千家万户，人人参与保国泰民安。落款：东关街道。下面一块和疫情有关，提醒这是一个疫情尚在肆虐的年头：戴口罩，勤洗手，测体温，勤消毒，少聚集，勤通风。

出了村，路口的一片树荫里，我遇到了六十多岁的王

146

老汉。

王老汉坐在两块叠起的砖头上，正在听收音机。看到我们，他热情地率先打招呼，虽是关中方言，尚能听懂。问我从哪来，来干什么。

于是，我也像他那样，捡了一块砖坐下来，递上烟，点燃，慢慢聊了十来分钟。

王老汉家族已经在太公庙及周边生活六代了。他祖上是农民，种小麦和玉米为生。到王老汉的父亲时，开始在渭河上做摆渡的船工。我查过有关资料，渭河宝鸡段，曾有多达近四十个渡口，渡船上百只。阳平镇对岸是天王镇和钓渭镇，是通往太白的交通要道，设渡口，理所当然。王老汉子承父业，也做过好些年船工。难怪，他比其他人更健谈，更落落大方，这与他见过世面，在江湖上行走过有关。

只不过，二十世纪八九十年代以降，渭河上建起多座大桥，来来回回的摆渡船如同太阳下的蜡烛，终于失去了存在的价值。王老汉只得另谋职业。做农活不在行，便跑点买卖，好歹养家糊口。而今，儿女成人，在宝鸡，在西安，发展不错，时时来电话要他去城里。但是，尽管老伴去世多年，王老汉仍然不肯离开太公庙。他说，城里人多，看着头昏。路又乱，走出去就找不到回来的路。不比太公庙，哪里有个坎，哪里有棵树，一清二楚，心里头敞亮着呢。

王老汉不知道平阳，当然也不知道秦宪公。他知道的是，这片土地下面，埋着数不清的宝物。"南方的才子北方的将，陕西的黄土埋皇上"，王老汉引用了这句俗语。他说，他多次见过村里人挖地或修水渠时，从土里挖出宝物。"大着呢。"他用手比画了一下，"老沉老沉的，重得很呢。"

太公庙村头有一个派出所，不叫阳平镇派出所，也不叫太公庙派出所，叫杨家沟派出所。原来，杨家沟曾是一个公社，太公庙是它的辖区。后来，公社不存在了，派出所却还以杨家沟命名。

1978年1月，天寒地冻之际，杨家沟的一个农民在地里取土，发现土里赫然现出一座窖穴。窖穴距地表三米深，里面有八件保存完好的青铜器，其中五件在穴内一字排开，另三件呈半圆状围绕。旁边，还有一些柴灰和兽骨。在附近地表，闻讯而来的考古工作者发现了大量陶片。这些陶片，都出自春秋时期，足有两千多年了。

八件青铜器中，五件为铜钟，形制相同，唯大小有异。三件为铜镈，同样形制相同而大小有别。钟和镈都属打击乐器，先秦时，贵族在祭祀或宴会时与磬配合使用。

五只铜钟上均有铭文。这种铸在青铜器上的文字，称为金文，又称钟鼎文。夏朝晚期，汉字可能已经出现，但当时的青铜铸造技术还比较原始，故而二里冈遗址和盘龙城墓等地出土的青铜器上，都没有铭文。到商朝时，铭文出现了。但一直到商朝末年，最长的铭文也不超过五十字，铭文内容大抵是标记器主族氏和用途。到了西周，铭文有了极大发展，文字越来越长，内容越来越丰富。军政大事，君王事迹，祭礼训词，盟誓契约，无所不有。

据专家研究，太公庙村出土的这五只青铜钟上的文字可分两组，其中两只合成一篇，另外三只合成另一篇。所有文字加在一起，共计一百三十五字，重文四，合文一。有一段如是说：

> 秦公曰：我先祖受天命，商宅受或。刺刺邵文公、静公、宪公，不家于上，邵合皇天，以掀事衰方。

制作青铜钟的这位秦公说，我的先祖受天命，被周天子赏宅受国。

这个先祖指谁呢？很显然，是指列为诸侯的秦襄公。

铭文还记载了襄公之后秦君的世系，即秦文公、秦静公、秦宪公。

那么，制作这些青铜钟的主人，基本可以推定，当是秦武公。

3

秦宪公二年（前714），秦国的大事除了由汧渭之会迁都平阳，另一桩也值得永载史册，那就是司马迁《史记》中说的"遣兵伐荡社"。

荡社，古地名。荡社的荡，读汤，故荡杜又称汤社。荡社的地望，也有多种说法。有杜县说，杜县即长安附近的杜陵，杜甫曾在此居住；有三原说。但联系当时秦国的实力以及距汧渭之会的距离来看，杜陵或三原都过于遥远，秦人恐怕还未能渗透至此。

是以，我更赞同郭声波在《史记地名族名词典》的考证："春秋时亳国都城，在今陕西省咸阳市渭城区北。"

秦宪公把首都迁到平阳后，亳戎便成为秦国东扩路上的又一个绊脚石。宪公兴兵攻打亳戎的都邑荡社——如同平阳一样，荡社也处于渭水之滨，且在平阳下游，两地不到一百五十公里。水陆并进，大概就两三天路程。次年，荡社被秦军拿下，亳王远遁，秦国至少又向东迈进了一百五十多公里。

秦宪公二十二岁就去世了，留下三个儿子。鲁姬生二子，即后来的武公和德公；王姬生一子，即后来的出公。

　　鲁姬是鲁君之女，王姬是周王之女。按照周公所建的宗法制度，嫡长子为理所当然的继承人。宪公生前，即立武公为太子。但是，宪公去世后，掌握大权的大庶长弗忌、威垒和三父废长立幼，将年仅五岁的出子推上君位，是为出公。

　　没想到，出公在位五年后，三位大庶长就将其杀死。臣子弑君，无论什么时代都是以下犯上的大逆不道之举，三庶长这样干，原因不明，若说怕出公年长后不方便控制，可他们继立的武公年龄比出公还大，其时的武公，至少十多岁了。古人早熟，既然甘罗十二岁可以作大使，十多岁的国君，也完全可能有自己的政治主张。

　　太公庙村挖出的秦公钟和秦公镈，种种迹象表明，它的主人是秦武公（也有少数学者认为是出公）。

　　如学者刘明科认为："如果说秦文公经营汧渭之会的四十八年是秦稳住脚跟，立足防御，继而为秦人东进奠定基础的时期；那么，越过汧河，向东推进，徙都平阳，不但是秦人由战略防御转入战略进攻，横扫戎狄，取得夺取关中全面胜利的辉煌时期，而且是秦人奠定国家基础，实行郡县制的初制时期。"

　　钟和镈都是乐器，用于宴会、祭祀。以此推测，出土秦公钟和秦公镈的地方，应该是秦国陵园。证据链是很明晰的：其一，秦公钟上的铭文，其内容是秦武公祭告上天及列祖列宗；其二，太公庙村周边的西高泉村等地，先后发现了多处秦人墓葬。

太公庙村外，我看到了一片像是大面积翻挖过的泥土。为我指路的村民说，那是前几年挖了大坑回填的。我提前查了资料，村民说的几年前，是指 2013 年 5 月到 2018 年 1 月。大坑其实不是坑，而是一个个探方。如今，回填后的探方杂草丛生，旁边玉米茂盛。只有蹲下身子仔细察看，才能发现回填的蛛丝马迹。

那几年，陕西省考古研究院、宝鸡市考古研究所和陈仓区博物馆联合组队，对太公庙村周边一百四十万平方米的范围进行了全面调查勘探。

最大的收获是发现了一座中字形大墓。大墓位于太公庙村北部。当年的考古报告介绍说，大墓由墓室及东、西墓道三部分组成，东西长一百三十二米，总面积一千九百多平方米，相当于二十套城里的电梯公寓之和。其中，墓室东西长六十米，东端宽十八米，西端宽二十米，最大深度十二点五米。藏在如此深的地下，难怪多年来，尽管盗墓者多如牛毛，却没有发现它。

大墓附近，还发现了车马坑和乐器祭祀坑，以及众多聚落遗存。这些聚落遗址，既有秦国时期的，也有秦汉时期的。

按秦人习惯，中字形大墓的级别最高，这与之前发现的大堡子山和雍城秦人陵墓情况一致。因此，长眠于太公庙村的，很有可能就是秦武公。

秦人还有一个传统，即陵园一般选在都城附近。大堡子山如此，雍城如此。例外的是秦始皇，他把陵园建在了离首都咸阳较远的临潼。不过，与历代秦君相比，秦始皇是统一六国的千古一帝，秦朝的疆域及国力远非秦国任何时期可比，他的这种做法也是可以解释的。

秦都平阳，应该就在太公庙村附近至多不超十公里的范围内。

学界把更为具体的地望，指向了太公庙村以东至宁王村一带。

那是渭河北岸三畤原下的二级台地，东西长约二十公里，南北宽约一公里多。这片台地，土地肥沃，扼守渭河，西高泉村附近的泉水自塬上汩汩流下，提供了宜居宜农的优越条件。

如前所述，宁与宪的繁体字很接近，传抄之中，秦宪公误作秦宁公。宁王村与此相类，它原本的名字很可能是宪王村，因秦宪公在此居住而得名。

渭河从宁王村南流过，冲积出一片河谷平坝。宁王村北部，是高出渭河河谷数十米到百余米的台塬，即凤翔原。就在凤翔原台地上，出土了大量砖瓦残片。其中，最重要的是一片有郁夷字样的瓦当。郁夷本是汉代扶风郡下辖县，王莽时并入相邻的眉县。这块汉代瓦当说明，平阳城在从秦宪公二年（前714）到秦武公二十年（前678），共计作为秦国都城三十六年后，并没有荒废，而是一直存续到了汉代。这也与《汉书》所记的"雍大雨，坏平阳宫垣"相吻合——它说明，到汉成帝时期，秦人所建的平阳城里，仍然保存着当年的宫殿遗存。

武公即位当年，发动了一次远征。征伐对象，仍是关中平原的戎狄部落。这一部落，司马迁称其为彭戏氏。彭戏氏活动的地域，历代学者多认为在今陕西白水县。白水境内有彭衙，曾设县。杜甫逃避安史之乱时，曾携家经行彭衙。

从太公庙到彭衙将近三百公里，即便从秦国新开拓的荡社到彭衙，也有一百多公里，其间还分布着众多戎人方国。秦国是否有能力完成这样一次远征？或者说有无必要进行这样一次远征？

所以，很可能，彭戏氏的活动之地，不是白水彭衙，而是《史记地名族名词典》所说的西安东北部和渭南市南部——这样，也才容易理解司马迁说的"伐彭戏氏，至于华山下"。不然，若是彭戏氏居白水，从太公庙或荡社出兵，都不会经过华山。

武公三年（前 695），年轻的君主以铁腕平定了一起内乱。这也是漫长秦国史上的第一次内乱。

三位大庶长执掌秦国大权，不仅擅自废长立幼，甚至还将出公杀害，大庶长的权势可想而知。

武公即位时，不是年幼无知的黄口小儿，而是早慧少年。武公的父亲二十二岁驾崩，其时，出公五岁，武公乃其兄，可能七八岁。出公在位六年后，武公即位，可能十四五岁；武公三年，他已有十七八岁了。

武公的曾祖父文公制定了三族之罪。武公三年，乾纲独断的武公将三位大庶长下狱处死，并灭三族，这是秦国有史可考的第一宗灭三族之罪。权势熏天的大庶长们恐怕不会想到，他们和他们的家族将率先品尝严刑峻法的苦果。

尽管秦国已将都城迁到平阳，但秦人后方依然不稳。无孔不入的戎狄各部，总是寻找一切机会不断侵袭，不断骚扰。

秦武公决定予以坚决反击。

4

秦武公十年（前 688），秦国大军在今甘肃天水一带发动战争。征伐对象是戎人的两个分支，一支是占据今天水市区的邽戎，另一支是占据今甘谷一带的冀戎。

邽戎和冀戎势力的增长，已将非子所建的秦邑与后来秦国初期几位秦君苦心经营的西垂分割。所以，尽管志在东扩，但后院起火，秦武公不得不腾出手对付戎人。

战争具体经过已不可考，惜墨如金的《史记》用了几个字：十年，伐邽、冀戎。

战争结果却是明确的：秦人大胜。邽戎和冀戎部众要么战死，要么远遁，要么被俘后作了秦人奴隶，从此由戎人变身秦人。正是通过一次次征服，通过一次次把异族人变成秦人，秦国才滚雪球般地越做越大。

按先秦时期惯例，诸侯开疆拓土后，对新领土的处置方式不外乎两种：

其一，打败对手并使其臣服，仍然让对手统治该地。被征服者与征服者之间便有了藩属和宗主关系。

其二，将对手彻底推翻，接管该地，并将其分封给有功的贵族，成为贵族封邑。

两种形式，后一种居多。

秦武公却别出心裁，在传统之外走出了另一条路：设县。

县的本意为悬，就是挂起来。徐铉在为《说文解字》作注时说："此本是县挂之县，借为州县之县。"

管理新领土的官员，均由国君任命，听命于国君。随着县越设越多，国君直接任命官员管理的地区也就越多，国君的绝对势力也就越大。

封建制下，国君不能越过封邑贵族管辖其区域内的人民，也不能征税，或是令人民服兵役和徭役。受封贵族仅需向国君进贡，服从、跟随国君进行军事行动而已。推行县制以及后来的郡县制后，地方民众直接向国君纳税，国君直接任免地方官员，中央集权得以加强。

秦武公开创性地设县，很可能是由于他幼年时目睹了三位大庶长弄权，以致国君竟被害死的悲剧。

自武公设县开始，一直到今天，县都是我国最重要的一级组织。从这一意义上讲，武公的影响至今仍存。

天水是一座古老的城市。

城区地貌如同众多河流穿城而过的地方一样，两侧山峰起伏连绵，用力夹住灰黄的河流，河流冲积成的狭长平原上，便是街市、民居、广场——几十万人就生活在南山与北山的缝隙里。

第一次去天水是多年前的一个冬天。雪后，我自东部的麦积区前往西部的秦州区，途中惊讶地发现，这座城市布局如此零乱，以至城区的两个组成部分，竟然要用高速公路来连接。

历史上，天水地名、辖区多有变更。不过，它成为行政区域的年代却是肯定的，即秦武公十年。

那一年，武公设邽县。

邽县后来又称上邽县——与陕西的下邽县相对。这让人猜测，两个县之间有某种渊源。比如，原本居于天水的邽戎被征服后，一部分逃到了陕西，后来再次被秦国征服，虽说都是邽戎的地方，总不能还是叫邽县，于是用上、下作区分。

及后，上邽县划入公元前279年设立的陇西郡。汉武帝时，陇西郡一分为二，分出天水郡，上邽仍属陇西。其时，天水郡治设在平襄（今甘肃通渭），与今天的天水城区没有关系。到了东汉永平年间，天水郡改名汉阳郡，郡治由平襄迁至冀县（今甘肃甘谷），原属陇西郡的上邽划入汉阳郡。直到晋朝太康年间新设秦州，州治和天水郡治均由冀县移至上邽。

久远的历史，变乱的往事，上邽城址也一迁再迁，那么，武公时代的邽县县治，还有没有可能考证出来呢？

虽无定论，却有几种推测。

狭长的天水城区，自东向西足有三四十公里，而南北之间，最宽处大约两三公里，最窄处可能不到一公里。从天水城区任何一个地方出发，向南或向北，不堵车的话，要不了二十分钟，就将驶入山地。

穿过城区的河本名稽河，现在却写作藉河。它在流经了秦州区后进入麦积区，并在麦积区北道埠峡口汇入渭河。

秦州区一带，藉河与渭河大致平行流淌，两河之间隆起的分水岭，当地人称为北山。

万达广场一带是天水商业区。星级酒店、商场、银楼、写字楼，以及来来往往的人流都显示出不错的人气。不过，街道依然狭窄，车一多，就有些捉襟见肘，远不如平原上的城市，道路宽阔得"令人发指"。

并且，从万达广场出发，只需几分钟，城市的热烈与喧哗就远去了，眼前是一条通往北山的公路。路越来越曲折，海拔逐渐增高，在翻越了如同大墙一样阻挡在城市北面的北山后，下山是同样的盘山公路。山那边，属另一片河谷平原。这片平原，由渭河冲积而成，坐落着石佛、中滩和渭南数个镇子。平原西面尽头，渭河流出群山的南岸，便是邽山，邽戎以及邽县的名字，都和它有关。

南河川既是一个乡的名字，也是一座火车站的名字。不过，前些年撤乡并镇，近些年车站业务取消，南河川便异常萧条、失落。一些灰旧的房舍，茫然失措地紧缩在寒风中。挂着冰碴子的树木和缠着塑料袋的电杆，好像也在随着寒风瑟瑟发抖。唯一有生气的是一户正在办白事的人家，哀哀的号哭声昭示着这个蜷在渭河北岸的小地方还有人生于斯，长于斯且终老于斯。

我穿过南河川站前的公路东行，继续上山。山后，有两座村庄，一是樊家湾村，一是董家河村。两村之间，台塬突起。台塬边上，沟壑深切。靠近沟壑一侧，隆起一些土墙，似乎有过一座古堡。我在天水新认识的朋友阎虎林，对天水地方文化颇有研究，送了我一本他著的《天水古堡》。从阎兄的著作看，作为军事要地的天水，历代修筑了数量众多的城堡，相当一部分还有迹可寻或是保存较为完好。遗憾的是，这座南河川站北边的古堡却没有记录。

当然，即便是我这种不懂考古的小白也清楚，眼前的古堡，绝不可能是先秦产物。看样子，至多不过几十年或一两百年。

真正与秦国有关的东西，在古堡的另一个方向——那里，叫董家坪。

董家坪遗址的发现，和相当多遗址的发现一样，纯属偶然。当地文史资料介绍说，一个村民在平整土地时，挖出大量陶器残片，以及石器和骨器，从而引起了考古部门的注意。最终，在董家坪二层台地上，发掘出房址和灰坑，出土了包括陶器、石器和玉器在内的各种用具，当然还有墓葬。墓内，陪葬品多为陶器，也有少量铜器和玉器。

董家坪遗址让人联想起七十公里外的毛家坪遗址。两者相比，毛家坪遗址保存得更完好，发现文物也更多，具有鲜明的秦文化特征。故此，专家认为，毛家坪遗址，很可能就是当时与邽县同时设置的冀县县治。

董家坪出土的文物，其年代，大多系西周，即与秦文公时代相重合。因而，它有可能就是邽县的县治。

荒凉的台地上，满目都是黄土，偶有几棵树，掉光了叶子，枝丫伸入虚空，好似溺水的人伸出手在徒劳地挥舞。台地面积不大，但在遥远的两千多年前，它就是一座县城。

我们难以想象先人的生活，一如先人也难以想象我们的生活。尽管是同样的族群，同样的土地，一旦进入漫长的时间，一切，都会变得难以想象。

5

秦武公对三位大庶长的擅权深有体会。

三位大庶长废长立幼导致的悲剧，一直刻写在武公心灵深处，是以他去世之前，宁愿秦国江山不由自己的血脉继承，也要努力避免悲剧再度发生。

公元前 678 年，秦武公在位二十年后去世。其年龄，应该就三十多岁。他本有一个儿子，名白。算起来，大概是一个十来岁的孩子。

临终前，武公没有让儿子继位，而是选择了自己的弟弟。于是，秦德公续秦武公为君。

武公这一做法，表现出了商朝王位继承的特征——相当长的时期里，商王不是父死子继，而是兄终弟及。这也从另一个侧面说明，商人对秦人具有深刻而久远的影响。

德公登基，立即做出重大决定：将秦都平阳封给侄儿白。至于秦国首都，迁往雍。

表面看，德公迁都似乎是为了善待让出国君之位的侄儿；更深刻的原因其实在于，其时秦国已经崛起，平阳过于狭小。国家的发展，迫切需要新首都，需要更为广阔的活动空间。

雍城应运而生，成为秦人发展史上时间最长的都城。

关于秦武公，历史还记下了他另一桩大事——这桩大事，其实很难考证到底是他的旨意，还是他的继承者德公所为。

司马迁说，武公死后，"初以人从死，从死者六十六人"。从死，就是殉葬。这是一种十分野蛮的行为。而且，从死者竟多达六十六人，血腥之气扑面而来。

也有一种猜测是，为武公殉葬的六十六人中，有一部分是他的重臣，他担心弟弟登基后，重臣们起而作乱，遂以从死之名除掉他们。

这仅仅是猜测。真实情况如何，我们不得而知。

总而言之，随着秦德公登基，秦国进入了雍城时代。

第五章　雍城时光

1

那一年，这座城市的市民失落地发现：他们生活的地方，在重要了两千六百多年后，突然变得不重要了。

那一年是民国三十年，即公元 1941 年。早春二月，一个之前就在街坊间流传的消息变成活生生的现实：陕西省第九区专员公署驻地，从凤翔迁往宝鸡。

宝鸡是凤翔南边三十公里外的一座县城。其时，陇海铁路西安至宝鸡段通车已五年，一大批工业企业争先恐后地布局于渭河之滨。并且，彼时战事方殷，内迁的众多机关、学校、工厂或是经过宝鸡，或是留在宝鸡。宝鸡正在蝶变为一座新兴的工业城市和交通枢纽。

与此相比，两千多年来风光无比的凤翔——它曾是州治、府治所在地，一度还是与洛阳、太原和成都齐名的西京——正在不可挽回地没落。

最初，陇海铁路打算取道凤翔。毕竟，它是府治所在，地位在宝鸡县之上。若按这一规划，陇海铁路将在蔡家坡折向西北，攀上凤翔原，尔后经凤翔、千阳和陇县进入甘肃，那么，宝鸡就会被完全错过。

不过，还在规划时，就遭到了激烈反对。让今人觉得不可思议的是，激烈反对的声音就来自凤翔，来自那些有头有脸的士绅。一个多世纪前，那些榆木脑袋们固执地认为：修筑铁路，破坏龙脉；火车经过，震动陵寝；以后，必有大灾大难。

于是，陇海铁路只得抛弃了凤翔，当然也顺带抛弃了这条线上的千阳和陇县。

原本被忽略的宝鸡，因缘际会，成为陇海铁路的重要节点。尤其是1956年宝成铁路通车和1996年宝中铁路运营，黝黑的铁轨在宝鸡交叉出一个巨大的十字，宝鸡化蛹为蝶，成为西南与西北的重要中转站。

多年来管辖附近十余个县的凤翔，则没落成宝鸡市的下辖县、下辖区。

不再重要的岁月里，老城墙是凤翔曾经繁华的佐证，就像一个没落的大户人家，家里还偶然保存下来三两件古董。

当地朋友告诉我，凤翔城墙修筑于唐朝。唐朝与凤翔的关系，最容易让人想到的是安史之乱期间，唐肃宗驻节于此的一段历史。那时，杜甫冒险逃出被叛军控制的长安，间道前往凤翔行在，肃宗被他的忠诚感动，授予他左拾遗之职。但凤翔城墙并非建于此时，而是建于要晚得多的晚唐，修筑者为曾任凤翔节度使的李茂贞——如今，他就沉睡在宝鸡北塬的秦王陵里。

一直到二十世纪五十年代，凤翔城墙依然保存完好。周长超过六公里的城墙，护起一座四平方公里的小城，几道主要城门均建有瓮城和箭楼。城墙下，是引入泉水作源头的护城河。河水清澈流淌，游鱼细石，清晰可辨。

保存了一千多年的城墙，最终，没能逃脱二十世纪六十年代的大破大立。凤翔籍作家高有祥回忆说："对古城墙的毁坏1968年达到高潮，兵团式大会战，人山人海，声势浩大，县上组织专业人员用炸药爆破城门，东西南北城门外，数万人用镢头挖，用胶轮马车和架子车拉，几十里远的生产队社员也加入了大会战行列。这个摧毁唐代古城墙的工程持续了三四年时间。"

抵达凤翔那天下午，我先去了距酒店不远的城墙遗址公园。临出门向保安问路，保安嘀咕说："都是前几年才新修的，没什么意思，你还不如去看大墓。"

遗址后面缀以公园二字，我也明白，这是近年打造的旅游产品。不过，既然来了，总得看看。

果然就是一座公园，建在城区最体面的雍城大道上。城墙倒也有，但除了西南角那段是明清遗留外，其他都是新的。明清那段城墙能在二十世纪六十年代的折腾中幸存，据说是因为城墙上建有一座观测用的木塔，加上护城河太深，拆除不方便，得以侥幸留下来。另一面斜坡上，黄杨和女贞点缀出"城墙遗址公园"几个大字。墙垛上挂着红灯，一角矗立着一座烽火台，当然也是新建的。

公园幽静，树木扶疏，鸟儿在枝叶间扑腾，偶尔发出一声惊叫，层层叠叠的植物如同滤网，把喧哗的市声都滤去了。

坐下来歇息抽烟时，我看到对角椅子上坐着一个年轻人，也在抽烟。抽着抽着，突然抱着头哭起来。

看样子，是一个有故事的人。

二马路不是马路，是一条街，凤翔城里一条普普通通的街。

　　这条街在城墙遗址公园的东北面，去东湖路上，错过了一个路口，便偶然经过那里。

　　街道比较老，两边的房屋同样比较老。当然，偶尔也有一两栋新一些的，都是近年修建的小区。十几二十层高吧。我知道，在小县城，人们更喜欢住电梯房，仿佛只有电梯房，才显得出档次与气派。

　　在这种老街上，最能直观感受当地人的生活。要看到原汁原味的当地人生活，就得去这种老街，它比千篇一律高楼林立、街道宽阔的新区更接近民间。

　　之前，走过一座街心广场，黑压压的全是人头，大多头发花白或秃顶，让我疑心半个凤翔城的老人都集中到了这里。他们坐在花台边缘，或是坐在花台旁边的长椅上，几个带着塑料凳子的，就坐在塑料凳子上。他们前方，有一块两三张乒乓球桌大的空地，那里，人少一些，只有两个——他们是演员，正在唱秦腔。

　　唱"祖籍陕西韩城县，杏花村中有家园。姐弟姻缘生了变，堂上滴血蒙屈冤"；唱"见嫂嫂他直哭得悲哀伤痛，冷凄凄荒郊外我哭妻几声"；唱"叹汉室多不幸权奸当道，卓莽诛又逢下国贼曹操"……演员背后，几个手持乐器的老汉组成乐队，半闭着眼，很是陶醉的模样。

　　众多老人里，独有一个坐在轮椅上。轮椅周边没人，好像人们全都躲着他。而他，也不看演出，他在看旁边一个小女孩，那个小女孩正在跳绳，嘴里在数："九十八、九十九、一百……"

我回想着街心广场的盛况，便已走进二马路，把车停在路边小院子里。守门老汉和气地伸出三根手指头，意思是三元钱。马路上，一辆三轮车疾驰而过，三轮车车厢背后，贴着一张大红纸，大红纸上衬出黄色大字：包子。守车的老汉大叫一声，三轮车嗖的一声刹住了，一条汉子从三轮车上跳下来，高声道："几个？"

店铺很多，卖衣服的，卖药的，卖杂货的，卖吃食的。有不少店铺，其实就是临街民居。民居原本不是店铺，破了墙开个洞，就成了店铺，就成了一家人的生计来源。

身为资深吃货，我更关心美食。次第走过天津灌汤包、湘菜馆、冷娃饭店后，我看到一家小店，门前支着几张桌子，每一张都坐了人在吃。一看就是当地人。

吃的是凤翔小吃——豆花泡馍。

我老家富顺，一千多年来以盛产井盐著称，井盐的副产品是卤水，而用卤水作凝固剂制作的豆花乃一绝，富顺豆花在川内可以说家喻户晓。我是吃豆花长大的，但这个豆花泡馍，与我老家的豆花却迥然不同。

许多凤翔人的一天，都是从一碗豆花泡馍开始的。

二马路上的小店，店前是一张案板加两口大铁锅。案板上摆放着调料桶，旁边是几摞碗。这是真正的海碗，看上去不像吃饭的，更像盛汤的，白底印红花，俗套而又有几分喜气洋洋，恰好与站在大铁锅前忙碌的老板娘相映成趣。老板娘矮胖、和善，着一身红黄相间的上衣。老板精瘦，在后面打杂，或招呼客人，或端碗跑堂，或把收款二维码指给客人。店铺里，不时响起电脑的声音：支付宝到账十二元，支付宝到账八元……

豆花泡馍的主角到底是豆花还是馍？这个问题，不像蒜苗回锅肉或土豆烧牛肉的主角是谁那样容易回答。

馍原是指馒头，豆花泡馍用的却不是馒头，而是锅盔。锅盔切成小块，放到烧得滚烫的豆浆锅里略煮，盛入海碗；再从另一口锅里舀一勺热豆花置于锅盔上，浇上豆浆，拌上辣椒油等调料。

热气腾腾的豆花泡馍，再加上旁边热气腾腾的大铁锅，夏日里的小店气温飙升。客人们吃得额头挂满汗珠，却个个乐此不疲。我想起重庆街头，夏天气温高达四十摄氏度时，一群人围着火锅烫毛肚涮鸭肠的场面。看来，口腹之欲要比其他欲望强烈得多。

很多时候，在中国各地行走，寻访那些或远或近的古代发生过的、影响当时也影响历史的事件发生地时，将往事与当下对比，常生出一些感慨：如果江山是一座舞台，那么，不仅先后登台演出的人不同，演出的剧目更是千差万别。

以凤翔来说，如今，我在这里看到的是一座六线小城的缓慢与迟暮，但如果时间像排浪一样退回去，当凤翔还叫雍或雍城的时候，它肯定是另一种我们只能想象的模样。比如，迁都雍城的德公，他有没有吃上一口豆花或是馍呢？

回答是没有。

现有考古资料证明，石磨要等到战国前后才出现。德公时代，石磨还没问世，人类还没学会把大豆和麦子磨成粉再加工食用。那时，大豆也好，麦子也罢，都是"原教旨主义"式的吃法——直接煮饭。

2

一碗豆花泡馍下肚，有些撑，出店门，去寻一座传说中的古墓。

寻古墓之前，先去看一尊塑像。塑像位于一条小街。小街叫文化路。博物馆、文化馆、文管所等几家文化单位都挤在这条只有三百多米长的小街上。街上都是有文化的单位，自然就叫文化路了。

文化馆门前，街道分出一半，建了一方小小的园子，周围用柏树作分隔。园子里，突出一座比柏树略高的台基，上面是塑像。

塑像宽袍大袖，右手按住腰间剑柄，左手手指伸出，指着前方——文化路为东西走向，所以，塑像背西而立，面朝东方，并指着东方——似乎在指挥身后那些业已化为灰烬的军队向东，向东。

塑像基座上，三个篆书黑字——秦穆公。

雍城作为秦国国都的近三百年间里，先后有十几代秦君以它为指挥中心。十几代秦君中，穆公无疑是最杰出的一个。

那座古墓，传说墓主就是秦穆公。

穆公墓与文化路上的穆公塑像距离不远，走路也要不了几分钟。

从塑像背后沿小街西行，次第经过文化馆、电业局宿舍、博物馆、圣帝之星商务酒店，以及几家便利店和更多卷帘门紧锁的铺面，便到了文化路西端。整条街上，我只看到一个着红衣的环卫工人，正在用心地扫地，庄重的表情，像是艺术家在创作。

路口右转，有一条比文化路更偏僻的冷巷，传说中的秦穆公墓就在冷巷里。

飞檐斗拱的阙楼下，红色大门缀满黄色乳钉，左右是黑底黄字对联：雄图奠定一统，霸业功盖千秋。虽说写得极无文采，倒也能概括秦穆公一生作为。大门两侧，各有碑。一块书"中华人民共和国保护古迹秦穆公墓"，落款为凤翔县人民委员会，时间是 1958 年 1 月 1 日。一块书"秦穆公墓"，书写者即清朝陕西巡抚毕沅。

查阅资料时，我找到一张拍摄于八十多年前的黑白照片，拍摄地即秦穆公墓。如今，穆公墓所在的文化路一带是城中心，但八十多年前，却是人烟稀少的郊外。以广袤田野为背景，一道高出田野的土路尽头，土堆隆起。前方，兀立一块碑——应该就是毕沅书写的那块。土堆后老远的地方，有一片林子，隐约藏着几户人家。

但是，这座传说是秦穆公墓的小土堆，已经有越来越多的证据表明，它不是秦穆公墓。甚至，它根本不是墓。所谓秦穆公长眠于此的说法，纯属以讹传讹。

它是什么呢？它可能只是古人修建的一座高台。高台的作用，可能是为了祭祀，也可能仅仅为了登高望远。

从武公到穆公，经历了五代秦君，即武公、德公、宣公、成公和穆公。国君换了五任，辈分却只有两代——武公和德公是兄弟，宣公、成公和穆公也是兄弟，他们是德公的儿子。

德公在位两年去世，如果不是高瞻远瞩地把秦都从平阳迁往雍城，他的存在感会非常低。

秦国发展史上，迁都雍城是一起影响深远的重大事件，具有里程碑意义。此前的秦都，因陋就简的秦邑和西垂，估计就是一个建在山上的大点的村落而已。后来的汧邑、汧渭之会和平阳，人口更多了，都城规模相应变大。但总体说来，三座秦都皆选址台地，这样当然易守难攻，具有很好的防御性。反过来也证明，秦国势力还不够强大，还得时常提防四邻袭扰。只有当秦都落址于平坦的凤翔原上，不再依恃山川的险阻来防御时，才证明秦人真正强大了起来，周边已经没有谁胆敢偷袭它。并且，宽阔的凤翔原具有更好的农业条件和居住条件，远非此前几座秦都能比。

德公去世于公元前676年，他去世后，长子即位，即秦宣公。宣公在位十二年去世，传位其弟，即秦成公。秦成公在位四年去世，传位于更小的弟弟任好，即秦穆公。

穆公既是襄公开国以来的第九代秦君，也是著名的春秋五霸之一——春秋五霸的具体人选，计有八种说法，其中五种说法里有秦穆公。如《史记索隐》认为是指齐桓公、晋文公、秦穆公、楚庄王和宋襄公。

秦穆公在位长达三十九年，他的后裔秦孝公追怀列祖列宗功绩时，称赞秦穆公："甚光美。"

秦穆公的父亲是国君，伯父和叔父是国君，两个哥哥也是国君，儿子是国君，三代人，七位国君，数遍历史，也非常罕见。

既然文化街那座土堆并非秦穆公墓，那么，秦穆公到底沉睡在哪里呢？

准确答案还没有，相对准确的答案则是凤翔城南。

那里，就是记录了秦人光荣与梦想的大秦雍城。

像列祖列宗一样，秦穆公酷爱骏马。相传，最善于相马的伯乐曾为他服务。

有一年，秦穆马所养的众多骏马中，有一匹走失了。

国君爱马走失，这当然是一起重大事件。相关官吏立即清查，很快，就发现了马的下落。

雍城外不远处一个叫野人坞的地方，一群"野人"正在大吃马肉。周朝时，社会各色人等分为几个层级：其一，贵族；其二，奴隶；其三，贵族与奴隶之间的自由民，即平民。自由民根据其居住地不同，又分两种，一种是住在城里的，称为国人，另一种是住在乡野的，称为野人——另有说法认为，野人即奴隶，似不确。

野人们居然把国君的爱马杀掉吃肉，这不是在太岁头上动土吗？官吏们抓住这些为了口腹之欲而犯下弥天大罪的吃货——共计三百人之多，"吏逐得，欲法之"。

秦穆公听说后，不仅赦免了野人们的盗马之罪，还给野人们送上美酒，他说："君子不以畜产害人。吾闻食善马者不饮酒，伤人。"——君子不能因畜生而伤害他人。我听说吃骏马的肉，如果不饮酒的话，对人身体有损伤。

这个故事作为穆公仁厚重民的证据，被司马迁记录于《史记·秦本纪》里。《读史方舆纪要》在《凤翔府·野人坞》条下说："野人坞，在府东南十余里，相传即秦穆公失马岐下，野人得而食之处。"直到清朝乾隆年间，野人们杀马食马的野人坞，在《凤翔县志》的地图上仍有标注。

又是两百多年过去了，还能找到野人坞吗？

去凤翔前，我没抱太大希望。

没想到，一个对凤翔历史甚为熟稔的宝鸡的朋友告诉我，凤翔城南有一个叫孟家堡的地方，曾名义坞堡，就是昔年的野人坞。

尽管雍城曾作秦都近三百年，但两千多年的时间毕竟太过久远。在今天的凤翔，已经找不到任何秦国的地面建筑了。甚至，就连山河的形态，很可能也发生了显著变化。

比如，从典籍的只言片语可以推知，当年的雍城，河流密布，水量丰沛，如同江南水乡。而今天的凤翔却很难让人联想到江南，河流还有几条，却大多近于干涸。

城市像一只贪婪的巨兽，不断吞食周边土地，将那些青郁的林子和麦地，化作林立的房屋和宽阔的道路。凤翔这座五六线小县城也不例外。清朝时，野人坞还远在城外十几里的乡下，如今，宽阔的西府大道就从村边延伸而过。孟家堡——或者说野人坞，已成了城乡接合部。

即便孟家堡真的就是野人坞，也绝不可能找到任何先秦的蛛丝马迹了。十年前修建公路时，孟家堡发掘了五座古墓。分属唐朝、宋朝和明朝，最早的距今一千多年，最晚的也距今好几百年。然而，纵使是最早的唐墓，它距离秦穆公的时代，也要超过我们距离唐朝的时间。

穆公的宽恕仁厚得到了意想不到的丰厚回报。

穆公十五年（前645）十一月，秦国与晋国在韩原交战——晋国乃春秋重要国家，也是秦国东扩路上最强大的对手。自从公元前672年，秦穆公的哥哥秦宣公与晋国于河阳发生第一次冲突以来，十多年时光里，两国虽有过通婚带来的和平，更多的却是你死我活的战争。

韩原地望有两说，一说在陕西韩城西南，一说在山西河津黄河东岸。考虑到其时河西尚在晋人手中，似以前说为是。

韩原之战，秦穆公亲自上阵，晋国国君晋惠公同样亲自上阵。春秋时期，诸侯之间的战争，国君常常亲临一线，不像后来，一国之君很少御驾亲征，更不可能冲锋陷阵。

斯时，战争的主力是车兵。步兵和骑兵虽然也有，但决定性的力量还是战车。纵横驰骋的战车，如同后世战场上的坦克和装甲车，是所向披靡的王者。充当战车动力的马匹，每辆车两匹到六匹不等，大多为四匹。每一辆战车上有三名士兵，呈品字形排列，居中靠前者为御者，相当于"坦克"司机，左右两名士兵负责杀敌。其中，左边士兵使用弓箭，负责射击远处的敌人；右边士兵手持长矛，负责击杀近处的敌人。

早在商朝及周朝早期，两军交战时，战车一字排开，步兵排在战车之前。这种阵法，在那些地势较为狭窄地方，常常造成"堵车"。牧野之战，周军三百辆战车排开后，你遮我挡，行动十分缓慢，以至于走一小段就得重新整队。另外，这种阵法也不利于步兵与车兵的协同配合。

公元前八世纪末，也就是秦宪公时期，一种称为鱼丽阵的新阵法出现并经过了实战检验。所谓鱼丽阵，就是步兵以伍为单位环绕战车，在战车侧翼及背后列队。进攻时，步兵与车兵相互掩护。看上去，围绕战车的步兵如同渔网，战车则是网中之鱼，故得名鱼丽阵。

韩原之战时，鱼丽阵已出现了半个世纪之久，秦军与晋军的对垒，大概率也是以这种阵形展开的。

战斗中，秦穆公远远地发现，晋惠公的战车陷入了泥淖，虽然御者努力想让马匹冲出泥淖脱困，却一时未能如愿。穆公见状，立即带兵冲杀过去。穆公身先士卒，他所乘的那辆战车冲在最前面。没想到，当穆公的战车刚刚赶到晋惠公的战车旁边时，大批晋军斜刺里杀出。一名叫由靡的晋将扣住了穆公战车左侧战马的马缰，飞来的箭矢将穆公的甲胄都射穿了。

窘迫之际，晋军外围冲来一队人马。这些人马没有战车掩护，甚至手中的武器也不是秦军的统一配置。但是，这支一看就不是正规军的队伍，个个奋不顾身，拼命冲杀，很快将晋军击退。

穆公不仅转危为安，还一举将晋惠公俘虏。

这支逆转战局的队伍，就是由秦穆公宽恕的那三百多个吃马肉的野人组成的。

3

凤翔博物馆里，我久久地注视着一幅地图。

那是一幅雍城地图。准确地说，应该叫示意图。

图的正上方是今天的凤翔城区，凤翔城区以南，便是雍城遗址——其中少部分遗址与城区重合。两相对比，凤翔城区要比雍城遗址小得多。雍城遗址南面，是国人墓葬群和秦公陵园。如果把这些也算入雍城范围，那么先秦时期的雍城，相当于好多个今天的凤翔城。

雍城考古，始自二十世纪三十年代。其时，徐旭生等考古界前辈主持宝鸡斗鸡台考古，因居住在其时尚为专员公署的凤翔，故而对雍城遗址也进行了试发掘。八十多年后的今天，考古工作者终于将埋入黄土的雍城遗址基本摸清：

这是一座大体呈正方形的巨大城池，城墙东西长 3300 米，南北宽 3200 米，总面积约 11 平方公里，相当于澳门的三分之一。

在黄土地的深处，考古工作者发现，雍城的城墙，城垣宽度在 14 米左右，墙基最宽处 15 米，最窄处 7.5 米。修筑城墙的材料，均系就地取材，使用黄土夯筑——与此相比，唐朝的凤翔城墙则采用了更高级的青砖。

德公时代，秦国就迁都雍城。但是，通过考古发掘所知的雍城城墙，它的修筑者并非德公。甚至，德公之后漫长的近两百年间，作为秦国首都，雍城竟然没有城墙。

没有城墙，倒不是秦国自信地认为没有任何力量可以伤害它，而是它采取了称为城堑河濒的方式，巧妙地利用河流作天然屏障，既省力，又实用。

早在新石期时期，远古人类修筑聚落时，出于安全考虑，往往选择山崖、深沟或是河流作防御。后来秦人的都城秦邑、西垂、汧邑、汧渭之会乃至平阳，都没有城墙，他们要么利用起伏的山崖，要么利用陡峭的台地，自然而然地起到防御作用。

雍城没有起伏的山崖，也没有陡直的台地，但是，雍城四周分布着多条河流。今天的凤翔城外，仍有一些小河，像是当年水乡的残留。凤翔地势西北高，东南低，网状的河流从西北向东南流淌，次第汇入雍水，雍水东流出境，在岐山与横水汇合后称漳水，再入武功汇漆水入渭。

两千多年前的先秦时期，气候比现在温和湿润，即便在大陆腹地的关中平原上，河流也细密如血管，且水量丰沛。秦人因势利导，将碧波荡漾的河流变成了护城河。当时，雍城周围有雍水河、纸坊河和塔寺河环绕。其中，城东为纸坊河和塔寺河，城西、城南为雍水河，城西还有几条已经干涸的不知名小河，考古工作者发现有人工挖掘的壕沟。至于城北，由于深埋凤翔城下，情况难以知晓。

秦人在利用这些天然河流时，对其进行了人工改造，比如将临水的河道挖深，使得河堤更为陡直，河岸增高，敌人想要泅渡侵袭更加不容易。至于挖出来的泥土，则堆积在靠城一侧的岸边，以防止汛期洪水上岸。此外，还把一些大河的支流引入城中，河水穿城而过，既保障了生活与农业用水（雍城内有大量农田），还形成了顺水而建、沿河而居的城市布局。若我们回到两千多年前的雍城，一定会惊讶地发现，这就是一座上古东方威尼斯。

经过简单修整，就能充分利用大自然所赐，起到守卫城市的作用，这是事半功倍，甚至一本万利的大好事，在民力维艰的上古时期，显然减轻了人力、物力的消耗。

那么，为什么在把雍城作为首都近两百年后的悼公时代，又要修筑城墙呢？

这是由于时代发展到战国时期，征战杀伐愈加频繁，社会急剧动荡，为保险起见，秦国首都也必须新筑城墙。

司马迁记载：悼公二年，城雍。

4

如同专员公署迁走后，凤翔由府城降为县城一样，当武功县治迁到普集镇后，武功镇就从县城降为普通乡镇。从某种意义上讲，武功镇应该叫作废县城或老县城。我曾造访过不少这种废县城。如果被废时间不是太久——比如说在几十年到一百年之间，那么，这些废县一般都有着比较宽阔的城区与街道，但人流与商业却和这种宽阔极不相称，宛如一个瘦弱的人，穿了一件过于肥大的袍子。

武功镇亦如是。

街道宽阔得近乎空旷。街两边是整齐划一的两层灰色小楼，一看就是近年的旅游产品。小楼前的行道树还没形成浓荫，枝叶单薄，午后的太阳把树的影子钉在地上，小小的阴影里，趴着一只黄猫，睁大好奇的眼睛打量着我们。

到武功镇，是为了看教稼台。教稼台的门脸很小，一道装饰着红色门框的大门从街边向后缩去，门楼上方，垂着青青的柳枝。黑色匾上四个大字"教稼圣地"，出自屈武之手。屈武系陕西渭南人，曾任民革中央主席及全国政协副主席。

正对大门的园子中间是一尊雕塑。一个长须及胸的男子，一手执农具，一手握庄稼，光着腿，坐在一块嶙峋的石头上，目光平静深邃，注视远方。

这个男子，就是这座园子的主人，也是这个旅游景点的主角。他叫稷。

离稷只有几公里的镇外山上，有一座墓，埋葬的据说是他的母亲。他的母亲叫姜嫄。

武功县城有条大道叫邰城路。邰城这个名字，来源于上古方国有邰氏。

姜嫄就是有邰人。那时，有邰人居住在教稼台附近的漆水河流域。有一天，姜嫄在野外看见一个巨人脚印，好奇地把自己的脚放进去——于是，她怀孕了。

不久，姜嫄生下一个男婴，姜嫄很害怕，三次把男婴抱出家门抛弃。

第一次，她把男婴放到牛马来来往往的村道上，可牛马好像通人性，经过男婴身旁时，无不小心翼翼地擦身而过，生怕踩到他。姜嫄见了，只好把婴儿抱回来。

第二次，姜嫄打算把男婴扔到森林里。当姜嫄赶到森林时，发现有许多人正在伐木或打猎。姜嫄怕别人看见，没办法，又把男婴抱回来。

第三次，姜嫄把男婴放到结了冰的溪流上。第二天，姜嫄来到小溪边，她吃惊地看见，几只大鸟蹲伏在男婴身边，用毛茸茸的翅膀为他遮挡风寒。

姜嫄这才回过神来。她想，既然上天处处照顾这个男婴，这个男婴肯定不是妖怪。这样想着，她就把男婴带回家悉心抚养。因为一连抛弃过三次，就给他取名叫弃。

后来，姜嫄嫁给了帝喾。弃当然也就成了帝喾的儿子。

帝喾与姜嫄之外的其他夫人生有儿子，一个是与娵訾氏生的挚，一个是与简狄生的契——就是玄鸟生商的那位。

帝喾的四个儿子都不是普通人。挚在帝喾死后即位，在位九年，因不善于治理国家，让位于尧。契是商人始祖，弃是周人始祖。

从辈分上讲，挚、尧、契、弃四位同父异母的兄弟，他们与嬴氏始祖大业乃是堂兄弟。

弃就是教稼台祭祀的后稷。

据说，有一天，弃发现，之前掉在门口的几粒小麦长出了一小丛麦子。他进而想到，如果每年都有意识地把麦子和其他粮食撒进地里，那么，到了秋天，不就能收获更多粮食吗？经过反复实验，弃终于掌握了该在什么时候种植什么作物，以及如何松土、浇水、锄草和收获。

鉴于弃在农业方面的天赋和成就，尧封他为农师。弃最早培育的粮食作物中，最重要的是稷和麦，因此，弃的封号就是后稷。

武功镇教稼台，据说，那是弃当初教民务农的地方，相当于世界上最早的农科所和农业学校。

弃的雕塑下面，黑底黄字，乃是关于他的介绍：

> 后稷，名弃，帝喾之子，其母有邰氏女曰姜嫄。早在

四千多年前，有邰氏就生息在武功县境内，弃就诞生在此。他在母亲的影响下，潜心钻研农耕技术，以无与伦比的胆量和智慧开创农耕文化之先河，被尧帝举为农师，树艺五谷，教民稼穑，使人类结束了茹毛饮血的游猎生活。他的生动事迹在《山海经》《诗经》《史记》中都有详细的描述。他倡导的农耕文明，让他的后代——周民族很快强大起来，创建的周王朝统领中华八百余年。他功盖天地，名播华夏，人们尊称他为"后稷"。后是君主的意思，稷者五谷之长，他被后人奉为谷神。

秦人先祖本以畜牧见长，农业非其传统。尽管早在西垂时期，农业已成为秦人的重要生产方式，但是，秦国农业并不发达。一者，西垂多山，只有小块河谷平坝宜农；二者，技术落后。

只有当秦人东出陇山，进入关中平原，并在收周室余民后，农业才真正突飞猛进。

这一点，《秦农业史新编》总结说："初秦诸君，致力于攻逐诸戎，廓清环境，逐步完成了对关中西部农业区的占有；他们收周余民而有之，全面继承、吸收了周人先进的农业科技文化，为初秦农业迅速赶上和超过东方诸国奠定了坚实基础。秦承周祚，同时又在周的基础上发展起来。周余民在周秦农业的对接、继承方面均作出巨大贡献，对初秦农业的发展助力颇多。"

站在教稼台上远眺，台地与平坝交错，不论台地还是平坝，都是一片青翠。两片台地之间的陷落地带，便是古老的漆水。如今，大概为了与教稼台景点配套，武功镇还打造了漆水河湿地公园和姜嫄水乡。

漆水是渭河支流，在武功镇白石滩入渭。漳水是漆水的支流。发源于凤翔西北老爷岭的雍水，系漳水上源。就是说，从理论上讲，如果雍水、漳水、漆水均可行舟的话，那么，从秦人的首都雍城，可以直接走水路抵达武功，进而顺渭河东入黄河。

但是，雍水流量小，河道窄，而漳水和漆水的不少河段，流经黄土塬之间，坡降很大，那么，几乎可以肯定，水路不通。

所以，那场载入史册的大规模水上运粮行动，更有可能是将粮食集中运到平阳附近码头上船，船只顺渭河而下，东入黄河，再溯汾河而上，抵达千里外的晋国。

这就是泛舟之役。此事最早记载于《左传·僖公十三年》，全文如下：

冬，晋荐饥，使乞籴于秦。秦伯谓子桑："与诸乎？"对曰："重施而报，君将何求？重施而不报，其民必携，携而讨焉，无众必败。"谓百里："与诸乎？"对曰："天灾流行，国家代有，救灾恤邻，道也。行道有福。"丕郑之子豹在秦，请伐晋。秦伯曰："其君是恶，其民何罪？"秦于是乎输粟于晋，自雍及绛相继，命之曰"泛舟之役"。

这件事，说来话长，得从秦国与它的东方强邻晋国的关系说起。

有一个成语叫秦晋之好，秦是秦国，晋是晋国。春秋时期，秦、晋交往频繁，国君家族通婚，政治联姻就有三次。后世于是把两姓婚姻称为秦晋之好。

秦晋之好的开创者是秦穆公。

穆公之前的历代秦君在东扩进程中，除了戎人，几乎没遇到什么强大的敌人。等到秦人势力抵达河西时，一个空前强大的对手出现了，这就是晋国。

《史记·晋世家》载：武王崩，成王立，唐有乱，周公诛灭唐。成王与叔虞戏，削桐叶为圭以与叔虞，曰："以此封若。"史佚因请择日立叔虞。成王曰："吾与之戏而。"史佚曰："天子无戏言。言则史书之，礼成之，乐歌之。"于是遂封叔虞于唐。唐在河、汾之东，方百里，故曰唐叔虞。姓姬氏，字子于。

古唐国位于汾河和浍河交汇地带，即今山西南部的翼城、曲沃、绛县之间。叔虞去世后，燮父立，改唐为晋。晋立国六百余年，直到后来三家分晋，共历三十四君。国君姬姓，与周天子同宗，始都绛，后迁新田。晋国表里山河，占据今山西全境及河南一部，以黄河为西界，但在今韩城以下的黄河大拐弯处，势力深入到了黄河西岸，称河西地区。

秦穆公敏锐地意识到，秦国与东方大国晋国之间还有差距，各个方面都不如人家。并且，秦国周边还有戎狄各部的牵制和威胁。于是，穆公初年的基本国策就是与晋交好，解除东面威胁，集中力量向西、向北发展，先解决戎狄问题，再徐图东进。至于晋国，虽然各方面都比秦国强，但连续内乱，且周边也是戎狄环伺，同样需要一个良好的国际环境，所以愿意与秦国达成和平。

公元前 655 年，秦穆公迎娶了晋献公的女儿穆姬，做了晋献公的女婿。晋献公老迈昏庸，宠爱骊姬。骊姬为立自己的儿子奚齐为太子，便陷害晋献公的另外三个儿子，即申生、重耳和夷吾。

申生被逼自杀，重耳和夷吾流亡国外，一个在翟国，一个在梁国。梁国是靠近秦国的一个小国。

公元前651年，晋献公去世，临终前让大臣荀息立奚齐为君。由于大夫里克等人反对，荀息不得不立奚齐的弟弟卓子。不到一个月，里克杀害了卓子和荀息，派人迎重耳回国。重耳手下的一帮人很有眼光，认为现在局势不明，贸然回国，恐怕凶多吉少，遂婉拒。里克又派人到梁国迎夷吾。夷吾喜出望外，立马就想回国。他的臣子吕省劝他说："国内还有其他可立的公子，他们却到国外找您，难以让人相信。不如请求秦国帮助，这样才安全。"夷吾听从了吕省的劝告，派人去见秦穆公，许诺说，如果把他送回晋国立为国君，他将把河西之地割让给秦国。

穆公做梦都想得到河西之地这个战略要地，并且，他觉得这还是染指晋国事务的千载良机，便痛快地答应了。旋即，在秦国军队的护卫下，夷吾回到晋国，即位为君，是为晋惠公。

晋惠公上台后，却不打算兑现割让河西的诺言。他派使者告诉秦穆公："我以前答应将河西之地献给您，才得以作了晋国国君。但是大臣们说，疆土是先君的疆土，我一直流亡在外，没资格擅自把它送给别人。我虽然与大臣们争辩，但始终拗不过他们，只得向您表示歉意。"

即将到手的肥肉飞了，穆公的愤怒可想而知。

四年后，晋国发生了严重的旱灾，粮食锐减，举国饥荒。

晋惠公派使者到秦国，向秦穆公借粮。

要不要借粮给忘恩负义的晋惠公呢？穆公先后询问了两个大臣——这就是前面引用的《左传·僖公十三年》那段记载。

穆公问子桑："借粮给他吗？"

子桑说："如果他重视别人的帮助并懂得回报，那您还有什么要求呢？如果他不重视别人的帮助，也不懂得回报，那他的老百姓一定会与他离心离德，到时候讨伐他，他必败无疑。"

穆公问百里奚："借粮给他吗？"

百里奚说："天灾这种事，每个时代、每个国家都可能遇到。救助灾荒，帮助他人，这是道义。行道义的人必有后福。"

也有人建议，不但不借粮给晋国，还应趁着晋国饥荒攻打它。穆公拒绝了，他说："晋国国君固然可恶，可晋国民众有什么罪过呢？"于是，他下令借粮。

为了运输粮食，秦国组织了大批船只，自渭河而下入黄河，再溯汾河而上。这一事件，称为泛舟之役，是有文献可考的我国历史上首次大规模水上运输。

故事的发展，非常具有戏剧性。

秦国泛舟之役一年后，公元前646年，秦国发生灾荒，粮食不够吃。穆公很自然地想到了一年前才帮助过的晋国，于是，他派使者向晋惠公借粮。

晋惠公一年前借的秦国粮食，此时并未偿还。按理，秦国急需粮食，理应赶快还人家。欠债还钱，这是普通老百姓都能办到的。但是，君王的思路却不一样。

晋惠公不仅不借粮——或者说还粮，反而趁着秦国饥荒，亲自带兵入侵秦国。

秦穆公勃然大怒，率军迎击晋军。

于是，便发生了前面讲过的韩原之战。由于偷马吃的野人突然杀入，战局急转直下，原本胜券在握的晋军不仅一败涂地，就连晋惠公也作了俘虏——从国际关系上讲，秦国国君抓住了晋国国君；从亲戚关系上讲，姐夫抓住了小舅子。

春秋战国时期，诸侯之间相互通婚，有着错综复杂的亲戚关系。以秦穆公来说，他是晋献公的女婿，而晋献公是齐桓公的女婿，所以，秦穆公就成了齐桓公的外孙女婿。

依秦穆公的想法，他要将忘恩负义的晋惠公处死，"将以晋君祠上帝"。

两个重量级人物站出来，要求穆公刀下留人。

一个是穆公夫人，即晋献公的女儿穆姬——他是晋惠公的姐姐。姐姐怎么能看着丈夫杀死弟弟呢？穆姬带着她和穆公生的两个儿子和一个女儿——其中包括太子，登上堆满柴火的高台，派人拿着丧服去见秦穆公，转告秦穆公说："老天降下灾祸，让我们两国国君不是执玉帛以礼相见，而是动刀动枪拼杀。如果晋君早晨进入国都，贱妾晚上就死；如果晋君晚上进入国都，贱妾早上就死。请国君考虑考虑吧。"

另一个是周天子，其时周天子为周襄王。周襄王派使者请求秦穆公放了晋惠公——晋惠公与周襄王同为姬姓，杀了他，周王室面子上不好看。

穆公权衡利弊，只得释放了晋惠公。

当然，释放是有条件的：

第一，兑现割让河西之地的承诺；

第二，送太子为人质。

晋惠公死里逃生，全部照办。

公元前 677 年，秦德公迁都雍城。当时，他举行了一次盛大的祭祀仪式，牺牲数量相当于襄公、文公时的一百倍。仪式上，德公祈祷上天，希望迁都雍城后，他的子孙能"饮马于河"。

那时，秦德公可能没有意料到，他的梦想，只需要三十多年，就在儿子手里变成活生生的现实。

清朝乾隆年间，一件青铜重器惊现人世。这一重器被金石学家们命名为智鼎。没想到，惊鸿一瞥之后，智鼎却不知去向，至今下落不明。幸好，智鼎上的铭文留存了下来。

铭文的内容也许比鼎本身还珍贵，它记录了西周时期的奴隶价格：一匹马加一束丝，可以买五个奴隶。

那么，一个奴隶又值多少钱? 或者说，需要用什么东西来交换?

答案出自秦穆公时代——五张羊皮。

秦穆公用五张羊皮换回一个奴隶，这奴隶后来名垂青史，就是前面讲过的百里奚。

河南南阳火车站一带，原本是一座村庄，近年城市扩张，村庄被街巷与楼宇切割，已看不出原来的样貌。这个村，叫百里奚村。周边还有颇多以百里奚命名的地方，如百里奚路、百里奚小区、百里奚公园……

相传，这里就是百里奚的故乡。

不过，这只是百里奚故乡的多种说法之一。

据说，百里奚出身贫贱，一把年纪了，决定外出游说诸侯，以便找个出人头地的机会。临行前，妻子为他饯行。

家里实在困难，妻子把一只还在抱窝的母鸡杀了，把门栓劈作柴火，竭尽所有地做了一顿好饭给百里奚吃。

百里奚浪迹到齐国、宋国等多个国家。在齐国，结识了生死之交蹇叔。后来，他又来到一个小国——虞国，终于出任大夫。

由于虞国国君短视贪财，中了晋献公假道伐虢之计，晋军在灭虢返回时，顺手把虞国也灭了。百里奚作了晋军的俘虏。

晋国与秦国联姻，穆姬嫁与秦穆公，作为陪嫁的奴隶中，就有百里奚。前往秦国时，百里奚逃跑了，但又被楚人抓获，作了楚国的奴隶。

这时，秦穆公听人说百里奚是个很有才能的人，便想高价从楚国赎回，又担心楚国意识到百里奚是人才而不答应，便派使者到楚国说："我国有一个奴隶逃到贵国了，请按照惯例，让我们用五张黑色公羊皮赎回。"楚国人得到羊皮，便将百里奚交给秦国。

秦穆公与百里奚一番交谈，大为倾心，任命百里奚为上大夫，号曰"五羖大夫"。羖是黑色公羊的皮。上大夫即上卿，相当于相国。

有一天，百里奚府中举行宴会，大堂上歌舞喧哗。一个洗衣服的老妇人，要求演奏一曲。老妇人抚琴而唱：

百里奚，五羊皮。

忆别时，烹伏雌，炊扊扅。

今日富贵忘我为？

百里奚听了歌词，大吃一惊，急忙上前询问，这才认出她是自己别离几十年的妻子。在百里奚的漂泊岁月里，妻子见他杳无音信，就带着儿子外出逃荒，顺便寻找他。听说丈夫在秦国作了上大夫，她赶来相投。又担心百里奚富贵之后不认，只好在堂上作歌。

百里奚与老妻当堂相认，痛哭流涕，穆公闻讯，也派人祝贺。

百里奚做了上大夫后，向穆公推荐了蹇叔，蹇叔来到秦国，也被任命为大夫，两人齐心协力辅佐秦穆公。百里奚身为秦国重臣，生活俭朴，外出不乘车马，不用护卫，深受秦人爱戴。

百里奚相秦六七年，"德施诸侯，而八戎来服"。他死后，秦人无不伤心流泪，儿童不唱歌，劳动者沉默不语——"男女流涕，童子不歌谣，春者不相杵"。

5

2021年夏天，在寻访杜甫踪迹时，我来到杜甫住过一

宿，并将那一宿所见所闻写成不朽诗篇的石壕村。那是公元
759 年春天，安史之乱期间，原本以为河南将平定的杜甫从
华州回到老家洛阳。不曾想，战事风云突变，洛阳危急，杜
甫只得匆忙离开老家，自东向西，前往长安。

杜甫经行的是一条古老而重要的道路——崤函古道。

崤是崤山，函是函谷关。崤山为秦岭东段支脉，呈西
南—东北走向，延伸于黄河与洛河之间。

函谷关先后有三个。

秦函谷关在今河南灵宝函谷关镇王垛村，东临绝涧，南
接秦岭，北依黄河，因其深险如函，故得名函谷关。汉代，
函谷关东移一百五十公里，位于今洛阳新安境内。东汉末年，
曹操曾在秦函谷关附近数公里处筑城，称为新关，又称魏关。
不过，如今新关已被三门峡水电站淹没。

崤函古道并非同一时期完成，而是在漫长时间中逐渐形
成的。有证据表明，它的某些地段，可能在新石器中晚期就
形成了，距今已有五六千年。

崤函古道以险要著称，《水经注》称它"车不并辕，马不
并列"，李世民诗中说"崤函称地险，襟带壮两京"。

崤函古道从石壕村外蛇行而过。在距石壕村不到四公
里的西边山坳里，松林间有一片平地，一个名为崤函古道石
壕段遗址文物保护管理所的机构大门紧闭。看门的年轻人

在玻璃后面摆手说："不开放，不开放。"就在管理所背后不远处，曾经人来人往了两千多年的崤函古道蛇行于山峦间。坚硬的石质路面，被经年累月的车辆压出深深的辙印，最深的足有二三十厘米，就像用錾子凿出的沟槽，用以流淌岁月。

路侧山坡上，一个放羊老人坐在一块灰白的石头上。他的羊围在石头周边啃草，粗硬的草如同铁丝，羊们咬嚼得铮铮作响。牧羊老人忽然站起来，解开裤带，对着岩壁撒尿。尿液流进古老的车辙，空气中似乎传来了隐隐的尿骚味儿。一时间，不知今夕何夕。

　　一定程度上改变了秦国国运，使得秦穆公不得不修正基本国策的崤之战，就发生于崤函古道。只不过，它距石壕村还有一段距离。

秦穆公释放了小舅子晋惠公，如愿以偿地得到了河西之地，并将晋惠公的太子圉留在秦国作人质。为了笼络圉，穆公将女儿怀嬴嫁给他。不想，几年后，圉听说父亲病危，立即从秦国逃归晋国。次年，晋惠公去世，圉即位，是为晋怀公。

对晋怀公的所作所为，秦穆公很生气，决定推翻他，另立晋君。立谁呢？秦穆公想到了还在流亡的重耳。

其时，重耳避居楚国，穆公派人邀请他来秦国。到秦国后，秦穆公把女儿怀嬴改嫁重耳——此前，怀嬴已嫁重耳的侄儿，一夜之间，侄儿媳妇变成了老婆；而秦穆公这位大姐夫，也一下子变成了老岳父。

穆公二十四年（前636），秦国派战车五百乘，骑兵两千，步卒五万，组成一支浩浩荡荡的大军，护送重耳回晋国争夺君位。

之前，在穆公为重耳举行的一次宴席上，穆公命乐工吟诵了一首《采菽》。

重耳手下臣子赵衰精通礼乐，他听了乐工的吟诵，忙提醒重耳，要他从大堂上走到台阶下，向秦穆公行礼，以示感谢。

因为，赵衰听懂了《采菽》。

> 采菽采菽，筐之筥之。
>
> 君子来朝，何锡予之？
>
> 虽无予之，路车乘马。
>
> 又何予之？玄衮及黼。

翻译成白话，大意是：采大豆啊采大豆，用筐用筥将它盛。诸侯君子来朝见，我用什么作馈赠？虽无厚礼可出手，路车驷马请他乘。还有什么可相送？华彩礼服已织成。

秦穆公令乐工吟诵这首诗，既表达对重耳的敬重，也暗示重耳，他将竭力帮助他。重耳若听不懂，穆公就是对牛弹琴。

按周礼，主人诵诗后，轮到客人答谢了。赵衰就让重耳吟诵了一首《黍苗》：

> 芃芃黍苗，阴雨膏之。
> 悠悠南行，召伯劳之。

这首诗，本是周宣王时召伯（不是辅助周成王那个召伯，是他的后人）带领官兵建筑城池，完工后，官兵希望尽早回家而赞美召公。

翻译成白话，大意是：黍苗长得真茂盛，阴雨滋润苗青青。南下征程路遥遥，召伯慰劳有真情。

借此诗，重耳把穆公比作滋润黍苗的甘霖和民众热爱的召公，非常贴切。并且，还把希望得到穆公帮助，回到晋国继承君位的心愿也含蓄地表达了出来。

秦穆公听了，回了一首《六月》：

> 六月栖栖，戎车既饬。
> 四牡骙骙，载是常服。
> 玁狁孔炽，我是用急。

> 王于出征，以匡王国。

翻译成白话，大意是：六月出兵奔走忙，整好战车上疆场。四匹雄马肥又壮，军用装备车上装。玁狁气焰太嚣张，我军急行去打仗。大王号令去征讨，拯救国家保君王。

这一次，赵衰听了，忙告诉重耳要行跪拜大礼。

为什么呢？

《六月》本是赞美周宣王时代大臣尹吉甫率军北伐玁狁的诗。穆公用这首诗来暗示，他将派军队护送重耳回晋国。这对流亡的重耳而言，无疑再造之恩，当然得行大礼。

正是有了秦国的大力帮助，重耳才坐上了国君宝座，并在后来的岁月里，进入春秋五霸之列——重耳，就是晋文公。

晋国在城濮之战击败楚国，晋文公成了新霸主，先后两次会盟诸侯。

秦国的反应很冷淡，只参加了一次——秦穆公肯定有些失落，一手扶持起来的晋文公成就了霸业，自己苦心经营多年，却还没等来称霸的那一天。

晋文公在位九年就去世了。于是，秦、晋之间的短暂和平结束，两个大国再次进入战争状态。

战争起因，原本和晋国无涉，而与郑国有关。

郑国系姬姓诸侯国。周宣王二十二年（前806）——在秦，为庄公时代，周天子把弟弟友封为伯爵，是为郑桓公，都郑（今陕西渭南华州区）。三十多年后，申侯联合犬戎入侵，周幽王被杀，郑桓公在周室做司徒，也被杀。幸好，在这之前，郑桓公已看出天下即将大乱，做好了准备：他将妻儿老小连同封地上的人民一起东迁，虢、郐两个小国献出十座城邑，成为郑国新疆土。

郑桓公死后，儿子武公即位，吞并了虢、郐、祭等小国，定都新郑。战国时（前375），郑为韩所灭。

郑州南部的新郑，有颇多与郑国和韩国相关的历史遗迹。其中，从郑国国君及其家族墓地发掘出的车马坑，建成了郑国车马坑景区。

看完展馆里丰富的藏品后，穿过花木扶疏的园子时，我看到园子一角放置着一些雕塑。仿铜的雕塑，发出淡黄的金属光泽，塑的是郑国最重要的三位国君：郑桓公、郑武公和郑庄公。那一角园子，相应地命名为三公广场。

三公广场附近，还有一组较小的雕塑，塑的是四个人和一群牛。我立即猜到，表现的肯定是"弦高犒师"。绕到雕塑后面，黑底黄字——弦高犒师。其下，引用了《淮南子》：

秦穆公使孟盟举兵袭郑，过周以东。郑之贾人弦高、蹇他相与谋曰："师行数千里，数绝诸侯之地，其势必袭郑。凡袭国者，以为无备也。今示以知其情，必不敢进。"乃矫郑伯之命，以十二牛劳之。三率相与谋曰："凡袭人者，以为弗知。今已知之矣，守备必固，进必无功。"乃还师而反。

秦穆公三十二年（前 628），帮助郑国守城的秦将杞子悄悄派人告诉穆公：他现在负责守卫新郑北门，如果派军袭击，里应外合，一定能拿下郑国。

穆公征求蹇叔意见，蹇叔明确反对。他认为，郑国离秦国实在遥远，哪有大军奔驰千里不为人知的？到时候，秦军人困马疲，郑人以逸待劳，根本不可能取胜。

但是，拿下郑国的诱惑实在太大，渴望东扩的穆公不想失去千载难逢的良机。他任命百里奚的儿子孟明视和蹇叔的儿子西乞术、白乙丙为将，率军伐郑。

大军即将出发，蹇叔拉住孟明视说："吾见师之出而不见其入也。"——我只看到你们率领大军出去，却看不到大军回来了。听到如此败兴的丧气话，穆公颇为恼怒，派人怒骂蹇叔："尔何知？中寿，尔墓之木拱矣。"——你这老家伙知道什么啊？你要是活到六七十岁就死了，你坟前的树都长到一抱粗了。蹇叔又哭送儿子，提醒他说，晋人一定会在崤山伏击你们。你们一定会死在两山之间，我只有到那里为你们收尸了。

事实证明，蹇叔虽然上了年纪，却一点也不昏聩。他的预言非常准确。

次年春，这支长途跋涉上千里的军队抵达了滑国。滑国位于周都洛邑和郑国之间，大致在今河南偃师一带。郑国首都不远了。

这时，一个叫弦高的商人赶着一群牛到洛邑去做生意。发现偷袭的秦军后，一方面，他派人火速回国通知郑君；另一方面，他和手下带了四张牛皮和十二头牛，冒充郑国使者，前往秦军军中犒劳。

弦高的行为让孟明视等秦军将领十分沮丧——既然郑国已派使者犒军，说明人家早就做了充分准备，原想打一个让对方措手不及的闪电战，现在这计划不就破产了吗？没办法，孟明视只得回师。

秦军回师途中，再次路过滑国，顺手把无辜的滑国给灭了。

滑国本是晋国小兄弟，秦军灭滑，明摆着没给晋国面子。何况，晋文公已死，晋国与秦国的蜜月期早过去了。

如同蹇叔预言的那样，晋军在险要的崤山设伏，先派小股部队与秦军作战，再佯败后退，将秦军引入山谷。

秦军全军覆灭，三位主将都作了俘虏。

晋襄公原打算杀了孟明视等三位秦军主将。晋襄公的母亲是秦穆公的女儿，她不忍心看着娘家将领惨死，请求晋襄公放了他们。她说，秦君对他们恨透了，他们回国也是一个死，你又何必杀他们呢？晋襄公答应了。等到手下将领先轸提醒后，晋襄公派人去追，但逃出生天的孟明视等人早已登船渡河。

残兵败将逃回雍城后，秦穆公的反应，《左传》是这样写的：

> 秦伯素服郊次，乡师而哭。曰："孤违蹇叔，以辱二三子，孤之罪也。"不替孟明，曰："孤之过也，大夫何罪？且吾不以一眚掩大德。"

意思是说，秦穆公穿着白色丧服来到郊外，向逃回来的将士大哭，并说："我不听蹇叔的忠告，让你们遭受了这种奇耻大辱，这都是我的罪过啊。"他没有撤孟明视的职，安慰他说："一切都是我的错，你们没有错。再说，不能因为犯一次错就掩盖你们的大功大德啊。"

崤之战后，秦晋之间彻底撕破脸皮，两国长期对峙，战争时有发生。

　　两年后，急于复仇的秦穆公下令出击，双方在彭衙交锋。秦军再败。晋人嘲笑秦人，说秦人是"拜赐之师"。

　　又过了一年，即公元前624年，秦穆公以孟明视为将，御驾亲征。渡过黄河后，孟明视下令将船只全部焚毁，秦穆公怪而问之，孟明视表示焚毁船只，是为了激发将士必胜的信心。

　　晋军见秦军来势凶猛，躲在城里不敢交战。秦军找不到晋军主力，便由茅津渡南渡黄河，抵达三年前血战过的崤山。旧战场上，秦军尸骨漫山遍野，惨不忍睹。秦穆公下令收而葬之，君臣祭祀痛哭三日而还。

　　通过与晋国的数次战争，秦穆公无奈地意识到，秦国虽然崛起，但距离彻底打败晋国，实现东渡黄河、问鼎中原的理想还有不小的差距。

　　他不得不改变国策，由东扩转为西拓。

6

　　面积超过十平方公里的雍城，河流曲曲折折，大大小小的宫殿、宗庙、手工作坊和居民区被分割成一个个相对独立又相互连接的个体。不过，由于地表建筑荡然无存，这座雄伟城池两千多年前的绝代风华，我们只能通过古人的文字进行合理想象与还原。

秦国以西以北，是为数众多的戎狄方国，它们各有名字，但统称为西戎或戎狄。司马迁认为，戎人方国，大大小小有上百个。《史记·匈奴列传》列举了其中最强大的几个："自陇以西有绵诸、绲戎、翟、豲之戎；岐、梁山、泾、漆之北有义渠、大荔、乌氏、朐衍之戎。"

这一年，绵诸王派使者由余出使秦国，由余祖上是晋人，避乱入绵诸，颇有才干，是绵诸王的得力助手。

由余被雍城的壮丽惊呆了，他感叹说："使鬼为之，则劳神矣；使人为之，亦苦民矣。"——这样的城市，如果由鬼神来修建，鬼神也会很辛劳；如果由人民来修建，那对民力的损伤也太大了。

由余的感叹透露出秦人自始至终的秘密，这秘密写在了秦人世代相承的基因里，那就是：好大喜功。

从雍城到阿房宫，从秦公大墓到秦始皇陵，都是这种基因的具体表现。

穆公看中了由余的才干，他想把由余收罗到手下，为他服务。

穆公找出种种理由，一再挽留由余。由余与绵诸王商定的出使时间早就过了，可由余还在雍城，这让绵诸王开始对他产生了怀疑。

与此同时，穆公派使者给绵诸王送上一大批秦国美女，好酒好色的绵诸王大喜过望，立即陷入温柔乡不可自拔。

于是，当由余回到绵诸，发现绵诸王不理朝政，只顾沉溺酒色，不免进谏劝阻。然而，绵诸王根本听不进去。说的次数多了，绵诸王渐生愤怒，更加疏远由余。

就在由余无可奈何之际，穆公的使者摸上门来，向由余发出热情邀请。由余权衡一番，离开绵诸，来到秦国。

有了由余这个知戎派，仿佛夜行人手里有了一盏灯。公元前623年，在由余的协助下，穆公亲征绵诸。绵诸大败，绵诸王被生擒。穆公趁热打铁，先后击败、吞并了十二个戎狄方国，秦国的边境南至秦岭，西抵狄道（今甘肃临洮），北极朐衍（今宁夏盐池），东达黄河，这就是司马迁说的"益国十二，开地千里，遂霸西戎"。

穆公开疆拓土的巨大成就，震动了国际社会，就连周天子也派使者前来慰问，赐给他十二只铜鼓。

秦穆公如愿以偿，继晋文公之后，跻身春秋五霸之列。

流水荡漾的雍城之南，是比城区更为辽阔的墓葬区。死去的先人睡在这里，如同一座鬼火闪烁的阴世之城。

考古表明，雍城墓葬区由两部分构成，即国人墓地和秦公陵园。前者靠近城区，分布在雍水两岸；后者位于国人墓地以南的台塬上。

可以肯定，秦穆公墓就在秦公陵园的某一处黄土下。

穆公墓虽然没找到，但为他殉葬的三位大臣的墓却有迹可循。

凤翔雍城大道东段，城市逼近原野。零星的新建小区，房屋不像北面市区那样密集。街道更宽了，行人却更稀了。从一个叫雍康花园的小区附近穿过一条小路，前面是一望无际的原野。麦苗青翠，长势良好。一万年前，小麦在西亚被驯化后如同涟漪一样不断扩散，过中亚，入西域，再沿河西走廊东来。几千年来，关中平原上的小麦，每到四五月，都生长成一片片碧绿的、生机勃勃的海洋。

大块麦地之间，显眼地矗立着一方高大的石碑。石碑上方，横过几根电线，像时间的蛛网。麦地尽头有一小片林子，雨后，寒烟积翠，空蒙宁静。麦地与麦地之间有土埂，踩上去一脚黄泥。小心走过去才发现，田埂并不通向石碑。也就是说，石碑被包围在麦苗翻涌的绿浪中。黄褐色的石碑与青翠的麦苗，形成强烈的反差。一个象征过去与死亡，一个代表此刻和生存。石碑后面几十米处，一道土坎上长满摇摆的杂草和灌木。更远处是一排楼房，由于视差，尽管远处的楼房高达十几二十层，远望过去，似乎比石碑高不了多少。

石碑上，四个隶书大字——秦三良墓。

依然是关中各地古迹遗址常常可见的毕沅手笔。这位清朝封疆大吏，不像牧民一方的诸侯，更像一个热爱古迹、热爱题字的考古与旅游达人。

当地人把这里称作岗子丘。这个名字表明，这里曾经有过相对隆起的小山或土丘。地方史料则说，岗子丘的土丘非自然形成，而是三座高大的坟墓，坟墓周围，俱是粗大的松柏。

而今，时光如流水，疾速冲刷着过往遗留，坟墓不见了，松柏消失了，只留下青青麦地里，那方乾隆年间立下的石碑。

两千多年前，岗子丘上发生了无比凄惨的一幕。

公元前 621 年，秦穆公去世，秦国上下为他举行了盛大的葬礼——这盛大，以血腥的人殉为代价：为穆公殉葬者多达一百七十七人。这是自西周以来使用人殉最多的一次。秦国的落后与野蛮可窥一斑。

按照人殉习惯，从死者一般葬在墓主附近，那么，秦穆公墓可能离三良墓并不远。

三座已经消失的土堆里埋葬的三良，是秦人心底永远的痛。

三良，即子车氏家的三个儿子：奄息、仲行和针虎。三良均为穆公臣子，任大夫之职。三良既有才干，又对穆公忠心耿耿。有一种说法认为，放弃与晋国征战，转而向西发展的国策便是三良的建议。故此，穆公对三良很宠信——但是，宠信的后果非常可怕：穆公临终前，要求三良殉葬。

三良如何从死的呢？一说是到墓地前自杀，一说推到墓中活埋。不管哪一种，都非常残忍。

三良从死后，秦人作歌哀悼，这就是收入《诗经》的《黄鸟》：

> 交交黄鸟，止于棘。
>
> 谁从穆公？子车奄息。
>
> 维此奄息，百夫之特。
>
> 临其穴，惴惴其栗。
>
> 彼苍者天，歼我良人！
>
> 如可赎兮，人百其身！
>
> ……

在叙述了秦穆公生前身后事后，司马迁借君子之口，对秦穆公以三良从死提出严厉的批评："秦缪公广地益国，东服强晋，西霸戎夷，然不为诸侯盟主，亦宜哉！死而弃民，收其良臣而从死。且先王崩，尚犹遗德垂法，况夺之善人良臣百姓所哀者呼？是以知秦不能复东征也。"

一千多年后，唐代诗人刘禹锡漫游关中时，曾造访三良墓。那个深秋的早晨，田野上霜凌雪结，蓬枯沙飞，刘禹锡找到了三座土堆。当地人告诉他，这就是子车氏三子的坟墓。事后，刘禹锡作《三良冢赋》批评秦穆公："以灭天之良，丧人之特。百夫仰系，一朝而踣，可哀也哉！"

2014 年 8 月，在甘肃甘谷县毛家坪遗址——如前所述，毛家坪遗址有可能就是武公所设的冀县县治——出土了一件青铜戈，戈上有十四字铭文，后八个字漫漶难辨，前六字为：秦公作子车用。

也就是说，这件青铜戈，应是子车氏族人使用过的。

这也是三良以及秦穆公目前留给我们的唯一一件实物。

不过，也有人对三良从死持另一种意见。

代表人物即大名鼎鼎的北宋文学家苏东坡。苏东坡认为，当年崤之战大败，秦穆公没有杀败军之将孟明视等人，而是继续重用他们，他们其时已下定决心，要与穆公同生共死，就像田横手下那两位随他一起去见刘邦的义士一样，看到田横自杀，义不再生，埋葬了田横后也自刎从死。

苏东坡的说法，也能找到一些依据。比如应劭所记："穆公与群臣饮酒，酒酣，公曰：'生共此乐，死共此哀。'于是奄息、仲行、针虎许诺。及公薨，皆从死。"就是说，当初穆公与大臣们饮酒作乐，喝得醉醺醺的时候，穆公说，咱们生前共享欢乐，死后也要在一起啊。在场的奄息等人纷纷赞成。及至穆公去世，三人也兑现了当初的诺言。这一点，曹植有诗云："秦穆先下世，三臣皆自残。生时等荣乐，既殁同忧患。"

不管三良是自愿从死，还是不得不死，甚至是被野蛮地杀害后陪葬，总而言之，对秦国来说，都是一个巨大的损失。人殉多达一百七十七个，这在渐渐废除人殉的年代，尤其凸显了秦国的野蛮落后。东方列国一直把秦国看作夷狄，把秦国当作不讲礼仪、没有人性的虎狼之国，并非没有依据。

7

文学史上的凌虚台已经有九百多年历史了，我眼前的凌虚台却只有一百年的岁月。

无论多么巍峨牢固的建筑，都无法抵挡以千年计的自然风雨和人为损毁。初版的凌虚台永远地消失后，后人在大致相同的地方，一次又一次重建。

凌虚台矗立于凤翔城中的东湖之滨。亭台掩映，廊桥曼回。父老相传，周朝时，曾有凤凰飞来饮水，故名饮凤池。

凌虚台、东湖、凤翔，它们都和苏东坡密切相关。凤翔是苏东坡漫长仕途迈出第一步的地方：二十六岁那年，朝廷任命他为大理评事、签书凤翔府判官。宋例，官制分官、职、差遣三种。官和职代表品级，差遣才是工作。苏东坡此职，意味着他以掌管刑狱的京官身份，到地方上辅助州官。

苏东坡到任次年，疏浚和扩张了饮凤池，并引注泉水，沿岸遍植柳树。因饮凤池距府城东门咫尺之遥，得名东湖。

如今的东湖，水面近两百亩，长堤将湖分作内外。其中，内湖即苏东坡所扩，外湖系光绪年间新开。

自苏东坡沿岸植柳后，来往政要名流莫不效仿。今天的湖岸，当年林则徐流放新疆和左宗棠西征时种下的柳树，均已有一围之粗。

凌虚台是苏东坡的上司、时任凤翔知府的陈希亮所建。台成，陈令东坡作文以记之，遂有了文学史上的名篇——《凌虚台记》。

苏东坡从开封来到凤翔刚两天，就迫不及待地赶往府学，去观看闻名已久的石鼓。

北京故宫博物院有一座石鼓馆。宽大的展厅内，玻璃罩精心保护着十只石鼓。

这些石鼓，康有为称为"中华第一古物"。在《国家人文历史》杂志评选的九大镇国之宝中，石鼓名列第三。

每只石鼓大小相差无几，高近三尺，重逾千斤，石鼓上刻写着文字——大多数文字已随时光流逝而磨损。文字介于西周的金文和秦代的小篆之间，称为籀文或石鼓文。

石鼓的最早记载，见于初唐。此后，诗人杜甫、韦应物、韩愈等人都有诗文咏及。韩愈供职国子监时，曾建议把石鼓运往长安，无果。晚唐时，宰相郑余庆陈列石鼓于凤翔文庙。五代战乱，石鼓散佚。逮至北宋，司马光之父司马池将重现人间的九只石鼓运至凤翔府学大殿下——就是在那里，苏东坡看到了心仪已久的石鼓。

苏东坡之后，石鼓的命运更加令人唏嘘：北宋末年，喜爱金石文物的宋徽宗下旨将它们运至汴梁，并用黄金填字加以保护。靖康之变，金军俘虏徽钦二帝，把石鼓也当作战利品运往北方。对这个崇尚武力的游牧民族而言，沉重的石鼓既不值钱，曲里拐弯的蝌蚪文更不好懂。不久，金人就将石鼓弃之荒野。直到元朝大德十一年（1307），大学士虞集在经过一片荒地时，偶然发现它们静静地躺在比人还深的杂草中。五年后，石鼓终于被移往国子监文庙。二十世纪三十年代，日军入侵，石鼓打包南迁，经上海、南京、成都等地，保存于峨眉。战后，运回北京，珍藏在故宫。

谁是这些石鼓的主人呢？历来其说不一：秦文公、秦穆公、秦襄公、秦献公，均有可能。

石鼓具体出土地点也不可考，历来有渭河南岸石鼓山、渭河北岸魏家崖石鼓寺、岐山县岐阳以及雍县三畤原等各种说法——当然，从大的行政区划上说，这几处地方都属宝鸡市，均距凤翔不远。

重达千斤的石鼓，哪怕是有封邑的贵族都无法制作。换言之，作为上古重器，其制作一定是国家行为。石鼓上的文字，或讲述秦公出猎、渡河，或描绘秦国山河之壮丽，或歌颂秦国军队之善战，宛如一幅幅两千多年前秦国生活的浮世绘。石鼓的分量与文字表明，它们很可能是秦国国君祭祀先公之物。那么，它们最可能被放置的地方应该是秦国宗庙。

只有庄严肃穆的宗庙，才是安放石鼓的最佳场所。

根据秦人国都与陵园毗邻，宗庙更是修建在国都中心或附近的习惯，石鼓出土于雍城的可能性最大。

8

秦国雍城面积达十一平方公里，是彼时一座繁华、壮丽的"国际大都会"。不过，若与隔着雍水相望的秦公陵园相比，雍城一下子就显得小了。

秦公陵园的面积，超过二十三平方公里，相当于两座雍城。如同雍城已被埋入地下一样，秦公陵园更是深入大地怀抱。

出凤翔城南，城市变成村落，街道变成原野。已经探明的二十一座中字型秦公大墓和陪葬车马坑以及其他墓葬二十八座，全都深埋于苍茫的原野下。两千多年来，当地农民春耕秋收，麦苗青了又黄，黄了又青。岁月的流逝，让后人已经完全不知道，黄土下面竟然深藏着秦公们渴望永生的地下王国。

南指挥村隶属凤翔县南指挥镇。说是村，其实，不断膨胀的城市距村子已经不远了，西府大道就从村子北边经过。从村里那条公路直接北上，便是雍城路，通往更为繁华的市中心。

在南指挥村，我很想拜访一个大名叫靳思治，小名叫鳖信的村民。根据之前看到的有关资料推断，1976 年，他应该就三十多岁了，那么现在，他已年过八旬。

　　南指挥村其实与南指挥镇混杂在一起，或者说，南指挥镇的治所就在村上。因此，南指挥村不是想象中那种由一些自然村落构成的乡村，而是一座镇子。要打听一个八十多岁的老人，且不懂方言，这无疑是一件十分困难的事——果然，我没能找到靳思治。

　　关于靳思治的故事，二十世纪八十年代的一些纪实文学和通讯报道有大同小异的记载。归纳整理一下，事情的经过大致是这样的：

　　1976年，陕西雍城考古队在凤翔寻找古籍中记载的秦公墓群，韩伟任队长。十年前，韩伟在此地有过考古活动，当时，他发现一家农户的油灯，用来插灯芯的竟是一枚"秦重一两十二铢"钱。这使他坚信，传说中的秦公墓群，多半就在凤翔。

　　寻找并不顺利，直到那个叫靳思治的村民到考古队看稀奇时，偶然提供了一条线索。

　　此前，考古队通过基层组织向当地农民宣传，希望他们提供线索，一旦根据线索有所发现，国家将发放奖金，予以奖励。

　　一天，靳思治来到考古队驻地八旗屯村。在和考古队员闲谈时，他提到一个细节，引起了韩伟高度重视——后来的事实证明，正是韩伟的高度重视，才使得秦公大墓最终浮出水面。

靳思治说，他家在南指挥大队（即后来的村）有一块地，要比其他的地更坚硬，种下同样的庄稼，长得总是比其他地块差。有一次，他去挖一些土回来修补家中的院墙，铁铲挖下去，不仅泥土异常坚硬，而且，颜色有黄有红，中间还夹杂着一些碎石。

在靳思治的带领下，考古队员来到他说的那块奇怪的地里。考古队员一眼就发现，这块地上的庄稼长得的确与他处不同，并且，土壕断壁上，暴露出了明显有人工痕迹的夯土。

发掘之初，韩伟带着考古队员做了实地勘察，初步结论是，黄土下埋着一个四方形的地下工程。由于体量庞大，他们猜测可能是一座城堡，说不定就是秦国首都雍城。但是，随着发掘工作的深入，他们推翻了最初的猜测。因为，地下城堡不可能埋得这么深。及至钻探机从地下钻探出青膏泥、木炭和朱砂等物时，他们基本判断：这是一座大型墓葬。如此庞大的规模，它的主人，一定是葬在雍城的十几位秦君中的某一位。

大墓发掘的时间长达十年，当地村民几乎都到工地干过活。多年以后，我走进名为先秦陵园博物馆的园子，一间玻璃钢构的大厅里，我看到了一座让人震惊的墓穴。

这是一座中字型墓，由东、西斜坡墓道和长方形墓室组成，全长 300 米。其中，东墓道长 156.1 米，西墓道长 84.5

米；墓室长 59.4 米，宽 38.8 米，深 24.5 米。从高处俯瞰，大墓呈倒金字塔形，四壁各有三级台阶。

博物馆展板上的文字介绍说，秦公一号大墓的发掘，创造了中国考古史的五个最：

中国乃至世界迄今发掘的最大墓穴；

墓内共有一百八十六具殉人，是中国商周以来发现殉人最多的墓葬；

黄肠题凑椁具，是中国迄今发现时代最早、等级最高的葬具；

主椁室两侧的木碑是中国墓葬史上最早的木碑实物，是墓碑起源；

大墓出土的石磬是中国发现最早的刻有铭文的石磬，共有铭字一百八十多个，是我国文字界和书法界极为罕见的珍品。

如果说数字不够形象的话，那么可以这么说，这座大墓的深度，相当于八层楼。将一座八层楼放进去，地面上只能露出楼顶。面积达 5334 平方米，相当于十几个标准篮球场。

发掘过程中，有过颇多认人震惊之处：首先，随着发掘深入，考古队发现了越来越多的盗洞。最后统计得出，盗洞竟超过两百个。

其次，在挖掘到接近大墓第二层台基时，清理出二十具人骨遗骸。这些遗骸没有用任何器具收敛，杂乱无章地埋在一起，有的甚至身首异处。

最后，在接近大墓主室的第三层台基上，发现了数量众多的匣状或箱状器具，里面都盛有尸骨。

合理的解释是，那二十具散乱的人体骨骸，是下葬时杀死的奴隶，用于祭祀；匣子葬尸骨计九十四具，箱子葬尸骨计七十二具，他们都是为秦公殉葬的。匣子里的死者估计是奴隶，箱子里的死者估计是秦公的侍臣和姬妾。检测他们的毛发，发现含有高浓度的汞和砷。也就是说，殉葬者是被毒死后入土的。

那么，这位用了一百八十六位殉人的秦君到底是谁呢？

大墓出土了一些石磬，其中一些石磬上有文字，文字可以拼凑成几句话：

天子偃喜，龚桓是嗣，高阳有灵，四方以鼐。

翻译一下，意为：天子举行宴会，制作石磬的是共公、桓公的后人；依凭先祖神灵保佑，国内四方升平。

秦共公是秦康公的儿子、秦穆公的孙子，桓公是共公的儿子，共公和桓公之后，继任者为景公。

那么，秦公一号大墓的墓主，就是秦景公。

9

秦景公也作秦僖公，在位长达四十年（前576—前537），在位时间甚至超过了他的高祖秦穆公。

不过，景公接手秦国时，秦国早不复穆公时的意气风发。经过曾祖、爷爷和父亲三代秦君的折腾，秦国不仅国力大减，而且在国际上极为孤立。

这一时期，秦国的主要对手仍然是穆公多次试图击败却始终没能如愿的晋国。

《诗经》收录秦人作品十首，其中一首，作者为秦康公。这就是《渭阳》。古人以山南水北为阳，渭阳，即渭水北面。雍城南下数十里，便是渭水，乃是沟通秦国东西方的大动脉。那时，穆公在位，康公还是太子。一次，他在渭河之滨送人。被送者大概将从渭水北岸的某个码头登船启航，康公依依不舍，作诗纪念：

我送舅氏，曰至渭阳。

何以赠之？路车乘黄。

我送舅氏，悠悠我思。

何以赠之？琼瑰玉佩。

这位被送者，便是康公的舅舅，即晋文公重耳。重耳的姐姐穆姬，是康公的生母。不过，后来秦穆公又把康公的姐姐嫁给了重耳，从这一关系上讲，重耳既是康公的舅舅，又是康公的姐夫。关系确实有点乱。

秦康公即位时，亲爱的舅舅或者姐夫已作古多年，用穆公骂蹇叔的话来说，"尔墓之木拱矣"。并且，国与国之间，多半不会因国君与国君有亲缘关系就变得格外和谐。

秦康公在位期间，发动过几场伐晋之战，不过，大多以秦国败绩告终。对外不行，对内呢，秦康公耽于享乐，不断修建豪华的宫苑高台，其中，仅一座高台就修了三年。

总之，秦康公在国内不得人心，一些从前被秦穆公信任、重用的大臣被疏远，冷落。不少中小贵族日子难过，作诗讥讽康公：

　　於我乎，夏屋渠渠。
　　今也每食无余。
　　于嗟乎，不承权舆。

　　於我乎，每食四簋。
　　今也每食不饱。
　　于嗟乎，不承权舆。

翻译一下，大意是：

唉，这就是我吗？从前住在华屋大厦里。

现在食物供应都不丰富。

唉，不能继续像当初吃得好。

唉，这就是我吗？从前每顿饭有四簋大菜。

现在每顿都吃不饱。

唉，不能继续像当初吃得好。

公元前578年四月，晋国派使者吕相来到秦国首都雍城。

吕相不是来通好或是来表示和平诚意的，而是来送战书的。这封战书记录于《左传·成公十三年》，同时也收进了《古文观止》，题为"吕相绝秦"。

吕相向秦国国君秦桓公讲了一通话，这通话，是代表晋国国君晋厉公讲的。文言古奥难懂，把它翻译成白话文，大意是：

> 以往，在我国献公及贵国穆公时代，两国通好，凡事合作同心，既通过订立盟约，又通过婚姻来加固两国友谊。不想，上天降灾到我晋国，文公不得不出走齐国，惠公不得不出走贵国。献公去世后，贵国穆公不忘旧情，大力相助，使我国惠公能够回国继承君位。但贵国穆公有始无终，

不久就挑起了两国的韩原之战。

不过，我们都知道，穆公很快就后悔了，因而将文公送回国，帮助他巩固政权，这是贵国穆公的功劳，我们晋国都记着。为了报答他，我们文公亲自披甲上阵，跋山涉水，征讨四方，历尽艰难，使得东方诸侯陈、杞、鲁、宋诸国，亲自来朝见秦君。可以说，我们已经报答穆公的恩惠了。

郑国在贵国边境惹事，我国文公率领诸侯军队与贵国军队一起，包围了郑国，要惩罚他们。没想到，贵国不与我们商量便擅自与郑国缔结和约。其他参与伐郑的诸侯都非常气愤，要和你们拼命。文公很着急，连忙出面劝解，好不容易安抚了他们，秦国军队这才得以安全回国。这是我国对贵国做出的重大贡献。

然而，我们文公去世后，贵国穆公不仅不派人吊唁，反而幸灾乐祸，更不把我国新即位的襄公放在眼里，认为他年幼，觉得可以任意欺负我国。于是，贵国突然出兵侵犯我国的崤地，破坏既订盟约，攻打我国边境，灭亡了与我国同盟的费国和滑国。贵国这样干的目的，就是为了颠覆、灭亡我们晋国。我国襄公没有忘记过去贵国的恩德，但更担心国家的存亡，迫不得已，发动了崤之战。虽然上天怜悯，我们侥幸胜了，还是希望能得到贵国穆公的谅解。

但是，穆公不听，却和楚国勾结，暗算我国。老天有眼，这一阴谋失败了，楚成王一命呜呼，才使得贵国穆公没能在干预我国的事情上称心如意，为所欲为。

贵国穆公和我国襄公相继去世后，贵国康公和我国灵公即位。康公本是我晋国的外甥，却总想倾覆晋国，带些小毛贼来侵犯边境，于是有了令狐之战。贵国吃了败仗，康公还不肯罢休，又派兵进攻我国的河曲和涑川，掠走我国王官一带大量人口，占领我国羁马地区，于是又有了河曲之战。秦晋由此交恶，完全是贵国康公造成的。

等到您即位了，我们对贵国寄托了无限期望，希望两国重归于好。谁知，您同样不理我们的和平愿望，反而趁赤狄发难，攻进我国黄河附近的县邑，焚烧城市，毁坏庄稼，屠杀居民。我国不得不在辅氏集结军队抵抗。事后，您也后悔了，并派伯车来朝见我国景公，表示要恢复从前的友好关系。友好盟约还没来得及签订，我国景公逝世了。不久，我们现任国君和您在令狐会面，订立了盟约。

盟约才订，您又不怀好意，转身背弃。白狄和贵国同在雍州，是贵国的世仇，却是我们的亲戚。您派人要求我们和您一起攻打白狄，我们国君为了照顾两国友谊，尊重您的意见，准备派兵。可您转头却告诉白狄说："晋国人要侵略你们。"白狄口头上没说什么，心里其实很反感贵国这种两面三刀的行为，派人把真相告诉了我国。楚国人也憎恶你们的反复无常，楚王派人告诉我国，说贵国背弃了与我晋国的盟约，跑去找楚国结盟。

天下诸侯知道这些情况后，都痛恨秦国而同情我国。现在，我晋君就带领诸侯前来问候您。如果您看得起这些国君，给我一个面子，和我们订立盟约，那我就劝告诸侯撤军。如果您不肯开恩，我这人懦弱无能，可就没法子带领诸侯撤退了。

吕相代表晋厉公所作的这番精彩演说，细数了秦晋几代人以来的恩恩怨怨，把两国之间纠纷与战争的责任，一股脑儿推到秦国头上。吕相所说，虽非全部真相，但秦国屡次背信弃义，刚一结盟，马上就反悔，却是不争的事实。

宣战书既已下达，秦国不可能坐以待毙。于是，麻隧之战发生了。

这次不是晋国与秦国的单挑，晋国组织的是一支联军，参与者除晋国外，另有齐、宋、卫、郑、曹、邾、滕、鲁，加上晋国，是为"九国联军"。其中，出兵最多的自然是发动战争的晋国。

联军势如破竹，很快就逼进到泾河以北的秦国腹地——

这说明，秦国的黄河、洛河两道防线都没能挡住联军。在泾河之滨的麻燧，双方展开决战，秦军遭受了被认为是立国三百年来最惨的大败：秦军大将成差和不更女父被俘。不更是秦国爵位名，战国时商鞅变法后，级别较低，但在此前的春秋时期，却属于爵名与官职合一的称谓，级别很高，是国君战车的车右，相当于国君的贴身侍卫。既然国君的贴身侍卫都作了俘虏，可见秦军败得很惨。

麻燧之战也意味着秦穆公好不容易获得的河西之地被晋国夺回。不但河西之地失守，很可能，泾阳以东的大片土地，均不复为秦国所有。秦国的疆域，相当于一下子减少了四分之一。更为严重的是，尽管秦国丧师失地，国际社会却根本不同情它，把它视作背信弃义者，认为它是自讨苦吃。国际舆论里，秦国形象一落千丈，被贴上这样的标签：好战，野蛮，富有侵略性，不守信用。

麻燧之战后，桓公郁郁而终。焦头烂额的局面中，秦景公接了班。

秦景公时代，整个国际局势大体是这样的：实力最强的超级大国有两个，一个是与秦国恩恩怨怨，不断通婚也不断打仗的晋国。另一个是在南方崛起，疆域面积最辽阔，连周天子也不放在眼里的楚国。比晋、楚次一级的大国也有两个，一个是东方的齐国，齐国有渔盐之利，经济发达，早在穆公之前，齐桓公就成为春秋五霸之首。另一个便是秦国。秦国虽然被联军打得狼狈不堪，但毕竟没伤到元气，还是仅次于晋、楚、齐的强国。四大强国下面，是郑、宋、卫、鲁、蔡、许等小国。这些小国下面，还有另一些更弱小的、几乎没多少存在感的袖珍国，如邾、黄、虢、唐、厉、英等。

错综复杂的国际形势下，秦国要想东扩，必须从晋国撕开口子，不打败晋国，东扩就是做梦。所以，不管你嫁女给我也好，我许妹给你也罢，本质上说，秦晋两国注定是不可调和的敌人。和平只是势力均衡时期的一种短暂过渡。

晋国和楚国之间的关系也非常复杂。重耳流亡到楚国时，楚成王对他非常尊重，但为了争霸，两国也发生过多次战争。做了国君的重耳在与楚国交战时，兑现了他向楚王提出的用"退避三舍"来回报的承诺。

敌人的敌人就是朋友，秦景公深明此理。所以，国际上，秦国最想和楚国结盟，而楚国也希望秦国在西面牵制晋国。秦楚一拍即合，达成协议。

晋国与东方的齐国关系一向不错，齐国自然站在晋国一方。

于是，以四个大国为首，形成了两大集团，其他那些小国，各自审时度势，加入一方。最惨的是像郑国这种国力不强，偏偏又处于四战之地的小国，为了生存，只好在两大集团之间走钢丝，谁也不敢得罪。

两大集团不断挑起战争，其中，较大的战争有枥之战和迁延之战。这两次战争，留到后面章节再细讲。

战争不仅死人，还特别费钱。折腾了几十年，诸侯都吃不消了，各国都有和平的意愿。秦景公三十一年（前546），向戌弭兵就这样发生了。

向戌是宋国大夫，宋国在今河南商丘一代，是一个二等国家，级别却很高。宋始封于周朝初年，受封者为商纣王的兄长微子启，地位尊贵，是少有的公爵国，系三恪之一。

向戌与晋国权臣赵文子和楚国令尹子木都有交情，便打算利用这种交情促进各国停止战争。主意拿定后，向戌在各国之间展开了基辛格式的穿梭外交：他首先来到晋国，向赵文子提出停战议和，赵文子答应了；下一步，他又来到南方的楚国游说，子木也答应了；接着去游说东方的齐国和西方的秦国，大家都答应了。

有了四大国首肯，小国就不成问题了。这样，公元前546年五月到七月间，晋、楚、齐、宋、卫、郑、鲁、陈、邾、滕、许、蔡等国各派代表来到宋都商丘。秦国虽然同意休兵，却没有派代表参加，又一次显示了特立独行的秦人个性。

经过谈判，与会诸侯总算达成一致协议，撮其要，即承认晋、楚、齐、秦为四大强国。四强之中，又以晋、楚为巨头，列国奉为霸主。除了秦、齐外，其余小国要向霸主国进贡——对那些小国来说，以前只需向一个老大进贡，现在又凭空多了一个老大，贡物便要两份。虽然如此，但从此不再因各种原因而不得不参加战争，也还合算。

向戌弭兵后，国际社会果然维持了四十多年的和平。

第六章 泾阳往事

1

西安北上，过渭水，便进入泾阳县境。泾阳不属于西安，属于西安西边的咸阳。

作为地名，泾阳最早见于《诗经·小雅·六月》：

> 玁狁匪茹，
>
> 整居焦获，
>
> 侵镐及方，
>
> 至于泾阳。

意思是说，玁狁自不量力，竟然侵入周室的焦获、镐、方等地，一直进至泾阳。

此诗有两解，一说写周宣王北伐，一说写尹吉甫北伐。北伐对象，就是内侵的玁狁。尹吉甫为周宣王大臣，与秦庄公同时代。由此可知，西周后期，戎狄的确强势，不仅刚受封的秦人被他们吊打，就连拥有强大正规军的周天子也被其侵扰。

第一次到泾阳是几年前。那一次的主要目的是参观一个著名的地理标志：中华人民共和国大地原点。

如果没有大地原点的话，靠近泾阳县城的永乐镇北流村，只是关中平原腹地一个极为普通的、不起眼的小村子。

大地原点，又称大地基准点，是国家地理坐标，也就是通常所说的经度和纬度的起算点与基准点。

这么说吧，我们要确定某个地方的具体位置，或者需要导航，就必须有一个坐标系统。这个坐标系统，就建立在大地原点的基础上。选择大地原点的条件非常苛刻，除了尽量位于国土中心外，附近的地质构造和地下物质都必须稳定。此外，还得四面通透，没有大的遮挡。

新中国成立后，我国一直使用的是苏联的大地原点。直到二十世纪七十年代，才决定建立自己独立的大地坐标系统。有关部门经过长达数年的勘查，选中了泾河北岸一块小小的台地。

一座几十亩的园子，围墙围着，建有几栋小房子。显眼的是位于台地高处的圆顶塔楼，那是大地原点的主体建筑。大地原点便放置在塔楼正中的地下室，是一个用玛瑙制作的球体。

有意思的是，大地原点建成后，考古工作者发现，汉朝时曾有一条南北方向的超长建筑基线，它以汉长安城为中点，向北延伸到三原县，具有精确的方向性。大地原点与基线的距离，不到六十米。这一古今测量史上的巧合，令考古界、测绘界感慨不已。

从泾阳向西北，过泾河，一马平川的平原渐渐消失，山峰隆起。经过一个长长的隧道后，便由关中平原进入到黄土高原。第一孔窑洞出现在高速公路旁的山坡上，远远望去，黄的山梁，黄的窑洞，但显然已经无人居住了。黄土高原并非我想象过的那样荒凉——事实上，无论黄土原还是黄土梁或黄土峁，绝大多数地方都被绿色覆盖。只不过，大多是低矮的灌木，乔木很少，高大乔木更少。

几百上千年前，黄土高原并非如今这样干旱。上一个温暖期，关中和黄土高原的年平均气温要比现在高两度左右，关中还属亚热带，降水丰沛，河流丰盈。那时候，八水绕长安，长安恍如江南水城。与之相距不远的黄土高原，也覆盖着大量原始森林。随着温暖期结束，气温下降，降水剧减，方才越来越干旱。

大地原点表明，中国大地的地理中心就在泾阳一带。不过，这是以如今的国土来衡量的。在秦国时期，泾阳位于首都雍城东部两百多里外。从泾阳到首都的距离，甚至超过了从泾阳到东部边境河西的距离。

西安浐灞湿地公园的大门很有特点，既像高速公路的入口，又像一座轻盈的桥。这片面积达八千多亩的公园里，河流、湖泊、岛屿、果园、林地、沼泽纵横交错，你中有我，我中有你，让人联想起古人所说的八水绕长安的滋润与丰沛。浐即浐河，灞即灞河，不过，尽管以浐灞命名，但在距湿地公园还有六七公里的地方，浐河就已走到尽头，注入了灞河。灞河这个名字，和秦穆公联系在一起。当年，这条如今看上去水流浑浊的河流，名滋水。穆公称霸西戎，意满志得，将其改名霸水，后来加上三点水，称灞水。

浐灞湿地公园附近的河堤路以北，灞水也走完了它的最后路程，注入渭河。沿河堤路东行数公里，向北经过渭河大桥，便来到渭河北岸，即古人所说的渭阳。此时，脑子里一下子就想起了"我送舅氏，至于渭阳"的诗句。可惜，楚楚动人的亲情，也必须让位于至高无上的国家利益。于是，亲戚反目，甥舅成仇，大地上血流漂杵。

　　过了渭河大桥左转，真的有一条路叫渭阳路。沿渭阳路西行数百米，穿过一条零乱的小街后，我再次看到了渭河。

　　渭河之滨的高地上，是泾渭分明的观景台。

　　泾渭分明这个成语，大概有初中文化的中国人都知道，且会用，用来比喻优劣、是非非常明显。

　　泾渭两河，到底谁清谁浊，历来有不同说法。《诗经》说，泾以渭浊；杜甫说，浊泾清渭。那么，到底哪一说才对？其实，《诗经》和杜甫可能都是对的，因为，在不同时代、不同季节，两条河的清浊是有变化的。

　　渭河上游河道泥沙沉积多，河水常年浑浊；泾河上游虽流经黄土高原，但泾河是一条下切河，流速快，河道深入岩层，泥沙少，所以河水清澈。因此，很多时候就会出现泾清渭浊的景象。

　　但是，每到夏季，山洪把大量泥沙冲进泾河，泾河含沙量最高能达到冬季的一千倍以上。这时候，泾渭交汇处就会呈现泾浊渭清的景象。

　　我站在渭河边的观景台眺望，正前方，渭河转了一个九十度的大弯，由南北向变为东西向；右侧，西来的泾河汇入渭河。两河之间，一座小山被两水分割成小岛，状如绿色巨舰，好像正在昂首远航。这时节，泾河浅绿，渭河淡黄，一直要到北面很远的地方，两种颜色才渐渐统一。我看到的，是泾清渭浊。

从泾渭分明观景台附近沿着渭阳路继续西行，不到十公里，便进入因泾河而得名的泾阳县。

在秦穆公时代，秦人得到了河西之地，势力东及黄河。从地图上看，南北流向的黄河晋陕段，以及大体南北流向的洛河（即北洛河）和泾河，三条河流由东向西，从表及里，构成了秦国东部的三道屏障。

麻燧之战，联军不仅西渡黄河、洛河，甚至一直抵达泾河，深入秦国腹地几百里，秦国被暴击得有多严重可想而知。幸好，联军只想给秦国一个教训，并不打算灭亡秦国。麻燧之战后，教训秦国的目的已经达到，联军撤出。

尽管史料上说，秦军被联军打得落花流水的麻燧，其地望就在泾阳境内，但今天的泾阳，已经找不到名叫麻燧的地方了。甚至，麻燧到底在泾河之北还是泾河之南，学界也各执一词。

渭河流域可分为东西两部分，即西部的黄土丘陵区和东部的关中平原区。秦国就是从渭河流域西部进入东部，再经过多年惨淡经营，才终于得以完成统一大业。

渭河是黄河最大的支流，全长八百多公里，在古城潼关脚下注入黄河。

秦穆公时代，秦人的势力抵达了潼关。然而，好景不长，穆公的子孙在麻燧之战失利后，只得将河西之地拱手让与晋国。

两千多年转瞬过去，我站在潼关城楼一侧的山坡上眺望。

几公里外的山脚下，黄河从西北方向而来，拐出一个大弯。大弯处，渭河一头扎进黄河的怀抱，两水交汇，水流变得更加迟缓，河床上堆积出一道淡黄色的沙洲，恰好与岸边青绿的庄稼形成色彩鲜明的对比。

两座大桥从我站立的南岸伸向北岸，一座是公路桥，一座是铁路桥。对岸台地上，分布着补丁般错落的房屋，在高大的风力发电机的映衬下，显得更加矮小、卑微，如同甲虫身旁的蚂蚁。台地背后，是一条绵亘掠过的山脉，像隶书的"一"字。那是中条山。

自潼关脚下的秦东镇过河，便从陕西来到了山西。入山西第一站为风陵渡。很多人记得风陵渡，是因为金庸的小说《神雕侠侣》。一个风雪之夜，十七岁少女郭襄在风陵渡认识了杨过。从此，一见杨过误终生。

不过，金庸说过，他并没有去过风陵渡。他笔下的风陵渡，是文学想象。风陵渡因传说女娲埋葬于此而得名——女娲姓风。唐时称风陵津，并在风陵津旁的山上设有风陵关。风陵关与潼关遥遥相望，共同扼住了中条山与华山之间的这道缝隙。

从地理沙盘上看，略呈东北—西南走向的中条山到了风陵渡东侧戛然而止，山地变为冲积平原，古时的驿道和今天的高速公路都从平原上穿过，逆着黄河的流向往北延伸。车窗左侧，是坦荡的平原，平原中间，黄河像是压在大地上的一条细长黄线；车窗右侧，是中条山余脉，山不高，林不深，大大小小的石头像巨人捏碎的饼干渣，触目俱是。在这个草木葳蕤的七月，也自带几分荒凉。

风陵渡北行不到十公里，便是永济。永济古称蒲坂，是传说中大舜的王都所在。永济一带的黄河，漫流于一马平川的冲积平原上。黄河时常改道，由此产生了一个成语：三十年河东，三十年河西。

就在这片如今草木苍苍的平原上，秦军与晋军又一次交手。

秦国与楚国结盟后，有一段时间，两国的确互为老铁。

麻隧之战，秦军被联军打得毫无还手之力，对此，秦景公耿耿于怀。虽然吃败仗的不是他，但秦桓公是他的父亲，洗雪父亲的耻辱是儿子的责任和义务。

景公十三年（前564），秦国联合楚国攻晋。楚国令尹子囊执不同意见，但楚共王没听。此时，正值晋国饥荒，晋军士气不振，遂为秦、楚联军击败。

过了两年，楚共王率军攻打晋国的小兄弟郑国，并请秦国为援。秦景公当即派兵。郑国见两大强国重兵压境，好汉不吃眼前亏，便背弃老大哥晋国，与楚国结盟，当了楚国的小弟。

晋国被打了脸，相当不服气，晋悼公亲自率军伐郑。郑国向楚国和秦国求救。秦景公派鲍、武两位庶长带兵援郑。

多年来，除了两年前吃了秦、楚联军一个小亏外，其他数次与秦国的战争，晋国几乎都是赢家。所以，晋军上下根本没把秦军放在眼里。不想，秦军东渡黄河，深入晋国地盘后，双方迎头相遇，展开激战——骄傲的晋军大败，不得不主动撤军。

这就是栎之战。

三年后，即公元前559年，一直寻思扳回一局的晋悼公终于等来了机会。早一年，主张与秦国通好结盟的楚共王去世——一年前，秦景公为巩固与楚国的关系，把妹妹嫁与楚共王。没想到，才一年，妹妹就守了寡。另一方面，吴、楚之间发生战争。楚国自顾不暇，不可能派兵助秦。于是，晋国牵头，组成联军，群殴秦国。这一次，参加联军的国家多达十三个，包括晋、齐、鲁、宋、卫、曹、莒、邾、滕、薛、杞、郳、郑。郑国的确是墙头草，之前刚叛晋盟楚，现在又跟着晋国发兵攻秦。

眼看父亲时代被吊打的窘境即将再现，秦景公的化解招式是避免与联军决战，迂回撤退，寻找机会。

于是，像秦桓公时代的九国联军一样，如今十三国联军也顺利地渡过黄河，渡过洛河，一直打到秦国腹地的泾河东岸。

今天的泾河，大多数河段都颇为狭窄，水量也很小，如果不是汛期，许多浅滩不过两三尺深，完全可以徒步涉水而过。两千多年前，湿润多雨，泾河河床肯定比现在宽，水量也要比现在丰沛。要想徒步涉水而过，不是不可能，但困难很大。攻打到泾河东北岸的十三国联军，到了泾河边上却不再前进。晋国的叔向去找鲁国的叔孙穆子商量，叔孙穆子向叔向吟了一首诗。这首诗就是《诗经·国风·邶风》中的名篇《匏有苦叶》：

匏有苦叶，济有深涉。
深则厉，浅则揭。
……
招招舟子，人涉卬否。
人涉卬否，卬须我友。

匏是葫芦，济指济水，曾与长江、黄河和淮河并称为中国四大河，上古时与黄河并流入海，后来黄河改道，夺济入海，济水便消失了。穿着衣服涉水称为厉，提起衣服下摆涉水称为揭。卬即我，第一人称。这几句诗的大意是：葫芦叶子苦又苦，济水再深也能渡。水深穿着衣服走，水浅提起衣摆过。……船夫挥手在招呼，别人渡河我不争。别人渡河我不争，我将友人静静等。

叔向一听这诗，便明白了叔孙穆子的意思：他借这首诗表示，一定要渡河，但需要船只。叔向便回去准备了船只，将大军渡过泾河。

这个故事再次证明，春秋时期，诗歌深入人们生活的方方面面，正如孔子断言的那样：不学《诗》，无以言。不懂《诗经》的话，你连跟人家说话的基础条件都不具备。

联军顺利到了泾河西南岸，他们的人数远比秦军多。但是，联军有一个致命问题：彼此不相统属，各怀异心。

比不相统属、各怀异心更可怕的是，晋军主帅与次帅之间矛盾重重。这为后来联军无功而返埋下了伏笔。

联军在泾河岸边安营扎寨，从河里取水做饭。秦景公令秦军在泾河上游投毒——投的什么毒，史料语焉不详。既然景公大墓里众多的殉人都是服毒而死，把大批毒药投入河里，也非难事。

这是中国有史以来最早的化学战。秦国战果不错：大量联军人马被毒死。联军人心惶惶，无心再战。

此时，在晋军主帅，差不多也是联军统帅荀偃的指挥下，联军继续西进，一直行进到棫阳。棫阳的地望，也有多种说法。我认为，咸阳可能更符合历史。因为，联军一直在寻找秦军主力决战，而秦军迂回避战，联军便有直取雍城的打算。咸阳正好位于通往雍城的路上。

这时，意外发生了。

荀偃下令：鸡鸣出兵，填塞水井，铲平炉灶，惟我马首是瞻。

结果，他的副手栾黡不听。他说，晋国从来没有谁下过这种命令，我要撤军。于是，栾黡不顾荀偃前进的命令，自顾带着他统率的军队往回撤。栾黡一撤，其他军队都犹豫了。荀偃担心孤军深入被包围剿灭，也只好撤军。

这就是棫林之战，又因行动迟缓、拖拉，晋人称之为迁延之战。名曰战，事实上根本没打像样的仗。

迁延之战，胜利方是秦国。虽然联军并没有多少损失，但兴师动众，深入秦境数百里却一无所获，弄得大家十分尴尬，这仗自然是败了。

2

　　从中国大地原点所在的台地看出去，关中平原一望无垠。这让我联想起《三体》中被歌者文明用二相箔降维打击后的情景：大片的麦地，麦地与麦地之间是田埂、树木、房舍。由于隔着老远的距离，它们统统失去了高度，像落在一个巨大的平面上。是一些点——青的点，绿的点，黄的点，灰的点，白的点——总而言之，是一些生机勃勃而又万年如斯的点。

　　及至下了台地，行走于平原，刚才还是二维的点都变成了三维。麦苗立起来，树木立起来，房屋立起来，奔流的小溪和小溪边蹲伏发呆的青蛙也立起来。便有了声音，有了滋味，有了运动，也有了人和岁月。

　　是的，即便不知稼穑的人也能看出，这是极宜农耕的膏腴之地。今天，人们常用天府之国代指农业发达、物产丰饶的四川盆地。但探根究源，天府之国最早却是指关中平原。

　　距大地原点三四公里的平原深处，有一座茯茶镇。这不是一座建制镇，而是一座新"古镇"。近些年，出于旅游需要、休闲需要、GDP需要，全国各地建起了难以计数的古城和古镇，大多是千篇一律的模样。从本质上讲，茯茶镇也是如此——新修的牌坊，新筑的城楼，新挖的湖泊与新流淌的溪流，以及一家接一家的商业店铺，一个个穿着汉服拍照的女游客，宛如全国大多数新古镇的同胞兄弟。

如果说茯茶镇有什么独特之处的话，那就是茯茶。茯茶，因多在伏天加工，且香气和作用近似中药茯苓而得名。

秦岭以北本不产茶叶，泾阳却以茯茶著称。原因在于，泾阳是南茶北上的必经之地。多年以来，从南方北运的茶叶，到了泾阳，为了让它的保存时间更长，更便于运输，便把它制作成了茯茶。

在一家茯茶作坊，我目睹了茯茶制作的全过程。

茯茶属于黑茶类，它的基本原料是产于湖南安化的黑茶。第一步，将黑茶打开，倾倒在一张长方形的木板上，除去茶中杂质。第二步，用大砍刀将黑茶剁碎。这是一件力气活，木板上的茶叶，要花相当大的力气才能完全剁碎。第三步，炒茶。这是整个茯茶制作中最关键的一步。每个作坊都有一种称为茶釉的液体，它用茶叶加水熬制而成。每炒一批茶，得按一定比例加入老茶釉和新茶釉——具体是什么比例，这就是人家的不传之秘了。茶末在锅里炒到一定程度后——到底是什么程度，这也是各家的技术——再起锅。第四步，捶茶，也称为筑茶。将茶叶放进一种称为梆子的器具，用特制的茶锤把茶叶慢慢捶实。梆子的内部是长方体的，因而，捶实后取出来的茶叶便成了砖头状，称为茶砖。第五步，阴

246

干。把茶砖放在木楼上晾，夏季一个月，冬季两个月。一方面，使水分蒸发；另一方面，在一定的温度和湿度下，茶砖里会生长出一种黄色的真菌，称为金花。这种真菌决定了茶叶的口感。当然，第五步我没法看到，只能听作坊里的师傅讲述。

中国人到底什么时候开始饮茶，历来众说不一。有先秦说，有两汉说，也有三国说。目前文献中，最早明确提到茶的，应该是西汉时四川文人王褒的《僮约》。这篇短文里，他和仆人约定了工作内容，其中和茶相关的有两件："烹茶尽具""武阳买茶"。这说明，在西汉时饮茶之风已非常普及。如是，茶进入中国人的生活，最早在秦汉时期，更早，也有可能。

不过，无论如何，先秦时期的泾阳乃至关中平原，肯定很难有茶。茶还没有成为秦人生活中不可或缺的存在。

泾阳县城很小，感觉比凤翔还要微型。靠东的泾渭大道应该是近年新建的，除这条道上有一些高层建筑外，其他地方，高层建筑很少，大多是两三层的老建筑。几条老街，街边种满梧桐，绿荫繁盛的梧桐，为夏日多少带来一些清凉。

凤翔曾有过两三百年秦国都城史，尚且没有留下任何地面建筑；泾阳作为秦都的历史非常短暂，只有区区十年多。

并且，从本质上讲，它只是一座临时性的战时陪都，不仅找不到地面建筑，甚至就连地下遗迹或文物都非常少。

3

公元前 461 年，景公去世。公元前 425 年，灵公即位，迁都泾阳。其间是漫长的一百一十二载岁月，先后经历了哀公、惠公、悼公、厉公、躁公、怀公几代秦君。从辈分上讲，景公是灵公的九世祖。

从哀公到怀公的几代秦君在位期间，秦国又经历了无数变局。撮其要，主要有以下几件事值得一说：

其一，哀公助楚复国。哀公时，秦国的盟友楚国发生了惊天巨变：楚国竟然到了即将亡国的危险关头。说起来，这事和秦国也有关。

秦、楚两国继续了景公时期的政治联姻，秦晋之好变成秦楚之好。当时，楚国国君为楚平王。秦国把宗室女伯嬴嫁到楚国，与太子建为妻。楚国方面负责迎亲的叫费无忌，是一个心术不正的小人，一心想博得楚平王宠信。他把伯嬴接到郢都后，悄悄向楚平王报告：秦女伯嬴是个绝色大美女，嫁给太子可惜了，不如您留在后宫吧。楚平王极为好色，听了费无忌的报告，马上就动心了，顾不得伯嬴本是自己即将过门的儿媳妇，将其纳入后宫，再将陪嫁的一位齐国少女冒充伯嬴，嫁给太子建。

纸包不住火，这事渐渐被包括太子在内的许多人知道了。费无忌自然与太子是结下了梁子。他担心，平王死后，太子即位，自己没好果子吃，于是，经常在平王面前说太子的坏话。不久，伯嬴为平王生了个儿子，平王与太子之间的隔阂也越来越深。平王将太子调往外地，太子见势头不妙，不得不出奔齐国。太子的师父伍奢及伍奢的长子伍尚受牵连被杀，只有伍奢次子伍员，也就是伍子胥逃脱。

伍子胥逃到吴国，帮助阖闾夺得国君之位，又辅佐阖闾在短时间内将吴国治理成了强盛的大国。之后，伍子胥率军伐楚，誓报大仇。吴军势如破竹，很快攻下郢都。其时，楚平王已去世，他和伯嬴的儿子在位，是为楚昭王。伍子胥将楚平王掘墓鞭尸，以解雷霆之怒。

至于楚昭王，他在吴军的追赶下一路狼狈逃窜，一直逃到随国，才在随国的庇护下勉强安顿下来。

伍子胥有个好友叫申包胥。当初，伍子胥因楚平王的迫害而从楚国出逃时，对申包胥发誓说："我一定要灭了楚国。"申包胥说："你努力吧。不过，如果你灭了楚国，我一定能复兴楚国。"

吴军占领郢都，楚昭王逃往随国，楚国处于半亡国状态。如果没有强大的外力干涉，随国顶不住吴国压力，交出楚昭王，楚国被吴国吞并也是可能的。一些楚国大臣商量后，派申包胥前往秦国求助，希望秦国出兵。

尽管秦国在景公时代曾有过几次表现还不错的战事，但总体来说，此时的秦已经相当衰弱。哀公不想与咄咄逼人的吴国为敌，拒绝了申包胥。他派人把申包胥安顿于馆舍，敷衍说，你先住下，容我们慢慢商量，商量好了结果再告诉你。

申包胥急了，说："我们国君远避荒野，还没得到安身之处，下臣怎敢在安逸的地方休息呢？"

于是，申包胥"依于庭墙而哭，日夜不绝声，勺饮不入口七日"。申包胥的孤忠精诚让哀公君臣非常感动。哀公吟诵了一首诗，即收在《诗经》中的《无衣》：

> 岂曰无衣？与子同袍。
> 王于兴师，修我戈矛。
> 与子同仇。
>
> 岂曰无衣？与子同泽。
> 王于兴师，修我矛戟。

与子偕作。

岂曰无衣？与子同裳。

王于兴师，修我甲兵。

与子偕行。

申包胥听到这首诗，立即破涕为笑。因为，哀公答应出兵了。

申包胥去见哀公时，"九顿首而坐"——叩了九次头才坐下。

诗的大意是说：不要说没有衣裳，我的战袍共同穿吧。国君就要兴兵征讨，赶快修好武器去报仇吧。

《无衣》这首诗的作者和背景，有多种说法，此一说源自《左传》。

秦国出兵后，几次击败吴军。吴军虽未遭重创，可不巧后院起火：一是越国偷袭，二是阖闾的弟弟逃回吴国并自立为王。阖闾无奈，只得放弃了吞并楚国的计划，率军回国。楚昭王得以重返郢都，楚国也躲过了灭国大祸。

其二，厉公开疆拓土。哀公去世时，太子已死，追谥夷公，未享国。夷公之子即位，是为惠公。惠公在位十年死，儿子悼公立，在位十四年。惠、悼二公在位的四分之一个世纪乏善可陈，秦国在国际上的存在感不断降低。悼公死后，其子立，是为秦厉公，又作厉共公。按《史记正义》的解释，"杀戮无辜曰厉"，秦厉公的作为，后人无不讥刺。不过，正是这个被恶谥的君主，在秦国连续几代人的萎靡之后，重振了部分雄风，让人依稀想起穆公称霸西戎的旧日辉煌。

厉公即位之年，即公元前476年，春秋结束；厉公即位次年，即公元前475年，战国开始。当然，春秋、战国都是后代史家的划分，生活于当时的人并没有这种说法。春秋转入战国，意味着诸侯间的纷争更多，战事更频繁，大鱼吃小鱼、小鱼吃虾米成为家常便饭。春秋时，一般情况下还不会轻易灭人国家，把对方吊打得差不多了，再同它订立城下之盟，也就收兵了。到了战国，能够灭国就一定会灭国，能够吞并就一定要吞并。

厉公时代还发生了一起重大事件。事件发生在晋国，却对天下局势产生了深刻影响。

这就是三家分晋。

春秋几百年间，晋国一直是头等强国。极盛时，晋国疆域达二十多万平方公里，军队超过十五万，是诸侯中国土最广、国力最强的国家。意想不到的是，这个曾显赫风光的超级大国，没有亡于外敌，却被自己的臣子瓜分了。

晋文公时，晋国设中军、上军和下军三军，每军置一将一佐，合称六卿。六卿掌控军队，是晋国最有权势的人。六卿虽然都由晋君任命，但若遇上弱势或年幼的君主，反而凌驾于国君之上。

春秋末年，晋国六卿为范氏、中行氏、知氏、韩氏、赵氏和魏氏，各有封地及军队，相互之间争权夺利，晋国国君根本管束不住。晋出公时，知氏联合韩氏、赵氏、魏氏，四家发兵，攻灭范氏和中行氏，并将两家瓜分。晋出公十分愤怒，可他掂量了一下实力，根本不是这四卿的对手，只得派人到一向交好的齐国和鲁国求助，希望他们派兵干涉晋国内政。四卿闻讯，颇为惊恐，干脆一不做二不休，不惜以下犯上，派兵攻打晋出公。晋出公不敌，逃离晋国，准备到齐国避难。结果，走到半路就郁郁而终。

在知氏主持下，晋哀公即位。哀公完全是一个听任知氏摆布的傀儡，"当是时，晋国政皆决知伯，晋哀公不得有所制"。

四卿中，知氏最强大，大政方针基本由他说了算。但是，贪欲是无穷无尽的。为了得到另外三家的土地和民众，知氏突然提出一个冠冕堂皇的理由："我们晋国原是天下霸主，现在失去了霸主地位。为了让晋国再次复兴，我主张每家拿一百里土地和一万户人家献给晋公。"所谓献给晋公，其实就是献给知氏。韩氏、魏氏虽然极不情愿，但迫于知氏淫威，只好照办。

赵氏却无论如何都不肯就范。知氏大怒，下令韩、魏两家和他一起发兵，攻打赵氏据守的晋阳（今山西太原）。

这一仗打了两年，联军一直攻不下晋阳。时逢雨季，知氏察看地形时，发现从晋阳城外流过的晋水暴涨，他灵机一动，在上游筑起大坝，然后将大坝决口，洪水便直灌晋阳城。

低洼处的晋阳城，大片房屋被淹没，老百姓纷纷躲到房顶上。炉灶没入水中，人们只好把锅吊起来做饭。

晋阳为大水所淹，被知氏挟持而来的韩氏和魏氏为之色变——因为，他们两家的封邑平阳和安邑，城池之侧也各有河道。现在，知氏这样对付赵氏，以后就会这样对付他们。就在这时，城里的赵氏暗中派人游说魏氏和韩氏。三家都明白，如果今天不抱团取暖，明天必然被知氏各个击破。

于是，原本实力最雄厚的知氏就这样戏剧性地被韩、赵、魏三家所灭，土地和人民都被瓜分。

晋哀公的儿子晋幽公在位时，晋国的绝大部分地盘都被三家占领。晋君名义上是国君，却只有可怜巴巴的绛和曲沃两座城。晋君害怕自己一不小心得罪三家而被灭，反过来去拜见韩、赵、魏三卿。孔子要是知道了，肯定气得大骂礼崩乐坏。幸好孔子早就死去多年，眼不见心不烦。

三十年后，周威烈王受了韩、赵、魏三家贿赂，顺水推舟，封三家为诸侯，晋国虽还存在，但已是名存实亡。又过了二十多年，晋君仅存的一点地盘也被三家瓜分，末代晋君晋静公被废黜为民。至此，晋国名也亡，实也亡。

晋阳之战韩、魏反水，三家联合灭知氏，不仅对晋国来说是一件大事，对整个中国历史的影响也不容小视。

假设韩、魏不反水，知氏一定能灭赵。赵氏既灭，知氏更强，韩、魏也早晚被灭。这样，知氏一定会取代重耳的子孙成为晋国国君——就像田齐取代姜齐一样。如是，秦国的东方，始终有一个强大的晋国，秦国没有力量击败晋国，它的一些伤及晋国利益的行为还会被晋国干涉。秦国的统一进程被阻塞，秦人建立第一个大一统帝国的可能性微乎其微。中国历史的进程，当是另一番模样。

这是大水灌城的那个夜晚，韩氏和魏氏在军营里密谋反水时不曾想到的。

三家分晋后形成的韩、赵、魏三国，与另外的秦、楚、燕、齐一起，合称战国七雄。春秋进入战国，诸侯大大减少，争战更加残酷。对每一个诸侯来讲，生存还是毁灭，这不是哈姆雷特之问，而是每天睁开眼睛就得思考、就得面对的大问题。

潼关西北数公里，是陕西省大荔县。大荔在黄河西岸，一河之隔的东岸，现属山西永济市。著名的鹳雀楼就在永济西南的黄河边，而秦景公时代栎之战的战场，应该距鹳雀楼不远。

大荔的县名，源自西戎的一支——大荔戎。

大荔戎原本居于今陕西富平和铜川一带，后来向东迁徙了百余里，来到今天大荔境内。秦穆公时，秦国势力已抵达河西，完全有力量灭掉大荔戎。但穆公没有消灭它，而是与之交好，想在秦国与晋国之间设置一个缓冲区，以避免晋国带来的巨大压力。不想，穆公以后，秦国屡吃败仗，大荔戎转而投奔了晋国。

秦国一时间奈何不了晋国，对付大荔戎却是小菜一碟。

公元前461年，厉公率军征大荔戎，大荔戎灭亡，秦国在其境内置临晋县。临晋，意思就是临近晋国，与晋国为邻。临晋设县后，修筑了城池，成为秦晋对峙的最前线。

绵诸是西戎的另一支。如前所述，秦穆公任用由余，大败绵诸。经过上百年休养生息，残存的绵诸又发展起来，再次侵扰秦国西部边疆。自秦穆公灭国十二、开地千里以来，与戎狄犬牙交错的西部和北部，一向被秦国看作自家的后院。后院起火，当然必须尽快扑灭。于是，厉公讨伐绵诸，绵诸从此一蹶不振，终于慢慢被秦国消化，也成为秦国的一部分。

4

秦厉公在位期间，时代由春秋进入战国。虽然春秋与战国这种说法，是后代史家的划分，不可能因为这种划分，两个时代就在一夜之间泾渭分明，但是，不争的事实是，从春秋末期开始，时代已经发生了根本性变化，说它是千古未有之大变局也不为过。比如王夫之就称之为"古今一大变革之会"。

这些变化，重要者至少包括：

其一，春秋晚期，铁器出现。到了战国，铁器得到广泛使用，从而使生产力大大提高，大量荒地被开垦。农民不再用心耕种公田，原有的井田制跟不上技术发展，渐渐走向没落。公元前594年，鲁国实行初税亩，公元前408年，秦国实行初租禾，这都是按田亩收取租税的制度，小农经济成为各国的立国基础，政权组织和社会形态发生了相应变化。

其二，封邑制渐渐被县郡制取代，世官世禄的贵族话语权越来越少，奔走于各国、为各国君主效力的士人大量涌现。打个比方，春秋及之前的西周，一个诸侯国就是一家公司，这家公司由与国君有血缘关系的贵族出任各个分公司的总经理；到了战国，一个诸侯国就是一家垂直领导的公司，下面不再设分公司，而是一个个事业部，总经理只有一个，即国君。那些为总经理服务的高管，不再要求他们与总经理有血缘关系，只要有能力，就有可能出任。

其三，战争发生了深刻变化。从战争目的说，春秋时的战争主要是为了争霸，成为诸侯认可的盟主。战国时的战争主要是为了兼并。从战争形式说，春秋时的军队以国人为主力，用战车作战，人数并不多，一般由国君直接指挥，或是由卿大夫指挥，一次大战往往一两天就结束了。战国时，各国以郡县为单位实行征兵制，成年的农民成为战争主力，骑兵、弩兵崛起，步兵人数激增，车兵渐渐被淘汰，战争更加激烈、血腥，出现了专门指挥战斗的将军和兵法家。

其四，春秋时，周天子虽日益式微，但尚具象征意义。诸侯争霸，往往还打着尊王的旗号。进入战国后，不少诸侯自立为王，周天子连象征意义也消失殆尽。天下不再有共主，诸侯国，尤其是那些地广人众的诸侯国，无不极力扩张兼并，以期一统天下。

公元前443年，秦厉公去世，公元前425年，秦灵公即位，其间间隔虽仅有十八年，秦国却已由厉公到躁公到怀公到灵公，经历了四任国君。这充分说明，这一时期秦国的政局极为动荡。

躁公是厉公的儿子，即位时已五十七岁，在位十四年。十四年里，秦国有过两次战乱：一是厉公时代纳入秦国版图的南郑造反；二是义渠兴师掠秦，进逼到渭河一带。

躁公死后，其弟即位，是为怀公。怀公在位四年，大权实际掌握在庶长晁手中。公元前425年，晁带兵将怀公包围，怀公被逼自杀。由于怀公的太子昭子在此之前已去世，怀公的孙子被立为君，即灵公。

几年后（前419），灵公把秦国首都从雍城迁往泾阳。

雍城经过十几代人经营，城高墙厚，功能完善，人口众多，经济发达，且祖陵宗庙都在这里，按理说，它是秦国最理想的首都。灵公为什么要迫不及待地从雍城迁往泾阳呢？

灵公虽然迁都泾阳，但宗庙并未随迁，甚至灵公死后也归葬雍城，从这些细节来看，泾阳仅是一个临时性的都城。之所以会有这个临时性都城，有两大可能：

其一，泾阳在雍城以东三百多里，更靠近东方，把秦国的指挥中心设在泾阳，更方便东扩；

其二，灵公初立，为了摆脱贵族权臣控制，不得不另都泾阳。

和泾阳性质差不多的，还有秦国的另一座都城——栎阳。

　　灵公迁泾阳后，历简公、惠公，至献公再迁栎阳。泾阳作为秦都的历史，从公元前419年起，到公元前383年止，共计三十六年。

　　在技术落后的先秦时期，三十六年虽不算短，但也不足以建设一座像雍城那样庞大的都城。因此，与雍城相比，泾阳应该城池更小，形制相当简陋。

　　难怪，多少年来，在泾阳都没有大规模的考古发现。作为秦国首都的泾阳城到底在哪里，至今还难下结论。

　　尽管没有大规模的考古发现，零星的发现还是间或有之——它们中的大多数遗址遗物，都指向了秦汉时期。

　　自古以来，泾阳是由关中通往西北边的淳化、旬邑和东北边的铜川等地的交通要道。泾淳公路与原点大道垂直，构成一个巨大的十字路口。过十字路口，顺着泾淳公路北行数百米，左侧原野上，曾有一座建于唐代的寺庙：宝峰寺。清朝同治年间，西北大乱，兵火祸及池鱼。从此，宝峰寺没有了寺，仅剩下一个地名。

　　宝峰寺遗址就在附近田野上。

　　2001年，咸阳文物考古研究所工作人员在这里发掘了二十余座墓葬。考古工作者把这些墓葬的年代，断为战国。当年的发掘报告下结论说："泾阳宝丰（峰）寺墓葬群，是咸阳地区发现的又一较密集秦人墓葬区。"不过，这些墓的墓主显然身份低微，甚至连棺木也没有；至于随葬品，多是一些日常生活必备的陶器。

地方志认为，秦都泾阳就在今天泾阳县城以北两三公里的地方，从位置看，与宝峰寺遗址大体吻合。但在没有更多考古发现之前，这一观点尚无法证实。

从宝峰寺继续北行，二十余公里外，平原渐尽，北面是隆起的山峰，这便是绵延于关中平原与黄土高原之间的界山——北山的组成部分：北仲山和嵯峨山。

北仲山与嵯峨山相接处的山谷中，泉水和涧水汇成了冶峪河。冶峪河口，是泾阳下辖的口镇。口镇得名，即因其扼冶峪河谷口。这里，也是传说中的秦都泾阳所在地。

从地形看，口镇一带背依大山，易于防守，肥沃的山前平原则是农耕上选，汩汩流淌的冶峪河提供了丰沛的水源。此外，冶峪河谷出铁矿。《雍大记校注》说："其山出铁，有冶铸之利，因以为名。"几大优势叠加，口镇确有作为秦国都城的可能。

口镇外两三公里的杨赵村，属毗邻的兴隆镇。在杨赵村东北的一块台地上，绿油油的庄稼地里，间或有一片片小树林，树林中，大抵是农舍。站在台地北望，灰白的北仲山透迤远去。

就在这片台地上，考古工作者发现了一处夯土墙和一座高台，高台下方，大量瓦砾积压在一起，另有筒瓦和板瓦等建筑残件。研究表明，这些东西来自秦汉时期。

从口镇返回泾阳县城时，我顺道去了紧邻口镇的另一座镇子——安吴镇。

与寂寂无闻的口镇相比，安吴镇名气大得多，这里甚至还有不少游客。这得益于一个寡妇和一部电视连续剧。

安吴镇原名安吴堡，吴姓是这里的世家大族。清朝末年，泾阳首富即为安吴堡商人吴老爷。吴老爷膝下只有一个多病的儿子。独子娶周家小姐周莹为妻后不久就撒手人寰，吴老爷也抑郁而终。于是，偌大的吴家开始衰落。此时，同样出身商人家庭的周莹成为吴家产业的唯一继承人。周莹苦心经营，以关中平原盛产的优质棉花、三原的蓼花糖和泾阳的茯茶为拳头产品，使吴家的生意起死回生，不断壮大。庚子之变，两宫西狩，周莹向朝廷捐银十万两，慈禧一激动，将其收为干女儿，并封一品诰命夫人。

周莹的传奇故事，前些年，拍成了一部电视连续剧《那年花开月正圆》，由明星孙俪、陈晓等主演。

娱乐至上的年代，明星和电视剧显然比历史往事具有强大得多的吸引力，安吴镇也因这部电视剧而走红。不过，很少有人知道的是，战国时期的大小国家中，秦国是最反对搞商业的。当然，时过境迁，到了后世，商人以财富构建自己的商业王国并受世人瞩目，则是顺应了时代发展。

周莹居住了几十年的吴氏庄园，系由其公公所建。庄园现存三进院落。漆得油亮的粗大立柱，雕花刻朵的窗棂，青砖铺地的庭院，像全国许多地方的深宅大院一样，幽静、神秘而又略显繁华事散之后的凄凉。

与吴氏庄园遥相呼应的是镇外的吴氏陵园。高大巍峨的石制牌坊，与远近的松柏一起，笔直地刺向蓝天。石马、石羊、石狮随处可见，守卫着一个个土馒头。不过，细看这些石马、石羊、石狮，不少都缺胳膊少腿，石碑上甚至还有毁坏过的痕迹。村人说，那是当年破四旧留下的伤痕。

我要寻找一位学者的墓。他的墓在角落里。此人系周莹堂侄，生于安吴堡，葬于安吴堡。他曾经以清华学校留美预科生的身份远涉重洋，就读于美国弗吉尼亚大学和哈佛大学，后来又远赴欧洲，在牛津大学、巴黎大学从事研究。回国后，任教于东南大学、东北大学、清华大学、武汉大学和西南师范学院等高等学府。他与陈寅恪、汤用彤齐名，合称哈佛三杰。他主持清华大学研究院时，聘请到了梁启超、王国维、陈寅恪和赵元任为研究院导师……

他就是现代著名学者、教育家吴宓。

1977 年，生活完全不能自理的吴宓回到了出生地安吴堡，由妹妹照顾。次年，他在安吴堡去世。临终前，吴宓的最后一句话是："我是吴宓教授，给我开灯……"

5

韩城市区以南十多公里，我远远看见的那座草木葳蕤的山岗下，长眠着中国最杰出的史学家司马迁。黄河自山岗东麓缓缓流过，让人感叹逝者如斯。

二十世纪五十年代，在山岗与黄河之间的夯土台上，一批文物从黄土下重见天日。文物中有一块汉砖，上面刻着一行字：夏阳扶荔宫令壁与天地无极。

扶荔宫的历史，正好上溯到司马迁时代。那是为了培育来自天南海北的奇花异木，汉武帝下令在皇家园林上林苑修建的一座宫殿。宫殿中最珍奇的品种，首推来自南方的荔枝，故名扶荔宫。

但是，韩城离长安足有几百公里，扶荔宫再大，也不会大得如此夸张。

其实，韩城的扶荔宫是建于汉武帝时期的一座行宫，建立行宫的目的，是供皇帝出巡暂居。

司马迁墓与扶荔宫之间有一块台地，三座纪念碑矗立在船型基座上，即八路军东渡黄河抗日纪念碑。1937 年 9 月，在距纪念碑一箭之地的东边，八路军的三支部队渡过黄河，奔赴前线。

这是一座古老的渡口。它的历史可以追溯到先秦时期。到汉代，自汉武帝始，几代皇帝由长安前往山西境内后土祠祭祀时，必经之地便是这座渡口——夏阳渡，又名芝川渡、少梁渡。扶荔宫便在渡口应运而生。

由夏阳渡溯流而上几十公里，是黄河龙门。从龙门再往上，到内蒙古境内，黄河流淌在长达数百里的晋陕大峡谷中。河岸陡如刀削，水流湍急，难以逾越。而夏阳渡一带，黄河虽然宽达数公里，但水流平缓，河道稳定，易于舟船通行，从而成为连接陕、晋的重要枢纽。

龙门以下直到风陵渡，黄河为北南流向；渭河则为西东流向，二者在潼关下近乎垂直相交。在渭河与黄河交汇点以西几公里的地方，西北—东南流向的北洛河注入渭河。于是，黄河与北洛河形成一个夹角，夹角里的那片土地——包括今天的华阴、大荔、澄城、合阳、黄龙、韩城等地——称为河西。有时候，也把韩城以北、以西的地区笼统地称为河西。

两千多年前，生活于河西地区的原住民是大荔戎和两个方国：梁国、芮国。

后来，随着晋国势力扩张，晋人西渡黄河，占据了河西大部分地区。秦国在穆公时代急剧扩张，开疆拓土，河西成为必欲得之的战略要地。韩原之战，秦军俘虏晋惠公，晋惠公只得把之前许诺的河西八城割与秦国。

这是秦国染指河西之始。

河西的重要战略意义，商鞅总结称："秦之与魏，譬如人之有腹心疾，非魏并秦，秦即并魏。何者？魏居领阨之西，都安邑，与秦界河而独擅山东之利。利则西侵秦，病则东收地。"对秦国来讲，晋国，以及三家分晋后的魏国，其势力越过黄河占据河西后，就像一枚打进秦国领土的铁钉，将秦国东扩的大门牢牢钉死。如果不能占据河西，秦国人连黄河的涛声都听不见，更不要说渡河而东了。

晋文公和秦穆公去世后，秦晋之好不复存在，两国开始了连续不断的战争。战争的一大目标，就是争夺对河西的控制权。仅《史记》中的记载就有：

康公元年……秦以兵送至令狐。晋立襄公子而反击秦师，秦师败。

（秦康公）二年，秦伐晋，取武城。

（秦康公）四年，晋伐秦，取少梁。

（秦康公）六年，秦伐晋，取羁马。战于河曲，大败晋军。

（晋成公）六年，伐秦，虏秦将赤。

（秦桓公）二十六年，晋率诸侯伐秦，秦军败走，追至泾而还。

（秦景公）十五年，救郑，败晋兵于栎。

（晋悼公）十四年，晋使六卿率诸侯伐秦，度泾，大败秦军，至棫林而去。

（秦厉共公）二十一年，初县频阳，晋取武成。

（魏文侯）六年，城少梁。十三年，使子击围繁、庞，出其民。十六年，伐秦，筑临晋元里。

秦晋之间的战争，如果说前期还互有胜负，甚至秦国略占上风的话，后期则秦国败多胜少，只能苦苦支撑。三家分晋后，魏国率先任用吴起变法，国力大涨。秦国却既无明君，亦乏名将，河西之地逐渐被新兴的魏国蚕食。

为了守住河西这块通往中原的跳板，也为了避开擅权的雍城权贵，秦灵公移居泾阳，把泾阳作为秦国临时首都。

　　从司马迁祠墓所在的小山向东眺望，长长的芝川大桥像是一柄压在地上的巨型牙刷，密密麻麻的桥墩，便是牙刷的刷毛。

　　有关资料把芝川大桥称为陕西第一桥。看上去，确有几分壮观。不过，意外的是，芝川大桥虽然也被称为芝川黄河大桥，但它并不从黄河上跨过，而是顺着黄河最西端的一条分岔，架在一片河滩湿地上。黄河的主河道，还在大桥以东三四公里外的地方。

　　如今，从芝川大桥到黄河主河道的三四公里之间，水流平缓的黄河将上游裹挟而来的泥沙慢慢沉积下来，在河中积成了一座沙洲。沙洲中间，又有更为狭窄的水道穿过，将沙洲一分为三。

　　沙洲属于一个叫东少梁的村庄。有东少梁村，就有西少梁村——西少梁村在东少梁村西约两公里处。

　　西少梁村，便是曾经的少梁城所在。

　　最初，这里属于梁国地盘。《左传》说："梁伯好土功，亟城而弗处，民罢而弗堪……秦遂取梁。"与梁国同时为秦国所灭的，还有相邻的芮国。

　　到了秦康公四年（前617），晋国攻打河西，少梁被晋国夺走。从那以后，这条往来秦、晋之间的咽喉通道为晋国掌控。到魏文侯二十七年（前419）——也就是秦灵公六年，少梁在晋国以及后来的魏国手中已有两个世纪了。是年，魏国在少梁筑城。此举相当于把桥头堡和前线指挥所设在了秦国眼皮子底下，让秦国极度不安。于是，秦国主动发起进攻，与魏国战于少梁。可惜，秦军未能取胜。一直要等到多年以后，秦国才能夺回少梁，掌控往来黄河两岸的这一重要渡口。

夺少梁而不得，秦国退而求其次，在黄河西岸修筑了一批城池，其中具有代表性的是新筑的籍姑城和扩建的庞城。籍姑城和庞城，一个在韩城北，一个在韩城东南，都邻近黄河，具有重要战略意义。

魏国少梁之战击退秦军，接着在少梁筑城。次年，少梁城竣工。这座屹立于黄河西岸，扼守黄河渡口的城池，在秦人看来，无疑就是必欲拔之而后快的眼中钉、肉中刺。

高耸在黄河湿地上的芝川大桥，矫若游龙。大桥之名芝川，来自大桥所属的芝川镇。东少梁村和西少梁村也是芝川辖地，它们分处于芝川镇东西两侧。

到芝川镇，天已晌午，该吃午饭了。在外行走，按我多年习惯，一般而言，早餐在酒店里吃，且一定会吃得很饱。中午，如果在高速上赶路，大多时候就是一边开车一边吃点干粮，必得晚上到了目的地住下来，才找地方吃晚饭。

偶尔也有例外。比如不在高速上，也不着急赶路，或是当地有某种大名鼎鼎的美食。

芝川那天属于前者，既不在高速上，也不着急赶路。至于当地美食，大名鼎鼎算不上，但还是小有名气的，如饸饹。

在一家据说颇有名的餐馆院子里，我见到了制作饸饹的工具：饸饹床子。木制的饸饹床子，一端是井字形的支撑架，中间插入一根略呈弧形的木头。木头上有一个碗口粗的大孔，大孔下部有许多圆形小洞。大孔上面，是两根钉成丁字形的木头。工作时，将荞面或豆面之类的面团放进大孔，再用力把丁字形木头一端往下压，木头钻进大孔，面团从下端的小孔挤出来，被压成小圆条。

如今，钢铁的饸饹机取代了木头的饸饹床子，电力也取代了人力。这架木制饸饹床子，便摆放在院子里，供我这样的外地人看个稀奇，拍个照，发个朋友圈。

四川的面条，总要浇上五花八门的浇头：猪肉、牛肉、鸡肉、羊肉、肥肠、鳝鱼、鸡杂、鱿鱼、豌豆、酸菜、猪肝、鸡蛋……但凡想得到的，似乎都可以做浇头。相比之下，北方的面条或是饸饹的浇头，品种少得多。最常见的，就是羊肉。芝川镇这家，浇头也是羊肉，称为羊肉饸饹。

味道其实很普通。至少，我以为，主打的羊肉饸饹不如同样出自他家的烧饼。金黄的烧饼，表面嵌着一粒粒烤得同样金黄的芝麻，冒着热气，发出诱人的香。

这样的烧饼，最宜果腹。吃两个，可以撑大半天，哪怕在原野上奔走。

如前所述，石磨要等到战国才问世，那就意味着春秋时代的诸位秦公，他们没一个有口福吃上面条或烧饼。

就在少梁之战之后一年，秦国有了一种今人看起来愚不可及的风俗——为河伯娶妻。

为河伯娶妻的故事，大家熟知的主角是西门豹。这一故事曾编入小学语文课本，我小学就学过。西门豹是魏国人，魏文侯时为邺令。当地的三老、廷掾勾结巫师，以为河伯娶妻为名，向民众摊粮派款。搜刮所得，大部分私分，少部分办"婚礼"。河伯的妻子由大巫师指定，都是些穷苦无告的底层人家的女儿。"婚礼"那天，把她们打扮一新，投入水中。

西门豹上任不久，便遇上了当地为河伯娶妻的仪式。那天，他亲自来到河边。其时，围观的吃瓜群众多达两三千人，主持的大巫师是个七十多岁的老妇，身后跟着十几个女弟子。西门豹说，把河伯的新娘带上来，让我看看长得漂亮不。

那个可怜的女子被推到西门豹跟前，西门豹看了看，不满地对三老和巫师说，这个女的长得不行嘛，麻烦大巫师去给河伯说一声，我们给他另找漂亮的。说罢，令人将大巫师投入河中。等了许久，西门豹说，大巫师怎么还不回来？派个弟子去催一催吧。于是又先后将几名女弟子投入河中。

又过了一会儿，西门豹说，想必这些女子走得慢，那就请三老去看看吧，"复投三老河中"。参与此事的官员和女巫们一个个惊恐不已，"皆叩头，叩头且破，额血流地，色如死灰"。西门豹这才说，看来是河伯留他们做客了，大家不如散了吧。

从那以后，再没人敢张罗给河伯娶妻了。

西门豹与魏文侯以及秦灵公是同时代人。为河伯娶妻的迷信活动被西门豹巧妙地制止后，这一风俗却传入秦国，成为秦人的新风俗，"初以君主妻河"。

也就是说，这风俗虽起源于魏国，但明显秦国人对河伯的态度更虔诚，为河伯娶妻的规格也更高。魏国的河伯娶亲不过是基层官吏串通神职人员捞钱的手段，秦国的这一活动却是出自真正的信仰。因为，魏国人"嫁"给河伯的是穷苦人家女儿，秦国人"嫁"给河伯的却是国君女儿。很显然，按秦国的操作，这是国家行为而非民间行为，也不大可能有人从中间吃好处。

对神怪越迷信、越恭敬，越证明秦国文明程度低，与东方六国还有不小的差距。

在秦国，文治与武功的严重不对称，一直是长期存在的问题。不过，几乎所有秦国国君都视而不见，或者说熟视无睹。

公元前 415 年，在位十年的灵公去世了。

意外的是，他的儿子没能即位。接替灵公的，竟然是灵公的叔父。这种由晚辈向长辈逆着传位的情况，虽然有，但不多，说明别有隐情。

灵公这个叔父，后来谥称简公。秦简公在位十五年。

简公登基次年，魏国兴兵伐秦，双方在郑城（今陕西华县）大战，秦军败绩。紧接着，魏军又向今天韩城东南的重镇繁城和庞城——后者在灵公时期曾做过大规模扩建——发起进攻，两城先后失陷，城中人民被魏军掳走。大约在公元前 412 年，秦国新筑不久的籍姑城也落入魏国之手。

魏国只是分晋的三家之一，尽管它的实力要强过另两家，但按理说，无论如何，局部不应大于整体，魏国的国力应当不如之前的晋国。然而，魏国立国不久，就任用吴起改革，是战国诸侯中第一个变法图强的国家。与魏国相邻并长期为敌的秦国，正好成为魏国试验改革成就的对象。

秦简公七年（前 408），在名将吴起率领下，魏军攻城拔寨，攻下秦国大片土地，秦国在河西的城池全部丢失，河西之地悉数纳入魏国。魏国新设河西郡，由吴起镇守。

此时的秦国，不要说东扩，就连守住自家固有的关中平原都成问题。这就是《史记》说的："秦以往者数易君，君臣乖乱，故晋复强，夺秦河西地。"

火烧眉毛般的窘迫，逼得秦国出台了三条应对之策。

6

"刚才最后一响，是北京时间 X 点整"，三四十年前，伴随着收音机里传来的嘀嘀声和播音员的解说声，戴手表的人都会不由自主地抬起手腕，看看自己的时间是否与电台播出的北京时间一致，并进行调整。

那时候，我以为北京时间就是北京此刻的时间——很可能，直到现在，还有不少人也是这样认为的。

后来我才知道，北京时间虽然叫北京时间，但它并不是北京的时间。北京时间是指东经 120 度的地方时，它其实是从距北京将近一千公里的蒲城发布的。

随着时代进步，统一的时间显得无比重要。科技发展、经济建设和国防安全，都对高精度时间频率的准确性、稳定性、可靠性提出了越来越高的要求。

时间上的毫厘之差，会带来意想不到的千里之谬。比如一秒钟的误差，在股市交易上，可能造就一个亿万富翁，也可能把一个亿万富翁变成穷光蛋；再比如，百分之一秒，人类根本无法感知，但在飞船对接时，却可能造成上百米的偏差。

因此，世界上的每一个大国，都有自己独立的授时中心。二十世纪六十年代中期，我国出于战略需要，决定在内陆腹地建设一个完整的专用授时台。这个授时台必须具备几个条件：

第一，选址一定要尽量靠近中国大地原点。蒲城一带正是中国大陆的地理中心。

第二，地势必须开阔。一马平川的关中平原无疑是上佳选择。

第三，必须安全可靠，战争状态下也能稳定运转。授时中心地下室建有三重防护门，每平方厘米可承受二十五千克的冲击波，能够经受原子弹打击。

蒲城西郊，树林里，四座高大的铁塔直冲云天，其下是林立的天线群和发射机房，许多当地人并不清楚授时中心这个概念，他们把这里叫"326"。二十世纪八十年代以前，授时中心系保密单位，对外使用代号。甚至，中心还有解放军驻守。

授时中心家属院旁边，有一条街名为重泉路。

重泉，正是蒲城的源头。

只不过，这源头并不在今天的蒲城县城，而是在距县城不远的一座村子里。

从重泉路到重泉村，行程三十余公里，穿过小半个县城，再沿生机勃勃的原野南行后折向东边。

作为陕西第二人口大县，蒲城有将近七十万人口。人口带来了人气，人气表现为朝着蓝天生长的楼房，热闹喧嚣的街市，人声鼎沸的饭店和商场。在古代，人口是一个国家最重要的资源。有了人未必就有一切，但没有人，必然就没了一切。是以古代不但不需要计划生育，政府还会鼓励生育、奖励生育。比如，越国被吴国打残后，卧薪尝胆的越王勾践推行的新政之一就是奖励生育，"生丈夫，二壶酒，一犬；生女子，二壶酒，一豚。生三人，公与之母；生二人，公与之饩"。生男婴，奖两壶酒和一条狗，不是当宠物，而是作肉食；生女婴，奖励两壶酒和一头小猪。生三胞胎，国家给你找奶妈；生双胞胎，国家供应口粮。

重泉村东边几公里处，北洛河缓缓流过。

河西之地悉数被魏国攻占后，大体自西北流向东南的北洛河，便成了秦国可以依仗的另一道屏障。尽管与黄河相比，北洛河狭窄得多，平缓得多。

对付咄咄逼人的魏国，秦简公最重要的措施之一就是利用北洛河的屏障作用，借河水阻挡魏军西向的步伐：堑洛，城重泉。

城重泉好理解，就是在重泉修筑城池。

堑洛是什么，历来有多种解释。比如长城说——认为秦国为了防备魏国，在北洛河边修筑了一道长城，甚至还有学者考证出长城的具体起止；比如水利工程说——认为秦国以北洛河为基础，修建了一座水利工程。

洛自然是北洛河，堑的字面意思，《说文解字》解释说：阬也。一曰大也。从土，斩声。

所以，堑洛，既可能是在北洛河边挖出大坑，也可能是拓宽北洛河河道。但无论哪一种解释，都与修筑长城相去甚远。至于兴建水利工程，字面意思或许解释得通，却不合情理——河西已失，敌军压境的窘迫下，秦国岂有在即将成为战场的边境修建水利工程的道理？

合理的解释是第三种，即拓宽北洛河，使河道两岸更加陡峭，成为一道天然防御工事——借水御敌的方法，秦人早在雍城时就付诸实践了。至于在重泉村附近修筑的重泉城，那是北洛河防线上的一个重要环节，可以屯兵屯粮，可能还是前线指挥所。

方言是一种奇妙的东西。以四川方言为例，外省人听四川人说话，不论川南川北、川东川西，总觉得是同一口音，而生活在四川的土著，却能听出川南川北、川东川西的明显差异。在关中平原来来回回寻访时，不管在雍城还是陈仓，抑或在扶风、蒲城，这些地方的方言肯定也有明显差异，但在我这个外省人听来，也几乎相同。

总体感觉，关中方言重音刚硬，他们说话时，似乎总带着一股凛然杀气。

有一个流传已久的说法，据说秦始皇兵马俑出土的武士，其面相与当今陕西人神似。血脉与遗传如此神奇，历经两千多年，生活在完全不同的环境之中，却还能与祖先遥相呼应。

这说法让我产生了一个没有考证过的联想：总是显得杀气腾腾的关中口音，是否也与当年秦人的尚武有关？

修筑重泉城那年（前409），秦简公下达了一道旨令：令吏初带剑。次年，又令百姓初带剑。

两侧出刃、前聚成锋的剑，在格斗中以推刺为主，古人称为直兵。有一种观点认为，剑并非中原地区原创，而是从北方游牧民族那里引进的。

今天，不论武术比赛的剑还是老年人健身的剑，其长度，一般一米多。水浒英雄史进和穆弘在东京酒楼里高声唱歌，歌曰："手提三尺龙泉剑，不斩奸邪誓不休。"种种端倪给人的印象是：自古至今，剑的长度都在三尺，也就是一米左右。

其实，剑有一个由短到长的渐变过程。我国迄今为止出土的最古老的剑来自内蒙古伊金霍洛旗，全长只有25.4厘米，还不到一尺。著名的越王勾践剑，全长也只有55.7厘米。

这些短剑，无一例外，材质均为青铜。青铜剑无法做得更长，因为随着长度增加，剑身很可能在实战时突然折断。

逮至战国，技术进步，青铜剑也在慢慢变长。但是，哪怕秦始皇兵马俑坑出土的最长青铜剑，仍然不到一米，并且，要制造这样一柄青铜剑，其成本之高也令人咋舌。因此，它仅仅作为明器陪伴地下的皇帝，而非将士的标配。

车兵为主力的春秋战国时代，士兵们冲锋陷阵的主要武器，远程弓、弩，近战戈、矛，剑主要用于贴身自卫。很大程度上，剑不是武器，而是象征地位的礼器。

在以礼治国的大背景下，剑不是普通人可以佩的，佩剑者至少是士这个级别以上。所以，很多穷困潦倒的士，哪怕饿得奄奄一息，也绝不会把腰间的剑拿去换饭吃。

现在，秦国危急，魏国大兵压境，秦简公先是命令全国的吏带剑。今天,"官吏"是个固定词汇,在古代,官是官,吏是吏,二者有不可逾越的鸿沟。大体而言,官是国家或国君任命的,吏是地方或地方官聘任的。前者是正职,有行政决定权,后者是办事人员,无行政决定权。套用今天的情况,官相当于正式任命的国家干部,吏相当于政府部门聘用的勤杂人员。

令吏带剑后,简公又令百姓带剑。至此,所有秦国人都可以合法地携带武器了。

秦简公的用意不外乎两个,一是当魏军进入秦境后,国人都可以拿起武器,人人为国而战;二是培养国人的尚武精神。

班固在《汉书·赵充国辛庆忌传》中认为:"(秦国)民俗修习战备,高上勇力鞍马骑射。故《秦诗》曰:'王于兴师,修我甲兵,与子偕行。'其风声气俗自古而然,今之歌谣慷慨,风流犹存耳。"朱熹《诗集传》则说:"秦人之俗,大抵尚气概,先勇力,忘生轻死。"

第七章　栎阳之变

1

　　夏日急雨中的苦楝树像一群凄苦无助的孩子，风来，只得集体顺着风的方向弯过去；风去，方才缓慢地直起身。它们还太小，最大的也不过碗口粗；小的呢，大约前几年才种下，细如儿臂。乡村公路很狭窄，苦楝低垂的枝丫不时扫到车顶，风声雨声中便时常夹杂着刺耳的嚓嚓声。

　　这众多的声音淹没了车轮发出的另一种声音。

　　等我听到另一种声音时，已驶出了那条两侧全是苦楝树的乡道。雨小了，风停了，甚至，天空还出现了若隐若现的太阳，以及一道同样若隐若现的彩虹。

　　正欣赏着彩虹，我听到车轮传来刺耳的声音。初时没在意，以为是碾着了石子——这条路比刚才的乡村公路要宽一些，但同样是石子路面，路中间不时出现一些积满雨水的坑洼，黄色泥浆四溅而起，幸好没有行人。泥浆落在公路外侧的麦田里，青青的麦苗变了颜色。幸而有雨在下，得以将那褐黄的颜色冲得淡一些。

两三分钟后，作为一个行车超过三十万公里的老司机，我意识到，车子出问题了。声音愈来愈大，愈来愈刺耳。我放慢速度，寻找合适的停车位置。

终于，我看到路旁有一家加油站。

加油站与公路之间有一大片空地，我在那里停下来，仔细检查四个车轮，从轮胎到轮毂，都没发现什么问题。

只得向4S店打电话，但4S店远在成都，远水解不了近渴。又打给车辆的救援中心。客服问我，先生你现在在什么位置？

我说：栎阳。

客服问：岳阳？是湖南岳阳吗？

我想起，我不该说栎阳。我要说阎良，西安阎良才行。

因为，栎阳这个名字，早就从现实生活中撤退，是存活在古籍里的地名。

求援中心在北京，客服说，他们只能通知西安这边求援。

要等多久？

不好说，至少几个小时吧。

那天的计划是看了栎阳遗址后，再前往西安东南边的蓝田。如果在这里耽搁几个小时，所有计划都得泡汤。

挂了电话等救援期间，我让妻子发动汽车，缓缓向前开，我在后面跟着，仔细察看轮子。这一下，终于发现了发出嚓嚓声的那个轮子——右后轮。再细看，在右后轮的轮毂与轮胎之间，卡了一颗小石子。嚓嚓声就是石子在汽车行驶时摩擦轮毂发出来的。

又给救援中心打电话，请客服转给负责维修的师傅。师傅是大舌头的东北口音。他说，那你试着用工具把它剔出来就行了。

车上的所有工具都试了，不是太大，就是太小。冒着淅沥的小雨观察了一会儿，发现如果有一把长一些的剪刀，就能伸进去，并把它拔拉出来。

可是，车上没剪刀，附近也没有商店或人家。只有几十米外那家加油站，许久没见一辆车进去加油，两个工作人员站在加油机旁无聊地张望。

试着问她们借剪刀。

居然有。而且是一把长度适合的剪刀。

于是，又忙乎了十几分钟，终于取出一颗不过两厘米的石子，极其坚硬，像是粉碎后用来铺路的。

还剪刀时，一个服务员问：修好了？

我回答：是。

另一个服务员由衷地赞美：你们好厉害啊，自己就把车修好了。

顺便问她们栎阳城遗址在哪里。赞美的那个服务员愣了一下，歪着脑袋说，是有这个地方，是在哪里见过，可我忘记了。我也不是本地人，我是临潼的。

另一个说，你往前面走，再拐个弯，那边有块碑，上面写的好像就是栎阳什么遗址。

道谢之后五分钟，我看到了服务员说的那块碑。

我是在公路边的一块玉米地尽头找到那块碑的。黑色的石碑砌在灰白的水泥台基上。碑的下方，一小丛栀子花探头探脑。花期早过，叶子半绿半黄。碑的背后，是绿油油的玉米地。只不过，玉米还很低矮，还在雨水中拼命发育。石碑上方，两根歪斜的电杆插在地里，一些电缆胡乱垂下来，像是秋天里开始枯萎的某种瓜蔓。

石碑正中是隶书大字：栎阳城遗址。下面是宋体小字：中华人民共和国国务院，二〇〇一年六月二十五日公布，陕西省人民政府立。

背面，是关于栎阳城遗址的介绍，兹抄录如下：

栎阳城遗址位于西安市阎良区，曾为秦汉栎阳都城和栎阳县县治所在。秦献公二年至秦孝公十二年（前383—前350）为秦国都城，秦孝公于此任用商鞅变法。秦亡后项羽封司马欣为塞王，都栎阳。公元前206年至公元前200年，汉高祖刘邦以此为都与项羽争雄，建立汉朝。

1964年陕西省文物管理委员会、1980年中国社会科学院考古所先后勘察发掘该遗址，发现有城墙、道路、建筑遗址等遗存，出土陶器、石器建筑材料等遗物，2013年国家重启考古工作后，先后在武屯镇、关山镇、新兴街道办事处境内发现不同时期地址三处。

2001年，国务院公布栎阳城遗址为第五批全国重点文物保护单位。栎阳城遗址对研究秦汉都城的规划、中国城市的发展史具有重要价值。

2

说实话，在看到栎阳遗址碑那一瞬间，我最先想到的不是遗址，也不是出土文物，而是两千多年前，发生在这座名为栎阳的古城里的极富戏剧性的一幕。

公元前 359 年，官府在栎阳南门外立了一根三丈长的木棍，并称：如果有谁愿意把这根木棍从南门扛到北门，赏十金。栎阳虽是秦国都城，但比今天的镇子也大不了多少。南门到北门，最多不过两公里吧。这么近的路，这么简单的工作，官府竟然愿意花费十金？围观的人都认为乃咄咄怪事，七嘴八舌，议论纷纷，却没人接招。

过了一会儿，官府又加价了：还是这根木棍，还是从南门扛到北门，赏五十金。好半天，终于有个人抱着试试看的态度，把这根并不沉重的木棍扛到了北门——他果然得到了高达五十金的奖赏。

这就是历史上有名的徙木立信。在秦孝公的大力支持下，商鞅主持的变法就这样在秦国首都栎阳拉开了序幕，并像变魔术似的在短时间内使秦国突变成超级强国。

讲述商鞅变法前，先简单回顾一下自秦简公以来的秦国史。

公元前 400 年，秦简公在位十五年后去世；其子即位，是为惠公。惠公在位十三年去世，其子即位，是为出公。出公仅一岁，由其母主持国政。出公之母大量任用外戚，滥封滥赏，导致国库亏空，便加大力度搜刮民间，上台一年多，就惹得国内怨声载道。《吕氏春秋》称："群贤不说自匿，百姓郁怨非上。"

这时，一个早在三十年前就该坐上国君宝座的流亡者浮出水面。这就是秦灵公的儿子连。

当年，灵公驾崩，理应连继位，但把持朝政的大庶长却立了灵公的叔父。连不仅失去君位，人身安全也成了大问题。惶急之下，这个当时十岁的少年，只得逃往东邻魏国政治避难。

出公母子把秦国搞得一团糟，秦国君臣想起了连。于是，流亡魏国长达三十年的连终于回国。他受到臣民拥戴，一路攻进雍城。出公母子被杀，连上位，是为秦献公。

简公、惠公和出公在位的三十年间，秦、魏战争不断，秦国胜少败多，这是因为秦国遇到了一个可怕的对手：吴起。

吴起系卫国富户，家产千金。吴起游仕列国不遂，致使家道衰落，邻居们都嘲笑他。吴起是个狠人，一怒之下，杀了三十几个嘲笑他的人。逃出卫国时，他与母亲分别，咬着自己的手臂发誓说："起不为卿相，不复入卫。"早年，吴起师从曾参之子曾申习儒，后弃儒学兵。在鲁国期间，齐攻鲁，鲁君想任命吴起为将，但吴起的妻子是齐国人，鲁君为此犹豫不决。吴起听说后，"遂杀其妻，以明不与齐也"，这个典故称为杀妻求将。

鲁君以吴起为将，吴起果然厉害，"攻齐，大破之"。此后，吴起招人嫉恨，有人在鲁君那里说他的坏话，"鲁君疑之"。吴起只好跑到魏国投奔魏文侯。

魏文侯问李克，吴起这个人如何？李克说："起贪而好色，然用兵司马穰苴不能过也。"就是说，吴起私德很糟糕，贪财好色，可打仗却是一把好手，本领不在名将司马穰苴之下。魏文侯是个不拘一格的贤主，不问私德，只看本领，于是"以为将"。吴起表现不俗，"击秦，拔五城"。

在魏国与秦国争夺河西的多场战争中，吴起一再打得秦国溃不成军。秦国不得不退守北洛水一带，堑河为障，以保关中。魏国攻占河西后，设西河郡，吴起为郡守。那些年里，秦国多次发起收复河西之战，但只要吴起在，秦国就没有胜算。

吴起虽然贪婪而好色，且心狠手辣，但他有一个很明显的优点，那就是能与士卒同甘共苦。《史记》称："起之为将，与士卒最下者同衣食。卧不设席，行不骑乘，亲裹赢粮，与士卒分劳苦。"

吴起手下有一士兵生疮，吴起竟以主将之尊，亲自为他吮吸脓汁。士兵的母亲听说后，大哭不止。有人问她为什么哭，这位母亲回答说："以前，我儿他爹在吴公手下，也生疮，吴公也给他吮吸，我儿他爹为了报答吴公，战死沙场；现在，吴公又为我儿吮吸，我担心他也将战死沙场。"

吴起最大的弱点是居功自傲。

吴起任西河守时，一向信任他的魏文侯去世了。魏武侯即位，任命田文为相，吴起非常不悦，他和田文之间有一番对话。

吴起："我想给你评论一下各人对国家的功劳，如何？"

田文："好啊。"

吴起："带领三军，使士卒乐于为国效死，让敌国不敢打我们的主意，我和你谁强一些？"

田文："我不如你。"

吴起："统辖官员，治理百姓，让国库充足，我和你谁强一些？"

田文："我不如你。"

吴起："守卫西河而秦兵不敢向东，韩国和赵国不得不顺从我国，我和你谁强一些？"

田文："我不如你。"

吴起："这三件事，你都在我之下，可你的官位却在我之上，这是为什么？"

田文："主少国疑之际，群臣各有想法，百姓对国家也不信任，这种时候，到底是你更能起作用，还是我更能起作用？"

吴起默然良久，说："你更能起作用。"

田文："这就是我在你之上的原因。"

田文死后，公叔痤为魏相，公叔痤与吴起关系更差。于是，公叔痤巧施离间计，使魏武侯渐渐对吴起生了疑心，吴起担心再待下去会有不测，只得离开了打拼多年的魏国，前去投奔楚国。后来，吴起在楚国实行变法，很快使楚国强大到诸侯害怕的地步。但楚悼王死后，他却遭到利益受损的贵族们的清算，被射死在楚悼王尸体上。

秦献公在魏国生活了三十年，这三十年，正值魏文侯任用吴起实行变法，魏国成为战国初期第一强国之际。魏国的变法，给了献公莫大的鼓舞和启示。当这位半生坷坎的公子登上君位后，迫不及待地拉开了改革序幕。

即位当年，也就是公元前384年，献公废除了令人发指的人殉。

血腥残忍的人殉制度，在外，严重影响国家形象，使秦国被东方国家视为蛮夷；在内，也让君主近臣惴惴不安——万一君主像穆公用三良殉葬那样，也让自己殉葬怎么办？

献公二年（前383），下令修筑栎阳，并将首都从泾阳迁往栎阳。

如前所述，早在灵公时代，秦国君主长期居于泾阳，但宗庙和陵墓还是在雍城。雍城仍然是秦国法定首都，泾阳只能算陪都或临时首都。

栎阳的地位和泾阳差不多。

栎阳在泾阳以东一百余里，它离秦国君臣念兹在兹的河西很近，同样也只有一百余里，距其时秦、魏之间的实际分界线北洛河则更近。

献公迁都栎阳，是为了对付咄咄逼人的魏国。不打败魏国，秦国永远没有出头之日。

其次，如同灵公迁泾阳一样，还有一个动机是避开雍城权贵对朝政的干扰。献公之前的几代秦君在位时，政局不稳，内乱频仍，"会往者厉、躁、简公、出子之不宁，国家内忧，未遑外事"。内部自相倾轧，才使秦国无暇东顾，魏国尽得河西。

再者，栎阳地理位置比泾阳更重要，"北却戎翟，东通三晋"，因为地理位置重要，栎阳在历史上曾三度为都，一是秦都，二是秦末塞王司马欣王都，三是刘邦建汉初期所都。栎阳一直因为其地处要道而商业繁荣，人口众多。

对献公迁都栎阳的目的，他的儿子孝公总结说："献公即位，镇抚边境，徙治栎阳，且欲东伐，复缪（穆）公之故地，修缪（穆）公之政令。"

与同处关中平原的县城——凤翔、扶风、泾阳、蒲城等相比，阎良相对繁华一些，现代一些。

阎良的繁华与现代，和当地的航空工业密不可分。走在阎良街头，我看到了许多和航空有关的事物，诸如航空学院、航空城大桥、航空科技馆、航空科技大厦、东航花园、蓝天路……几年前，我在为央视出品的《航拍中国·陕西篇》撰稿时，前调人员告诉我，在阎良，曾经发生过"堵飞机"的新鲜事。他们发给我一段视频：一架三十多米长的飞机在四车道的马路上缓缓而行，为了拐进一道大门，耗时六七十分钟，后面的车堵了一长串。

石子嵌进轮毂后我停下来去借剪刀的那座加油站，距阎良中心城区已有些距离。从方位上说，在阎良城区东南。那里，已经看不到繁华和现代的痕迹了。街两旁是低矮的房屋，有的是店铺，有的是民居，街上不见几个人。穿过空旷的大街，便是雨水弥漫的原野，草木葳蕤，竞相向着蓝天的方向节节攀升。生在阳光雨水之下，哪怕一株最卑微的野草，也怀揣着一个向上的梦想。

这地方，属阎良区下属的武屯。以前，阎良是一个镇，武屯是一个乡，它们都是临潼辖地。后来，阎良从临潼划出，独立成阎良区，行政级别为副厅。从正科到副厅，阎良如此化蛹为蝶，显然是拜发达的航空工业所赐。几十年来在武屯发掘出的秦汉栎阳城又为阎良加分不少，它让人们在谈起阎良时，还会称赞它是一座有历史、有内涵、有文化的古城。

不过，历史、内涵和文化深埋于黄土下。换言之，由于年代久远，就像凤翔的雍城一样，看得见、摸得着的地表建筑早就荡然无存。所以，我在查阅相关资料时发现有不少网友抱怨。

一个说："个人不是很推荐这里，建议大家不用特意来此……我们走了一圈，差不多半小时，却只看到了一座商鞅的雕塑和临街一块文保碑，似乎还提示着人们这里是栎阳城。"

一个说："以为最起码有段古城墙的遗址，或者能看出历史的残留，可是被眼前的景色迷惑了，就看到一座牌楼和一座雕塑，后悔呀！"

这些抱怨都是事实。栎阳古城确实既没有古城墙，也没有地面古建筑——文保碑、雕塑和牌楼都是当代出品。

牌楼毗邻的商鞅广场，是一座高大的灰色建筑，上方正中大书：武屯古镇。左右是对联：承古开今百业繁荣新栎邑，钟灵毓秀双河滋润故秦都。对联写得很肤浅，也很口水。旅游成为产业的时代，不断有新古镇、新古城出笼，为了让它们显得有文化一些，一大技法就是勒石立碑或筑楼修墙。石碑上和建筑上当然得有文字，而这些文字，又多半出自本地文化人之手，良莠不齐是自然的事。像我老家那座古镇，刘光第读书楼前的对联，不知是哪位先生所拟，平仄不顾也就罢了，甚至连最基本的对仗也不符合。这是题外话。

1963年，今天的武屯街道，那时还叫武屯公社，属临潼县。1963年1月，武屯公社关庄生产队的一些农民在村子南部取土。就像许多不经意的发现一样，取土过程中，有人的铁锹挖到了泥土下的硬物。对关中农民来说，取土、打井、造屋这样的日常劳动中，一不小心就挖出文物的事多了去了。这一回，他们挖到了什么呢？

一只锈迹斑斑的铜釜。釜是一种炊器，敛口，圆底，有双耳，略像口小腹大的罐子。古人常把甑子置于其上，用来蒸煮。铜釜，顾名思义，就是铜质的釜。

这只铜釜的口被一些瓦片堵塞了，考古工作者用力取出瓦片，釜中藏有一些饼——不是面粉制作的面饼，而是色泽淡黄的金饼。金饼计八枚，称了一下，每枚重二百五十克。其中，五枚金饼上面，刻着细若发丝的小字——在场的人没人识得任何一个字。因为，那是流行于两千多年前的篆文。考古工作者根据文字和铜釜式样鉴定：这是先秦遗物。再根据铜釜出土现场发现的厚厚的瓦片，考古工作者很自然地联想到了史料中记载的秦都栎阳。

这里，就是栎阳遗址吗？

曾经的大秦首都之一就在这片黄土下面吗？

二十世纪六十年代以来，围绕寻找栎阳古城遗址的考古工作断断续续进行了好些年。直到我前往武屯时，考古工作仍在继续。

商鞅广场东侧的田野上，密集的挡板组成围墙，将发掘工地包围。之前我已得知，除非公众开放日，否则外人不得进入现场。我能做的，只能是找一些无人值守的角落，透过围墙的缝隙管中窥豹。如同所有考古工地一样，表层泥土已被清除干净，网状的探方把工地分割成无数小方块。小方块与小方块之间，是高度不等的土埂。如果说那些小方块是田的话，那土埂就是田埂。只不过，这些"田"里不产水稻，而是藏着文物，让我们得以在千年之后窥探祖先的生活。

几十年来，经过大大小小的发掘，在武屯这片原野上，考古工作者先后清理出三座深埋的古城，分别命名为一号古城、二号古城和三号古城。

一号古城城址南北长 2430 米，东西宽 1900 米左右。出土文物证实，一号古城建于秦汉时期。

二号古城在一号古城东北，向东延伸到石川河畔，规模比一号古城更大：南北长 3800 米，东西宽 3100 米。在二号古城的城墙墙基中，出土了一些五铢钱，从而确定古城的上限不晚于汉武帝元狩五年（前 118）。

也就是说，一号古城存在的时间在秦朝到汉朝之间，二号古城的存在时间则已是汉武帝时期。二者都不可能是秦献公时代的秦都栎阳。

那么，栎阳城到底在哪里？

随着考古工作的深入，三号古城终于浮出水面。

三号古城在二号古城以西。与一、二号古城发现了较为完整的城墙不同，三号古城只发现了城墙残迹。不过，三号古城却在另一些方面有重大收获：发现了大型夯土建筑台基，大量筒瓦、瓦当，半地下室建筑及建筑里的浴室、壁炉，以及出土器物上的"栎阳""宫""栎市"等文字。这些文字无可辩驳地表明：这里，就是文献中常常提到的栎阳。

对这些出土文物的鉴定证实，三号古城中的建筑，时间上限不早于战国中期，下限不晚于西汉前期。不早于战国中期，正好与秦献公和秦孝公建都栎阳的时间点吻合。

3

据考古工作者推测，铜釜内八枚沉甸甸的金饼，它的主人当是秦国定都栎阳时，居住于城里的富豪。《史记·货殖列传》中说："献公徙栎邑，栎邑北却戎翟，东通三晋，亦多大贾。"从地理位置看，栎阳处于渭河以北，是关中平原通往三晋的必经之地。到了唐朝，连接长安和太原的南北驿道均取道栎阳，汇合后，再经大荔、临晋后渡河。从地理环境看，它位于关中平原腹地，地势平坦，土壤肥沃，且有多条河流迂回，为农业提供了便利的灌溉条件。凡此种种，都为栎阳成为人口众多、商业繁华的重镇提供了条件。

秦献公看到了商业的好处，献公七年（前378），诏令初行为市。就是在栎阳以及其他较大的城市，由国家开辟出统一管理的市场，准许民众经商，政府抽取市场营业税，用以补充国库。

与此同步进行的，是早在二十多年前的简公时代就拉开大幕的初租禾。所谓初租禾，与鲁国在春秋时开始实施的初税亩性质相同，即废除井田制，开始按地亩征收租税。不过初租禾比初税亩晚了一百八十多年。这一方面说明秦国社会进程比较迟缓，落后于东方国家；另一方面也说明秦国的经济终于发展到了亟须变革的地步。初租禾既增加了国家收入，也提高了地主和自耕农的积极性。

兴商重农是经济改革。政治上，献公大力推广县制。尽管县制由秦国滥觞，但秦国设县并不多。献公时，把东部边境的蒲城，以及蓝田、善明氏均设为县，由国君直接派官员管理。此后，作为首都的栎阳也设县。中央集权的雏形在秦国初露端倪。

献公的另一改革措施是"为户籍相伍"，即把全国人口以五家为一伍做编制。编伍，一是方便征集兵员，二是实现连坐，让人民互相监视。后来商鞅变法将这一政策推到了极致。

献公的一系列改革措施，都是为了实现他的最终梦想：打败虎视眈眈的魏国。

这一梦想在他登上国君之位十九年后终于变成现实——四年时间里，秦国三败魏国。

公元前366年，魏国与韩国会盟，双方达成一致，决定联军伐秦。随后，两国在靠近关中的今渭南东部筑城。

献公得到消息后，先发制人。秦军趁魏军立足未稳，突然发动袭击，将魏军击败。魏军东撤，秦军乘胜追击，在洛阴（今陕西大荔东南）与魏、韩联军交战，获胜。这是自灵公以来几十年间，秦对魏取得的第一次大胜。

两年后，即公元前364年，秦国主动向魏发起攻击。其时，秦国集中主力，渡过黄河，深入魏国河东地区，在石门（今山西运城）与魏军大战。秦军大胜，魏军被斩杀达六万之众。当时一个大国也不过十几二十万军队，石门之战，可以说给了魏国极其沉重的打击。由于赵国出兵援魏，秦军撤退返国。石门之战影响巨大，不仅震动中原各国，就连名义上的天下共主周天子也派人送礼致贺。

石门之战两年后，秦魏再次交手。这一次，秦国利用魏国与韩国、赵国作战的有利时机，挥师东进，魏军主力只得从赵国境内回师，双方战于少梁。此役，魏军再次被打得丢盔弃甲，就连主帅公孙痤也成了俘虏，庞城等战略要地被秦军攻克。战后，为了减轻压力，魏国不得不把首都从安邑迁往大梁，是以后来魏王又常被称为梁王。

献公发动的三大战役，重振了穆公雄风，"秦复强"，标志着秦国走出了景公以来的阴影，并为一百多年后秦国一统天下奠定了基础。是以司马迁总结说："秦始小国僻远，诸夏宾之，比于戎翟。至献公之后常雄诸侯。"

横空出世的献公，虽然没有完全收复河西之地，但他三战三捷，攻城拔寨，终使秦国由战略防御转为战略进攻。

这时，不少魏国人回想起二十年前的一桩旧事：

那年，吴起遭受谗言，弃魏投楚。当他离开亲手从秦国夺得并苦心经营多年的河西时，哭得像个泪人。随从很不解，问他，以您的志向和本事来说，抛弃天下，不过像扔掉一只烂鞋子，怎么为河西哭成这样？

吴起回答说，要是国君信任我，让我继续施展全部才能，我一定能灭掉秦国。以河西为根据地，魏国就能称霸天下。但是，现在国君听信谗言，不再用我，河西早晚会落入秦国之手，魏国以后的日子怕是不好过啊。

事实证明，吴起不仅是杰出的军事家，还是杰出的战略家。

4

商鞅不姓商。他姓公孙氏，叫公孙鞅，因为有卫国国君远支血统，又称卫鞅。多年以后，卫鞅在秦国的改革取得了令人瞩目的成就，他率军打败秦国世仇魏国，得到於商十五座城邑的赏赐。所以卫鞅又号商君，后人叫他商鞅。

商鞅时代，社会急剧动荡，天下风云四起。是时，春秋时代的数百诸侯，经过几百年来大鱼吃小鱼式的兼并，只余下了秦、楚、燕、韩、赵、魏、齐七大诸侯和中山、宋等较小的国家。

春秋时期，大师辈出，百家争鸣。不管各家观点如何互相攻诘，但要言之，各家学说的核心其实只有两点：其一，君子如何修身；其二，君王如何治理天下。延至战国，知识分子不再关心君子如何修身，而是只对君王如何治理天下感兴趣。他们不再像老子、孔子和庄子那样追求形而上的思想，而是热衷于能够迅速获取功名的权术。这种大背景下，商鞅像他同时代的众多年轻人一样，对刑名之学非常推崇。

公元前362年，在位二十四年的秦献公去世，二十一岁的渠梁即位，是为秦孝公。秦国几十位君主中，孝公的功绩和影响名列前茅。可以说，如果没有他的所作所为，秦国能否从列国中脱颖而出，进而一统天下，得打一个大大的问号。

尽管他的父亲经过二十几年的苦心经营，取得了对魏三大战役的完胜，但孝公践祚之初，当时的国际形势依然对秦国不利。司马迁说："孝公元年，河山以东强国六，与齐威、楚宣、魏惠、燕悼、韩哀、赵成侯并。淮泗之间小国十余。楚、魏与秦接界。魏筑长城，自郑滨洛以北，有上郡。楚自汉中，南有巴、黔中。周室微，诸侯力政，争相并。秦僻在雍州，不与中国诸侯之会盟，夷翟遇之。"

秦国虽然国力也颇强盛，但地处西部，位置偏僻，东有魏国，南有楚国，二者都是兵强马壮的大国，秦国要想扩张，实属不易。并且，由于文化落后，与戎狄杂处，国际社会都把秦国看作野蛮国家，有国际活动都不通知秦国，不与秦国交往。

那时候，秦国是一个孤独而又野心勃勃的虎狼之国。

孝公虽然年轻，却深知秦国面临的窘境。他耻于秦国的落后状况，决心施行改革，让秦国强大起来。为此，甫一即位，他就颁布求贤令。

这道求贤令记录于《史记》，它是秦国历史上最重要的官方文告之一：

> 昔我缪（穆）公自岐雍之间，修德行武，东平晋乱，以河为界，西霸戎翟，广地千里，天子致伯，诸侯毕贺，为后世开业，甚光美。会往者厉、躁、简公、出子之不宁，国家内忧，未遑外事，三晋攻夺我先君河西地，诸侯卑秦，丑莫大焉。献公即位，镇抚边境，徙治栎阳，且欲东伐，复缪（穆）公之故地，修缪（穆）公之政令。寡人思念先君之意，常痛于心。宾客群臣有能出奇计强秦者，吾且尊官，与之分土。

求贤令有三层意思：其一，回顾穆公时代的光荣历史；其二，痛陈厉公以来秦国陷于内乱的局面，指出秦国面临的困境；其三，希望有才之人为国出力，国家不惜高官厚禄，甚至裂土分封。

　　得知秦孝公的求贤令后，不少人奔赴秦都栎阳。这中间，便有来自魏国的商鞅——那时，他还叫公孙鞅或卫鞅。为了行文方便，我们姑且称他为商鞅。

　　在秦国，商鞅是一个外国人。一个外国人，不远千里来到秦国，不仅是为了使秦国崛起，更是想给自己博一个出人头地的机会。

　　之前，卫国人商鞅在秦国的仇雠魏国谋生，充任魏相公叔痤的家臣。公叔痤虽已年迈多病，却有识人之明。他认为商鞅是个人才，极力向魏惠王推荐。并说，如果你不肯用他，那就必须杀了他，以免他为别国服务。魏惠王的反应，正如商鞅获知此事后判断的那样：既不肯听公叔痤的话用商鞅，也不愿听公叔痤的话杀商鞅。

　　公叔痤有知人之明，也非常有心机。他知道商鞅的才干远在自己之上，因此，一直等到自己病重将死时，才向魏惠王推荐商鞅。

　　次年，秦孝公的求贤令传出，商鞅义无反顾地奔赴远离中原的栎阳，企图在那个被东方国家视为蛮夷之地的边远小邦混出个名堂。

　　虽说秦孝公下了求贤令，但也不是随便哪个人才他都会亲自接见。这样，自以为怀揣利器的商鞅也不得不找门子走捷径，他找到孝公特别宠信的近臣景监，请他向孝公推荐自己。关于景监，有人认为他的身份是宫中太监，目前史料不足以证实或证伪。司马迁只说他是孝公的宠臣、嬖臣，总之，就是领导身边说得上话的红人。

起用商鞅之前，孝公与商鞅谈了四次话。第一次，商鞅向孝公大谈帝道，即如何用三代圣君的办法统治国家。孝公对此不感兴趣，低头打瞌睡。第二次，商鞅向孝公讲解王道，即儒家提出的仁义治天下的主张。这个还是没能提起孝公的兴趣。第三次，商鞅试着给孝公分析霸道，即用法令和武力治理国家。这一回，孝公来了精神。事后，他告诉景监，你那个朋友还不错，我还想和他谈谈。第四次，商鞅终于知道孝公要的是什么了，他一上来就把准了孝公的脉，给他头头是道地讲解强国之道。孝公没有耐心做什么三代圣君，他要的东西非常实际，那就是让秦国以最快的方式变大变强。

从商鞅三次改变自己的政治主张以适应孝公所需来看，他其实并没有政治理想。或者说，他的政治理想只是希望孝公给他施展身手的舞台，顺便给他高官厚禄。与商鞅不同，孝公是有政治理想的，他的政治理想就是尽快使秦国强大，不仅不能再让东方诸侯瞧不起，还要进一步降服甚至统一它们。当商鞅如愿以偿地成为秦国这个以孝公为董事长的无限责任公司的总经理时，老板的理想也就成了他的理想，老板的灵魂也就成了他的灵魂。

其时，周王室名存实亡，诸侯鼎立，争战不已。每个诸侯国的国君，都盼着能一家独大，成长为天下霸主。为此，先后有多个诸侯国，进行了多轮政治、经济改革。但像商鞅变法步子这么大的，却找不到第二个。

5

商鞅变法分为两步推进。

第一步在公元前 359 年，第二步在公元前 350 年。

从孝公任命商鞅为左庶长开始，到孝公去世后商鞅本人惨遭杀害，商鞅在秦国主持改革长达十九年。经过商鞅十九年的兢兢业业，秦国的确如同孝公和商鞅规划的那样，非常神奇地从西方崛起，不但击败了老对手魏国，还把疆土向东方扩展了一大片。一百多年后，秦国在列强中脱颖而出，成为战国终结者，和商鞅变法密不可分。

怪异的是，尽管秦国的崛起非常成功，但秦国依然被东方诸侯轻看。先前把它看作夷狄之邦，后来把它视为虎狼之国。军事上的强大和经济上的富足，这些表明国家强盛的元素，并没有让秦国赢得比以前稍好的国际形象。相反，东方诸侯从轻看秦国变成了仇视秦国。秦国的国际形象甚至比以前更差了。至于生活在商鞅时期的秦国民众，他们对商鞅也并无好感可言。

商鞅变法，最核心的内容就两个字——农战。

农是农业，战是军事。

和当时大多数变法一样，商鞅从农战着手的改革看起来并没有什么新鲜之处。他的新鲜之处不在于改革对象，而在于改革理念和改革手段。

为了达到农战目的，商鞅先后颁布并推行了一些细则，诸如：

一、禁止民众阅读诗书。读书使人明智，知识就是力量，但在要使民众保持愚昧无知的统治者眼中，能使人明智并带给人力量的诗书非常不合时宜。商鞅认为，诗书、礼乐、诚信、仁义，以及爱好和平之类，都如同虱子般有害。一个国家倘若容许这些东西存在，这个国家就很危险。他认定的理想状态是，愚农不知，不好学问，则务疾农。即愚昧的国人无知无识，不会推崇学识，就会一心一意地种庄稼。

二、禁止民众自由迁徙。春秋战国时期，虽然我们把那些大者地方数千里，小者不过数十里的诸侯称为国，但当时的国和今天的国有很大区别。当时的各国民众，都有自由迁徙、根据自己喜好择地而居的权力。齐国文化发达，我们迁到齐国；楚国好做生意，我们迁到楚国，均无不可。

商鞅认定，民众自由迁徙，如果迁到国外，必然使秦君治下的民众减少。即便民众只是在国内迁徙，他们也会因见多识广而不好管理。所以，商鞅提出："使民无得擅徙，则诛愚。乱农之民无所于食而必农。"即禁止民众自由迁徙，那么他们就会愚昧无知。如此一来，那些不安分的想到处迁徙的人就找不到混饭吃的地方，只能去种田。

三、加重对民众违法的处罚力度，实行常年性严打，并建立连坐制，"重刑而连其罪"。连坐的发明权属于秦献公，商鞅把它发扬光大了。

四、任用奸人。诸多变法措施中，这条最令人费解。按理来说，不论在什么样的社会体制下，良民总比奸人好，为什么商鞅要重用的却不是良民而是奸人呢？商鞅认为："用善，则民亲其亲；任奸，则民亲其制。"即国家任用善良的人，那么民众就会相亲相爱；国家任用奸恶的人，那么民众就会敬畏国家制度。

五、打击商人，抑制商业。重农抑商的传统在中国流行了两千年，其始作俑者便是商鞅。在《商君书》的不同篇什里，商鞅不厌其烦地指出，国家要富强，就必须打击商人，最好由国家出面，全面取缔商业。商鞅认为，商人是游民，他们来往四方，以追逐利润为目的，虽然可以使经营者致富，对国家却有很强的腐蚀性。首先，商人四处行商，见多识广，头脑灵活，不好诓骗；其次，商人收益多，而民众一旦富有，就会轻看国家赏赐；最后，其他原本在家里踏踏实实种地的农民，看到商人经商致富，就会跟着学样，这就动摇了以农战为核心的基本国策。

因此，商鞅对商人无情打击。凡是擅自从事商业活动的，全家一并逮捕，收到官府为奴。此外，还针对具体的商业门类，制定了颇为细致具体的措施。比如，禁止粮食交易；取缔民间旅馆；提高酒肉价格，让大多数人消费不起，经营者只好关门。总之，打击商人，就是要使民众不可能通过贸易谋生，只能乖乖地被绑在土地上，一辈子做个没有非分之想的农人。

六、征收重税。征收重税的效果不言自明。一方面，使国库充盈；另一方面，使民众收入减少。那时候的主要税种为人头税，为了防止民众偷逃赋税，商鞅进行了世界上最早的人口普查和身份登记。活着的人必须登记，去世时再注销。商鞅认为，只有这样，才能"民不逃粟，野无荒草，则国富，国富者强"。即民众不能偷逃赋税，田野上就没有野草，那么国家就富有了，国家富有了也就强大了。

在防止普通民众逃税的同时，还对被允许的少量商业活动加重赋税，"重关市之赋，则农恶商，商有疑惰之心"。加重关税和市场上的商品税，那么农民就不会轻易尝试经商，商人也会对自己的事业失去信心。

七、将山林和湖泊收归国有。其目的，不仅是扩大国有资本。商鞅认为，依靠山林和湖泊谋生的猎人、药农和渔民，也是不务正业的群体。他们没有被绑在土地上，具有一定的流动性，政府不方便管理。

总而言之，商鞅变法的目的，就是要把秦国民众变成两种人，一种是农民，另一种是战士，如果君主需要，农民和战士是可以互相转换的。此外，农民和战士都必须愚昧无知，这样才能无条件地听凭驱使。农民和战士还必须是卑贱的和贫穷的，这样才能用爵位和财物之类的小恩小惠吊起他们的胃口。他们才会为了获得这些东西而不惜举报在同一口井里喝了几十年水的老邻居、老朋友，或是在战场上像一头嗜血的恶狼奋力搏杀。

商鞅相信，只有这样的变法，才能使秦国出现两种他需要的局面。其一，"王者得治民之至要，故不待赏赐而民亲上，不待爵禄而民从事，不待刑罚而民致死"。即君主掌握了治理民众的关键原则，那么民众不等君主赏赐就觉得君主可亲可敬；不等君主封爵加禄便听从命令；不等君主使用刑罚就争相为君主去送死。

其二，"民之见战也，如饿狼之见肉……父遗其子，兄遗其弟，妻遗其夫，皆曰不得无反"。老百姓听说要打仗，欢喜得像饿狼看到肉。为了打仗，父亲送儿子，哥哥送弟弟，妻子送丈夫，都说，你要是没砍下敌人的脑袋，就不要活着回来见我。

商鞅的成功，在于他的改革抓住了问题的核心，那就是用简单的、易于操作的、见效快的办法，像魔术师一样，变出一个生龙活虎的秦国。抓农业，等于让国家经济有了保障；抓军事，这是崇尚丛林法则的年代里最硬的硬道理。

商鞅变法和历史上的其他多次变法一样，还有一个共同点，那就是通过改革，让原来的一部分既得利益者失去利益，让原来的一部分什么也没有的草根，得到些蝇头小利。商鞅改革中最重要的一条就是，没有军功的贵族一律废除名位，而普通民众只要战场上杀敌够多，也授予爵位。这就意味着改革是在重新洗牌，重新洗牌会遭到既得利益者的反对，也会获得另一部分人的支持。

通过商鞅变法，秦国在人性与人道方面与东方诸侯的距离，不是缩短了，而是更远了。这时的秦国，彻底沦为一个嗜血的野蛮国家。秦国军队每五人设一屯长，每一百人设一百将。打仗时，百将和屯长如果没有斩获敌人的首级，统统要被处死。如果斩获首级三十三颗，就算达标，百将和屯长可进爵一级。在围攻敌方城市时，斩获首级八千颗，就算达标，在野战中斩获首级两千颗，也算及格，各级将领都可得到奖赏。这支依靠爵位来刺激的军队，其野蛮的战斗力显然不是东方诸侯抵挡得住的。文明败给了野蛮，是因为野蛮可以藐视一切人间道德。

商鞅的改革措施，可以使一个国家在短时间内富强，但如果把它作为长期国策，就会把这个国家引向灾难。这就好比一个重症病人，要想挽救他的生命，可以用猛药，然而长期用猛药，就不但不能治病，反而会害命。秦始皇时代，秦国施行的仍然是商鞅当年的基本国策。商鞅的改革使秦国最终统一了天下，却没能使秦朝逃过其兴也勃、其亡也忽的短命怪圈。究其原因，就是商鞅变法这剂药过于生猛，一个正常国家，不可能承受住这样的猛药。

6

在西安城南时，我住的酒店楼层很高。清晨，太阳升起，我站在阳台上向南眺望。天际线处，是一条青黑的山影。那是终南山。

终南山属于另一列更宏伟、更气象万千的山脉——秦岭。

自古以来，秦岭被称为天下之大阻，绵亘于甘肃、陕西、湖北和河南四省之间，自西至东，长达一千六百公里，相当于从北京到成都的距离。

我从西安城南出发，前往秦岭腹地的一座小镇。车出三环，在高速公路上溯灞河而行。两岸是一些平缓的黄土塬，蓝田县城坐落在灞河拐弯处。过了蓝田县城，高速公路与灞河分道扬镳，一个东折，一个南行，一个顺着沟谷，一个钻进深山。

横亘的秦岭宽度在一百公里以上，南坡长而缓，北坡短而陡。因此，自西安向东南驾车行驶，只见关中平原尽头，秦岭如同一堵高耸的绿墙。深切的溪涧，形成了一条条通往大山深处的峡谷，通称秦岭七十二峪。高速公路就沿着其中一条矫若惊龙的山谷蜿蜒前行。

不仅今天的高速公路依山就势，自远古起，那些沟通秦岭南北的古道，也同样选择了相对便于通行的河谷。与高速公路相伴的，便是沟通关中与南方的武关道。

武关道又名商山道、商於道，唐时，还有一个戏称——名利道。

后人称公孙鞅为商鞅，前面说过，是因他的封地在於商。从蓝田入山，沿武关道南行，秦岭山区的陕西商洛一带，就是商鞅曾经的封地——共计十五座城。

商洛市区位于丹江之滨，商鞅大道紧邻丹江。这条两千多年来既曾是战争通道也曾是商贸与文化通道的河流，看上去颇有些不起眼。两岸整齐的河堤，以及远远称不上丰沛的水流，看起来不像发源于秦岭深处的大河，更像人工开凿的引水渠。

商鞅广场在商鞅大道西北的河对岸，一座满头覆绿的小山的脚下。远处，高架桥翻山越岭；近处，低矮的树木经冬犹绿。巨大的商鞅塑像背山面江，塑像左近，卖小吃的摊位生意冷淡。在商鞅严肃目光的注视下，我坐在其中一家摊位前，漫不经心地吃了一碗橡子凉粉。

凉粉这玩意儿，中国到处都有。在我的老家四川，根据制作原料不同，有米凉粉、豆凉粉之区别。橡子凉粉我却是第一次品尝。显然，它的原料是橡树结出的果实——橡子。橡子这东西，除了少数地方——如商洛——把它制成风味小吃外，已经很少有人食用了。在古代，它向来是穷苦人家无可奈何的充饥物，比如流落同谷的杜甫就跟随一个养猴子的老人到山里去寻找橡子充饥，所谓"岁拾橡粟随狙公，天寒日暮山谷里"。

尽管商洛市区有商鞅广场和商鞅大道，但考古和文献二重证据表明，商鞅封地的核心，或者说封地的"首府"，不在城区，而在商洛市下辖的丹凤县。

许多人是通过著名作家贾平凹知道丹凤的。贾平凹即丹凤人，他的作品中，经常写到商州，写到丹凤，以及那个叫棣花的古镇。据说，今天的棣花镇已建有贾平凹纪念馆。对此，我兴趣不大，没去凑热闹。

丹凤县城叫龙驹寨。名字的由来，据说和刘邦有关。刘邦入关时，就是自武关道北行的。到了龙驹寨，他的坐骑生了一匹小马驹。后来，刘邦建汉称帝，想起昔年经历，遂为这个地方赐名龙驹寨。当然，这只是当地父老口耳相传的闲话罢了。

因为地处丹江之滨，龙驹寨得交通之利，成为秦岭腹地的水陆大码头。今天到丹凤的外地人，几乎都要去的地方便是船帮会馆。

船帮会馆建于清朝嘉庆年间，已有两百多年历史。会馆由来往于丹江的船家和水手集资修建，相当于水运行业俱乐部。会馆里，供奉着一位叫杨泗的神祇。杨泗的原型，有杨幺说、杨再兴说、杨从义说。据说杨泗能平定水患，镇妖降魔，被道教奉为水神。在长江流域，许多地方都建有杨泗庙。我老家的沱江岸边就有一座。后来，庙毁了，只留下一个地名，乡人不知是杨泗庙，纷纷写作杨师庙。

丹凤城西，国道旁边，丹江冲积出的平坝上，房舍林立的古城村炊烟袅袅，和山林间飘来的云雾一同缓缓上升，渐渐消散。除了国道上偶尔的汽笛声，只有村子里的鸡鸣犬吠，夹杂着孩子的笑声。

好些年前，有一天胡乱捏着遥控板看电视，忽然晃见央视某套综艺节目里，电视剧《大秦帝国》的导演和主演与粉丝们见面。粉丝送给他们心中的偶像一些礼物。其中，一个女子送的礼物很奇特，她送给饰演商鞅的演员一块瓦片。

那不是普通瓦片，那是一块来自先秦时期，已有两千多岁的瓦片。

并且，这块瓦片出土于古城村。

古城村，就是商鞅封邑曾经的"首府"，今天的商邑遗址所在。

商邑遗址的一块碑，对发掘经过以及认定为商鞅封邑的情况做了简要介绍：

> 商邑遗址是战国时期秦国著名的政治家、改革家商鞅的封邑。商鞅（约前390—前338），战国时卫国人，故称卫鞅。他到秦国说服秦孝公变法图强，秦孝公三年（前359）任左庶长，辅佐秦孝公变法，使秦国综合国力得到空前增强。秦孝公二十二年（前340），卫鞅率兵破魏有功，

被封於商十五邑，遂称商鞅，号商君。

商邑遗址在 1979 年的考古调查中首次发现，1996
年，陕西省考古所和商洛市博物馆联合对遗址进行了全面
调查和抢救性发掘。在考古发掘中发现了秦国修筑的一段
城墙和长约 1 公里的城墙墙基。结合文献资料的记载，该
城墙就是秦孝公十一年（前 351）"城商塞"时修筑的城墙
遗存。同时在遗址中采集到一面制作精细，当面模印小篆
"商"字的半瓦当。秦国修筑的城墙和"商"字瓦当的发
现，为商鞅封邑故址的认定提供了重要依据。

商鞅封商后，通过实施变法，使商邑成为丹江流域上
游地区一处政治、经济和文化中心。

7

公元前 340 年是商鞅的高光时刻，当然也是秦孝公和秦
国的高光时刻。高光时刻的推手，便是商鞅，以及幕后的秦
孝公。

前 340 年，是秦孝公二十二年。这一年，《史记》的记载
是："卫鞅击魏，虏魏公子卬。封鞅为列侯，号商君。"

简单地说，这一年，秦国讨伐世仇魏国，并大败魏军，俘虏主将公子卬。统帅秦军的是商鞅。因为有此战功，孝公将於商之地封给他，从此商鞅得号商君。从那以后，世上有了商鞅这个显赫的名字。

不过，令人遗憾的是，商鞅的高光时刻是以背信弃义来换取的。

商鞅曾在魏国待过，与公子卬不仅熟识，还有一定交情，算得上是老朋友了。两军对阵之际，商鞅想到了如何利用当年的友谊。他给公子卬写了封信，真诚地回忆当年，又说如今带兵攻魏，实属迫不得已，希望公子卬前来一叙，双方好说好散，千万别打。公子卬要么是个老实人，要么过于相信友谊，从来没有真正认清过商鞅的真面目，他一踏进秦军军营，立即被捕。接着，商鞅发动了对魏军的进攻，失去主帅的魏军无法抵挡这支志在砍下更多人头的魔鬼般的军队。

这一战，秦国取得了渴望已久的胜利，大有扬眉吐气之感。尽管兵不厌诈，但商鞅这种不讲信用的做法，仍然为天下人耻笑。同样是商鞅，改革之初为了显示诚信，曾经上演过五十金搬木头的政治秀。此时为了击败魏军，却不惜在天下人面前暴露自己的欺诈本性。与其说这是内外有别，不如说诚信也好、欺诈也罢，都不过是商鞅手里的牌而已。

至此，商鞅的事业达到了前所未及的高度，他本人也成为秦国一言九鼎的大人物。大人物是容易自我膨胀的，更何况商鞅把秦国从弱国变成了强国，他更有自我膨胀的充足理由。

月盈则亏，水满则溢。就在商鞅的事业如日中天时，突然来了一个不速之客。客人叫赵良。赵良和商鞅进行了一次推心置腹的长谈，对此，太史公用占《商君列传》三分之一的篇幅作了详细记录，可见，在太史公心目中，这是一次极其重要的谈话。

谈话伊始，商鞅表示愿意和赵良交朋友。赵良对一人之下万人之上的商鞅提出的友好提议，明确拒绝。商鞅怀疑赵良对他治秦的丰功伟绩不认同，很得意地总结了他变法的几大功劳，并问赵良："我和五羖大夫相比，哪个更贤能？"

五羖大夫即前文讲过的穆公贤臣百里奚。赵良是个直肠子，不怕犯颜罹祸，他对商鞅长篇大论地说了一番话，这番话，太史公很生动地记在《史记》里，翻译成白话，大概是这样的：

五羖大夫原本是楚国乡下人，听说穆公贤明，特意跑来投奔。但缺少路费，只得给秦国客商打工，穿着破衣喂牛。过了好些年，穆公听说有这么个人，于是把他从牛棚里请出来，予以重任。当时秦国民众都不相信他真的有能力。他治理秦国七年，秦国就强大到打败郑国，三次俘虏晋国国君，还解了楚国一次围。因为五羖大夫的德政，巴人前来朝贡，八个戎国也都臣服。由余听说他的贤明，主动前来投奔。五羖大夫治理秦国时，再累也不坐车，再热也不打伞。视察工作时，从来都是轻车简从，坚决不要警卫。他治理秦国的成就，充盈的国库可以作证。他施行的仁德，后世铭记在心。五羖大夫去世时，秦国男男女女痛哭流涕，连小孩子也因悲哀而不再唱歌，舂米的人也因悲伤而发不出相应的呼声。这都是五羖大夫感天动地的德政。

后来你晋见秦君，走的是秦君嬖臣景监的路子，这是上不了台面的事。你治理秦国，不关心民生，只顾修建楼堂馆所，这些都算不上正道。你为了打击政敌，把太子的两个老师，一个割掉鼻子，一个脸上刺字，随意用严刑峻法伤害老百姓，你这不是执法严明，而是在给自己积累灾祸。传统道德对老百姓的潜移默化，要远远超过政府法令；老百姓对清白正直官员的效仿，也要强过政府的三令五申。现在你却排斥传统道德，用旁门左道的东西约束百姓，这不是教化民众的法子呀。你被封为商君，位高权重，动不动就把秦国贵族投进监狱。《诗经》上说："相鼠有体，人而无礼；人而无礼，胡不遄死？"以《诗经》的观点看，你这种做法，很可能注定不得好死。公子虔被你割了鼻子，杜门谢客八年了，你不但不反思，反而又杀了祝懽，还对公孙贾处以黥刑。《诗经》说："得人者兴，失人者崩。"你这种做法，非常不得人心啊。你每次出行，后面都跟着几十辆车子，里面都是全副武装的甲士，和你同车做你的贴身保镖的，都是身强力壮的大力士，手持长矛的步兵跟着你的车亦步亦趋。这几样东西只要少一样，你就坚决不出门。《尚书》说："恃德者昌，恃力者亡。"你现在的危险处境，就像早晨的露珠，随时可能被太阳晒干，你难道还想得到善终吗？依我看，你现在最好的办法就是把十五座封邑还给国家，隐居到乡下去种菜。你还应该劝劝秦君，做好几件重要事情：任用那些被埋没的有才之士，抚恤那些无依无靠的孤老孤儿，敬爱长辈，善待功臣，尊重有道德的高士。如果这样的话，你可能会稍微安全一些。你想想自己的处境，难道还要贪恋封地财富，贪恋秦国大权，以此来激化老百姓对你的怨恨吗？秦君百年之后，秦国人民难道真的会原谅你，不把你投进监狱吗？我看那个日子离现在已经不远了。

赵良一席话，说得有理有据，一点也没给商鞅留颜面。但是，处于顺风顺水中的人是听不进劝告的。而且，商鞅在变法之初就引用郭偃的话向孝公表示自己的决心：成大功者不谋于众。要想干一番轰轰烈烈的大事业，就不要听其他人聒噪。

8

　　战国时期，列国纷纷变法，以图富国强兵，但变法的主
持者们，却大多不得善终。李悝自杀，吴起伏诛，商鞅的结
局也很悲惨。

　　商鞅改革，一开始便遭到贵族反对。为了给反对派一点
颜色看，商鞅非常严厉地处罚了带头闹事的两个太子老师：
公子虔和公孙贾。他们一个被处以割掉鼻子的劓刑，一个被
处以脸上刺字的黥刑。对这两个优雅的老贵族来说，这种处
罚简直比杀了他们还难受。当然，这也为商鞅后来的悲剧埋
下了祸根。

　　赵良的规劝果然没引起商鞅的重视，至多是让他不快。
他万万没想到的是，赵良预言的秦孝公的死很快就成为现实。
公元前338年，孝公去世，享年四十三岁。

　　孝公死后，其子驷继位，是为秦惠文王。商鞅可能以为，
孝公的死固然是极大损失，但自己既然成功地让秦国这个落
后国家一跃成为大国，且大权在握，新国君不可能把自己怎
么样。然而，事情的发展却不以商鞅的想法为转移。他很快
就遭遇了赵良所说的清算。

　　太子的两个老师，他们早年因反对商鞅变法而被商鞅施

以刑罚立威，等到太子继位，他们终于熬出头了。第一件事，就是报复商鞅。公子虔和公孙贾联名举报商鞅，宣称他谋反。秦惠文王立即认同了这种说法，派兵抓捕商鞅。

尽管商鞅贵为拥有十五座城的商君，但他在自己制定的严苛的秦国法律面前，也只能仓皇出逃。

商鞅的出逃堪称黑色幽默。逃亡途中，商鞅好不容易找到一家旅馆。他的改革措施中有一条就是废除旅馆，这家还在营业，估计是经过政府特许。旅馆老板不认识商鞅，要求商鞅出示身份证——那时叫验，但如同丧家犬的商鞅压根儿没把验带在身上。于是老板非常严肃、非常正确地警告商鞅，按照商君制定的法律，如果接纳没有验的客人住宿，我就要负连带责任。商鞅听罢，仰天长叹，没想到新法竟然把我弄到这般田地呀。后来有个成语，叫作法自毙，就源于此。

商鞅逃出都城后，向东边一路狂奔，想去投奔他曾经服务过的魏国。但是，魏国人鄙视他以友情为陷阱的可耻行径，拒绝他政治避难。他又向魏国提出，只需借道前往他国。魏国仍然不答应。商鞅无奈，只得逃到他的封地，组织手下门客造反，这反倒坐实了公子虔等人的指控。仓促组织起来的乌合之众，当然抵挡不过每战必须砍下定额人头的正规军。商鞅束手就擒。

商鞅被杀，尸体被刀斧肢解。商鞅死后，完全无辜的商鞅家人，也只有死路一条。一人犯法，全家抵罪。这条法令，也是商鞅亲手制定的。

商鞅曾经信心满满地自认是秦国人民的大救星，是他使得这个弱国摇身变为头号强国。但是，对商鞅的惨死，秦国人的反应是"不怜"。秦人虽然没有拍手称快，但是带着幸灾乐祸和冷眼旁观的成分。

以现代政治伦理来说，政府的所有举措，激进的改革也好，保守的维持也罢，其第一要义都是让人民富强。但商鞅的改革要的是国家富强，并且，仅仅国家富强还不够，还必须人民贫困、弱势。这样，君主奴役他们的成本才会降到最低。也就是说，商鞅的改革内核就是损民众以富国家，弱民众以强政府，辱民众以尊君主。在秦国大国崛起的背后，隐藏的是无数民众痛苦的眼泪与无望的呼号。虽然改革也曾让一部分民众尝到过一丁点小甜头——比如通过杀敌而得到爵位，比如围观昔年高高在上的贵族颜面扫地，但是，与这些小甜头相比，民众更多的是承受痛苦。可以说，商鞅变法的本质，就是要通过把全国人民变成会说话的工具，来达到国家的富强和君主的独裁。因此，尽管商鞅表面给了秦国民众一个强大的、令其他国家闻风丧胆的国家，但秦国民众却对他的惨死没有丝毫怜悯。这说明，一场以牺牲民众根本利益为手段，把每个人都变为国家机器上的一颗螺丝钉的改革，不可能真正得到民众的拥护。对秦国民众来说，这个国家再强大，再怎么所向披靡，它与我有什么关系？

秦国后来的另一个铁腕政治家李斯的同学韩非子说：商鞅死，秦法未败。的确，商鞅本人虽惨死，但他当年制定的新法还在秦国沿袭，并直接为后来的秦始皇统一中国打下了基础。其实，不仅商鞅的新法在秦国不灭，在中国历史上的其他时代，也随时可以见到其影子。虽然具体的法令条款不同，但商鞅总结出来的愚民、辱民和穷民的改革精神却阴魂不散。

第八章　咸阳：六王毕，四海一

1

古人把山之南和水之北称为阳。

最初的咸阳，在渭水以北，按理，可以命名为渭阳。同时，最初的咸阳，又在峻山——即唐太宗昭陵所在地——之南，按理，可以命名为峻阳。正因为无论从水来讲还是从山来说，这块风水宝地都属阳，所以，既不叫渭阳，也不叫峻阳，而是叫咸阳——咸者，都也；咸阳，都是阳。

从栎阳前往咸阳时，恰逢麦收。关中平原上，三三两两的收割机正在忙碌。机械化普及后，曾经追随麦浪的关中麦客几乎绝迹。或许，在一些偏僻的、机械化的巨手还没伸过去的地方，他们尚有一席之地吧。随着时代的进步，总有一些古老的手艺和古老的谋生方式被抛弃。

空气中浮动着麦子粗粝的香味。熟悉的香味让我想起童年时的经历。每到麦熟，老村长总会站在田垄上，伸出粗大的手，折一枝麦穗，细心地把麦子捋下来放进嘴里。当他扬起下巴用力咀嚼时，我看到他脸上露出了迷醉的神情。他把麦子吞下肚，对围观的孩子们大声武气地说："娃儿们啊，今年又有麦粑胀饱肚皮了。"

麦粑，一种用面粉制作的食物。北方把小麦当主食，且一般都是蒸馒头或擀面条，四川的小麦是一种辅食，煮饭时，把面粉加水调和揉制，拉扯成块状，巴掌大小，薄薄的，放进锅里与大米同煮，称为麦粑稀饭，既可补充大米之不足，也比大米粥更耐消化。另一种做法是烙麦粑，即把拉扯成块状的面团放进油锅里烙——这种吃法费油，轻易不做，除非是殷实人家或偶尔改善生活。

麦收完成大半了。还没来得及收割的，仍是一片醉人的酥黄；已经收割了的，余下一片片整齐的麦茬。颗粒归仓的大地如同一位刚刚完成生育的母亲，带着疲倦、慵懒，更带着骄傲。现在，它需要休养，需要生息，以便孕育下一个孩子。大地比母亲更伟大之处在于，它年复一年地孕育、降生，却永远不会衰老。

嗅着麦香，遂想起考古工作者在栎阳发掘出土的一件文物。

那是一台石磨。石磨材质为颗粒状砂质岩，直径半米多，厚约八厘米。磨中间嵌着一根铁轴，以铁轴为圆心，七排磨齿呈同心圆排列。

这种石磨，在我老家川南农村，每座村子都有几台。因为，它是农家生产生活的必需——那时，电力尚未普及，打米机和粉碎机都以柴油作动力。一个行政村，一般就一家打米房。比如我们村，打米房远在五六里外，除了打米不得不挑着去外，日常磨豆腐、磨红苕、磨玉米，都靠石磨。

这种形制的石磨，最早出现于战国时期，一直沿用到四十年前，使用时间超过两千年。可以断定，诸多工具中，它是陪伴我们最长久的。

之前，还有一种石磨盘和石磨棒。

出土于河南新郑裴家岗，收藏于国家博物馆的石磨盘和石磨棒，已有八千多年历史，它们由整块砂质岩石磨制而成。石磨盘像鞋子的鞋底，盘面平整，两端呈圆弧形，底部有四个柱状矮足作支撑。石磨棒为圆柱体。

石磨盘和石磨棒应该是配合使用的——主要用于脱粒，可能也用于粉碎，但粉碎效果很差，只能把玉米或小麦压成粗颗粒，无法碾为粉末。

从新石器时代的石磨盘和石磨棒，到战国的石磨，这是一次了不起的技术革命。甚至，我以为，它改变了当时的天下格局。

商代的一块牛肩胛骨上有卜辞说："月一正，日食麦。"意为大年初一，商朝王公贵族的餐桌上要有麦饭。把麦子作为开年的第一餐，是上流社会的时尚。在商朝及周初，小麦虽已出现，但种植面积不大，还带有某种稀缺品和特供品的意味，没有飞入寻常百姓家。

麦子的小面积种植，原因不外两个。第一是种麦需要大量用水，而彼时的关中平原还没有水利工程可资灌溉；第二是麦子并不好吃。

原来，石磨发明前，古人是把麦粒当成米一样煮熟了直接吃。粗糙的麦粒既不易消化，口感也差劲。至于商朝上流社会对麦子的重视，很可能并不是因为麦饭味道好，而是物以稀为贵，是权力的象征和礼仪的需要。

当时间进入战国，苍茫的北中国大地，原野上出现的众多作物中，麦，尤其是小麦，渐渐成为种植面积最广大，同时也是上至贵族下到农民最在乎的农作物。董仲舒感慨说："《春秋》它谷不书，至于麦禾不成则书之，以此见圣人于五谷最重麦与禾也。"——如果遇上水稻和麦子歉收，《春秋》必定记上一笔，其他粮食却没这种待遇。

学界认为，小麦是史前时期由高加索一带居民驯化的，它随着远古民族交流一路东来，穿中亚，翻葱岭，入中国。在越过了新疆和河西走廊后，关中平原是小麦遇到的第一块最适宜生长的热土。

关中平原的冬小麦秋种夏熟，能够在青黄不接时弥补粮食之不足，古人认为这是接绝续乏。此外，它还可利用晚秋和早春时节生长，不与其他粮食争夺生长期。如果与早谷配合，就能提高复种指数。除小麦本身的这些优点外，更重要的是技术进步开创了小麦的黄金时代，反过来，小麦又进一步推动了时代的发展。

首先是灌溉。地处关中平原腹地的户县，周灭商之前曾定都于此。周平王东迁后，作为空头支票许给秦襄公的岐丰之地，就包括了户县。

"曹丞相稳坐中原，众诸侯轮流把盏。小卒们一来一往，为的是汉室江山。"在户县，我听到这样一个谜语，谜底是水车。水车的出现，是在春秋时期。从此，水往低处流的定论被人力推翻。依靠水车或与水车相类的桔槔，水可以按照人类意志往高处走。

尽管水车能使水往高处走，但前提是要有水源。为此，春秋战国时期，诸侯竞相修建水利工程。其中，秦国修建了最为庞大的郑国渠。它的修建，彻底改变了关中平原的农业面貌。之前的关中平原有不少泽卤之地，土质呈碱性，不利作物生长。全长一百五十多公里的郑国渠引泾河流入渭北后，不仅解决了干旱，还改良了土质，关中平原从此成为膏腴之地。根据《史记》的记载推算，当时，关中平原一亩地可产小麦一百二十五公斤，与今天相比自然微不足道，但在当时的条件下，这一产量相当可观。

其次是铁器和牛耕。铁器出现之前，人类处于青铜时代。青铜硬度高、韧性差，多用于礼器和贵族用品，仅有少量制作农具。农具的主要材料仍是粗陋的木头、石头和骨头。春秋时，冶铁技术出现。逮至战国，铁制农具渐渐普及，从而使牛耕成为可能——有了耐用的铁制犁铧。

铁犁和牛耕无疑是战国时期最先进的生产技术，而秦国据有的关中平原，是最早推广这些技术的地区之一。据《战国策》记载，赵豹向赵王分析秦国与赵国的国力时，深为忧虑地指出，秦国更为强大，一大证据即"秦以牛田"。

最后是石磨的发明。如前所述，最初，我们的祖先是把麦粒煮熟当饭吃。既难吃，也难消化。石磨的发明，使面粉问世。从麦粒到面粉，其间的时间跨度有上千年。我们可以认定：石磨是一项被严重低估了的伟大发明。面粉登场，各种味道可口的面食才成为可能。因而，小麦渐渐成为关中平原诸多农作物中独霸一方的主角。

秦汉时期，人们把几乎所有用面粉制作的食物都统称为饼：烧饼、汤饼、蒸饼、笼饼。和以往的食物相比，面粉制作的饼具有明显的优点：味道好、营养高、耐饥饿，是一种非常理想的食品。

诸种饼之外，比较特殊的是一种叫糗的干食，用米或面制成。它是两千多年前的方便食品。易携带，易果腹，不易变质。

小麦的广泛种植与高产，以及小麦食品，尤其是糗这种方便食品的出现，既使军粮更容易置办，也使军粮便于携带。无形中，秦军的活动半径扩大了，秦军的作战效率提高了。随着秦军南征北战，小麦食品和虎狼之师一起进入遥远的异地他乡。当秦始皇建立起大一统的大秦帝国时，小麦文明完成了天下归一的征程。

因此，在我看来，关中平原上那些在一场大雪后慢慢苏醒的小麦，是一个其兴也勃、其亡也忽的短命王朝的缔造者之一。万里长城和兵马俑的根基，竟然是这些看上去弱不禁风的禾本科植物。

2

孝公十二年（前350），秦国迁都咸阳。这是秦人九都八迁的最后一都和最后一迁。

在咸阳，秦人将筹划翦除六国，实现海内混一的大业。不过，秦人也将在这里走上末路。

咸阳见证了秦人的光荣与梦想，也目睹了秦人的失败和屈辱。

孝公在位二十四年，正好栎阳一半，咸阳一半。

孝公薨，商鞅诛，孝公支持下的商鞅变法却并未中止，所谓"秦法未败也"。

栎阳作为秦都只有三十四年，经历了一代半人——献公一代，孝公半代。如果考虑到正式迁都前，起码得提前三两年修房造屋的话，那么，孝公决定从栎阳迁咸阳肯定还要早一些。

孝公为什么要迁都咸阳？虽然史料并无明确记载，但揆诸常理，不外乎以下几个原因：

其一，国际形势的改变。献公自泾阳迁栎阳，是为了对付咄咄逼人的晋国。到了孝公时期，对魏战争屡次胜利，河西之地大部分收复，对魏战争由战略防御转为战略进攻，而进攻的方向，也由河西一带转向了潼关以东。这样，栎阳的位置显得偏北了一些。

其二，栎阳虽"北却戎翟，东通三晋"，但与咸阳相比，其地理位置要逊色得多。咸阳地处关中平原腹心地带，兼有渭河横贯，可以顺流而下直入黄河。陆路方面有渭北古道东出临晋，可深入魏国腹地，渭南古道则东出崤函，直达中原。

从孝公迁都到秦二世亡国，咸阳作为秦国及秦朝首都历时一百一十四年。

新首都的建设是从一座颇具象征意味的建筑拉开帷幕的。

《史记》载："（秦孝公）十二年，作为咸阳，筑冀阙，秦徙都之。"渭河北岸的咸阳原上，出现的第一座建筑是冀阙。

冀阙是什么？

司马迁没有解释，后代学者各有看法。我以为，比较靠谱的是刘伯庄的话，"冀犹记事。阙即象魏也"。司马贞进一步解释说："冀，记也。出列教令，当记于此门阙。"就是说，冀阙又称为象魏——意为像山一样巍然耸立，魏通巍，所以冀阙又称魏阙。它本是宫门外对称的一对台观式建筑，后来成为朝廷、宫室的代称。如"身在江湖，心在魏阙"。

上古时候，冀阙——或者说魏阙、象魏——乃是颁布政令的场所。《周礼》说："正月之吉，始和布治于邦国都鄙，乃县治象之法于象魏。使万民观治象，挟日而敛之。"意思是说，新年伊始，国家把法令写成文字——称为治象，悬挂在冀阙上，一直要悬挂十天，让远近百姓阅读，以便知道国家政策。

后来的秦国国都咸阳，城市雄伟壮丽，宫殿极尽奢华。咸阳城建设的第一步，就是修两座左右相对的高台。两座高台象征着国家与国君至高无上的权力，国君的号令从这里发出，指挥整个国家的千军万马。

西安绕城高速上有一座立交桥名为阿房宫，其内侧，便是阿房宫遗址。因为唐人杜牧的一篇《阿房宫赋》，早已不复存在的阿房宫仍名声显赫，几乎成为秦朝及其首都咸阳的代名词。史料记载，阿房宫始建于秦始皇三十五年（前212），仅仅两年后，秦始皇就死于东巡路上。

从栎阳迁到咸阳，秦国的都城和宫殿，建在距后来的阿房宫二十多里的地方——它们一个在渭河以南，一个在渭河以北。关于渭北，大约是杜甫那句"渭北春天树，江东日暮云"给我留下的印象过于美好，当我在深秋里看到渭北平原枯萎飘零的杨树时，未免有几分失望。

咸阳宫遗址坐落在一片辽阔的黄土塬上。登高远眺，两千年前的宫殿已化为耕地和树林，林子中间偶有一些突起的台地，很可能就是当年的台基。而今，台基下的黄土沟里，点缀着一些民居，一群群羊在房前屋后的草丛中低头吃草，如同两千多年前一样安详。

也只有这些不知人间兴亡的牲畜，才会如此安详，安详得近乎麻木。

城市的快速发展，使得咸阳与它东面的西安实际上几乎连为一体了，称为西咸城市带。

咸阳城区由秦都区和渭城区组成。从地理上说，整座城市布局于渭河南北两岸。大体上，北岸为老城，南岸是新区。

渭河上，早在周朝初年就曾架舟为桥。秦汉时，一座名为横桥的大桥是来往两岸的必经之路。只是，时过境迁，横桥早就荡然无存——不过，另一座以横桥命名的现代化大桥却于早些年架在河上。这是一座公路桥，大桥跨越渭河水面的部分并不长，桥体大部分跨越的是没有河水的河滩。河滩比河床高出约两三米，河滩上青青绿绿，都是灌木和杂草。其间，又立了一些灰色的电线杆，仿佛它们也是从河滩上长出来的。

河北岸是咸阳渭城区下属的窑店镇。1961年，就在距渭河两三公里的窑店镇牛羊村北面，发现了秦咸阳城一号宫殿遗址。后来，又相继发现了二号和三号宫殿遗址、兰池宫遗址、六国宫室遗址和众多作坊与墓葬遗址。

消失多年的秦都咸阳，就这样一点一点地从铁镐下重新现身。据考古工作者初步测定，秦咸阳城遗址范围为今天的渭城区正阳镇柏家嘴到窑店镇黄家沟，保护区面积达七十二平方公里——今天咸阳城区的建成面积为七十三平方公里，二者大体相当。如果与住建部发布的《2019 年城市建设统计年鉴》数据比较，秦咸阳城的规模，与今天的胶州、昆山、亳州相等，略大于廊坊、黄山、商丘、铁岭，能够排入中国城市面积前两百强。

三个宫殿遗址总面积一万五千多平方米，出土了大量砖、瓦以及铁器、陶器、丝绸和绢。之前，许多人都认为，一号宫殿遗址即秦王宫主体建筑，荆轲刺秦王这种激动人心的往事就发生在这里。考古工作者在一号宫殿遗址中发现了一根直径达六十四厘米的柱子，一下子就让人想起荆轲手执淬有剧毒的匕首追杀秦王政时，秦王绕着柱子狼狈逃窜的情景。

值得一说的还有一号宫殿遗址的墙壁。作为当时第一强国的王宫，墙壁不是砖砌，不是石垒，也不是夯土。它的筑墙方式，与四五十年前四川农村农舍的筑墙方式一样：先用切成小段的粗麦秸拌泥打底，墙坯厚一寸多，再用麦糠拌细泥抹平，这一层厚半寸多，最后再用白灰粉刷。这说明，这种筑墙方法，横跨了中国的整个农耕时代，沿袭了两千多年。

不过，当年参加过发掘的学者王学理却认为，一号宫殿遗址不是秦王宫，从体量、形制各方面看，它更可能是冀阙。孰是孰非，或许现在还难以下结论。

二号宫殿遗址位于一号宫殿遗址西北，推测也是以夯土台为基座的台榭建筑，但比一号宫殿更为宽大。二号宫殿遗址上，发现了十八个竖管，分布于回廊和庭院地面。考古工作者估计，这些竖管是用来插旗杆的——遥想当年，黑色的秦国大旗在这里迎风飘扬，彰显出一个不断崛起的大国的意气风发。然而，谁也料想不到，秦朝居然二世而亡。

三号宫殿遗址位于一号宫殿遗址西南，两者相距近百米。三座遗址之间，都有回廊相连。三号遗址出土了大量壁画。据说填补了宫室建筑史上秦代绘画的空白。

从孝公开始，直到秦二世，将近一个半世纪里，历代秦君就在咸阳宫处理政务。因而，可以说，咸阳宫就是大秦的心脏和大脑。

3

公元前325年四月初四，一场盛大的典礼在咸阳宫如期举行。

出席典礼的除了秦国君臣外，最重要的就是魏国国君和韩国国君，其次是此前已被秦国打得服服帖帖的戎狄各部君长。

典礼上，秦国国君驷称王，后世称他为秦惠文王。魏国国君魏惠王和韩国国君韩威侯为惠文王驾驭作为称王标识的马车——这套程序，二十年前，魏惠王曾经操作过一次，称为"乘夏车，称夏王"。

众所周知，周朝最高统治者，作为天下共主的周天子称王，其下，是公侯伯子男五等爵位的诸侯，以及等外的附庸。但是，诸侯之中，南方的楚国却从春秋初年就自封为王。这种僭越行为，周天子无力干预，各诸侯国也装聋作哑。

楚国称王是在熊通时代。楚国受封时为子爵，地位很低。周成王时，周天子召集诸侯，楚国国君连正式出席的资格都没有，只能和鲜卑首领一起，在大厅外看守火塘。那时，楚国只是南方的一个落后小国，自然没资格叫板。到了熊通时代，楚国不断扩张，兼并或征服了周边一大把小国，实力增强不少。熊通通过随侯向周天子请求提升爵位，但是，周桓王拒绝了。

熊通大怒，于是自立为王，并自称楚武王——武本是谥号，应在他死后再谥，但他把自己的谥号提前预定了。

这一年，是熊通在楚国君位上的第三十七个年头，即公元前704年。此时，秦国属于宪公时代，都城还在平阳。

楚国擅自称王，诸侯更多的不是羡慕，更不是效仿，而是鄙夷，认定楚国乃不折不扣的不懂礼法的蛮夷。比如鲁国的国史《春秋》，并不承认楚王，依然把楚国国君称作楚子。所以，此后三百多年间，竟然没有其他任何诸侯擅自称王。

战国中期以后，兼并加剧，周王室愈加没落。这时，另一个自我感觉良好的国君挺身而出，拉开了诸侯称王的序幕。

这就是魏国第三任国君魏䓨。

魏䓨称王，始于秦国的阴谋。

魏惠王在位时，魏国已不复文侯、武侯时的强盛，且在与秦国的战争中一败再败。但瘦死的骆驼比马大，魏国依然是当时的头等强国。

秦孝公十二年（前350），秦国有两件大事：第一件是从栎阳迁都咸阳；第二件是魏国攻打秦国定阳（今陕西延安），秦国主动求和，秦孝公与魏罃会面，达成停战协议。

此后，魏国以朝见周天子为名，召集了一批小国家会盟，策划组成联军攻秦。秦国以前多次吃过联军的亏，孝公很担心。单是一个魏国已很是难缠，如果再加上其他国家，秦国危矣。商鞅建议，用尊魏为王的办法改变魏国攻秦的战略。秦孝公同意了。于是，商鞅出使魏国，说服魏罃，建议魏国除号令宋、卫、邹、鲁等小国外，还应与北面的燕国和西面的秦国结盟，"先行王服，然后图齐楚"。

称王是一种极大的诱惑，魏罃欣然采纳，"乘夏车，称夏王，朝为天子"。魏罃称王后，史称魏惠王。他的称王仪式是在逢泽（今河南开封境内）举行的，宋、卫、邹、鲁等小国国君以及秦国派出的特使参加了会盟。

在商鞅的成功游说下，魏罃成为熊通这个不懂礼仪的南蛮之后第一个称王的诸侯。魏罃称王的举动，立即遭到了齐国及依附齐国的韩国等国的强烈谴责。

公元前342年，魏攻韩，韩不敌，向齐求援。次年，齐国趁魏、韩火拼之际，派田忌、田婴为将，孙膑为军师，攻魏救韩。马陵之战，孙膑减灶赚庞涓，魏军主力被全歼，主将太子申和庞涓一个被俘，一个自杀。魏国遭受了史无前例的惨败，国力大衰。

隔岸观火的秦国自然不会放过痛击世仇的机会。公元前340年，秦攻魏，便有了商鞅欺骗公子印而大败魏军的故事。

两年后，秦国再攻魏，俘虏魏军主将魏错。

在秦、齐的不断打击下，魏国疲惫不堪，眼看不是个事儿，便与齐国讲和。讲和后，公元前334年，魏惠王率韩昭侯等，到齐国的徐州与齐国国君见面，尊齐国国君为王，即齐威王。齐国也宣布承认魏惠王的王号。史称徐州相王。于是，齐君成为又一个称王的诸侯。

秦国与魏国之间的议和却艰难得多。秦国一再进攻魏国。原本不是晋、魏对手的秦国，此时如同乳虎下山：公元前330年，秦军在雕阴大败魏军，斩首达四万五千人，并俘虏魏军主将龙贾。魏国只得将其占据的河西部分地区，除少梁外，都拱手让与秦国。两年后，秦魏再战。秦军由公子华和张仪率领，渡过黄河，攻占蒲阳（今山西永济北）。节节败退的魏国主动求和，将少梁及上郡十五县悉数割与秦国，秦国则返还已攻占的焦、曲沃和皮氏。

此时，秦国不仅全部收复了黄河以西，其势力更是深入河东；曾经强盛的魏国，"地方不至千里，卒不过三十万"。

秦、魏议和后，秦惠文君也继魏、齐之后称王，称为秦惠文王。

4

从咸阳回成都，导航给出了三条可供选择的路线。

西线，西行至宝鸡再南下，过留坝至汉中；中线，经西安，过洋县、城固至汉中，即到了汉中后，西线与中线会合，均西南行入川；东线则东行至西安后，经安康、万源、通江和巴中抵成都。

三条路我都走过，且不止走过一次。

这三条路的前身，正是中国交通史上赫赫有名的蜀道。

广义的蜀道包括了名称各不相同的几条古道，其中穿越秦岭的有四条：子午道、傥骆道、褒斜道、陈仓道。穿越大巴山的有三条：荔枝道、米仓道、金牛道。

导航给出的三条线路，其大致对应的，西线为褒斜道加金牛道，中线为子午道加金牛道，东线则主要为荔枝道。

我又一次选择了西线，为了再看一看褒斜道。

眉县位于咸阳和宝鸡之间。县城边上，能清楚地看到南边隆起的秦岭，驱车南行，离山愈近，愈发觉得原本静止的大山如同一排排黛色的巨浪，正以雷霆万钧之势扑面打来。

距县城仅十多公里的秦岭北麓，连绵不绝的秦岭被撕开了一道口子，公路就顺着口子进入大山。口子名叫斜谷口。

斜谷口得名于从秦岭发源的渭河支流斜水——今名石头河。

公路沿着相对平坦的河谷入山，曲折蜿蜒，蹿高伏低，而入目的山石与林子，哪怕在七月底的大暑天气，都带着一种清幽的凉意。

由斜谷口往南，斜水上游不远，便是褒河。不过，斜水北流，褒河南下，斜水属黄河流域，褒河属长江流域，尽管它们的源头仅仅相距几公里。我想起秦岭分水岭上立的那块碑，同样落下来两滴雨，很有可能，碑北那滴雨经黄河汇入了渤海，碑南那滴雨经长江汇入了东海。

子午道和傥骆道必须翻越海拔二三千米的大山，道路艰险难行，褒斜道却几乎不翻山，只需从五里坡的一个小山梁中穿过，就从褒水进入斜水，不仅里程短，且易于通行。战国时起，就有人在谷中凿石架木，修筑栈道，以后历代相继，不断维护、增修。汉武帝时对全线进行过大修，从而出现了栈道千里，畅通无阻的盛况。

所有古蜀道中，褒斜道修建时间最早，持续使用时间最长，经过行人最多，因而也是古代进出四川最重要的通道。许多有名的历史故事，就发生在这条古道上。诸如刘邦进入汉中做汉王时，曾听从张良建议，为消除项羽的猜忌，将褒斜道上的栈道全部烧毁，以示无意北返。萧何月下追韩信，诸葛亮北伐，这些中国家喻户晓的故事，全都发生在褒斜道上。

公元前 316 年，从关中出发的秦军，就通过褒斜道和金牛道，向远在千里之外的蜀国发起进攻，并以摧枯拉朽之势灭蜀，随后又灭巴，使得沃野千里的四川盆地成为秦国的粮仓和东下击楚的跳板。

秦惠文王时期，秦国朝堂上有过一次激烈争论。争论的焦点就是如何对外扩张，如何建立王业。张仪主张进攻韩国的新城、宜阳："以临二周之郊，据九鼎，索图籍，挟天子以令于天下。"司马错不同意。他认为，按张仪的主张，即便攻韩和挟天子成功，也只会使秦国获得恶名，成为众矢之的。司马错主张，当务之急是伐蜀，"取其地足以广国也，得其财足以富民缮兵"，且巴蜀水道东通楚国，"得蜀则得楚，楚亡则天下并矣"。

惠文王采纳了司马错的意见。于是，公元前 316 年，秦军由司马错率领，经由蜀道自北而来，敲响了蜀国、巴国的丧钟。

759 年，杜甫为生计所迫，一岁四行役，其中最后一程，是由同谷（今甘肃成县）前往成都。在抵达今天的川、陕交界地带时，有一个叫飞仙阁的地方，悬挂于半壁间的栈道，给杜甫留下了极为深刻的印象。

尽管在秦州、同谷，以及同谷至水会渡一带的大山间行走过，但飞仙阁的高峻仍然让杜甫胆寒。他写诗说，"出门山行窄，微径缘秋毫"，细小的山路竟然像是鸟兽在秋天长出的细毛，"栈云阑干峻，梯石结构牢"，虽然他也相信，栈道修得很牢固，栏杆也很密集，但这种高耸入云的路，仍然让人心惊肉跳。更何况，时值初冬，山上阴风怒号，虽有太阳，却只发出清冷的光，反而增加了寒意。当他好不容易走到栈道底部停下来歇口气时，望望刚刚走过的栈道，再看看歇息的地方，简直如同在地底。

杜甫可能不知道的是，飞仙阁栈道虽然让人望而生畏，却并非最险峻的路。在川、陕、甘接合部的古蜀道上，栈道比比皆是。直到今天，行走于古道，许多地方都还能看到高而陡的崖壁上此起彼伏的孔洞。这就是当年用来插入木头铺设栈道所留下的。所谓悬崖凿孔，立木为柱，横木为梁是也。

几年前，我和一帮朋友从汉中前往石门，为的就是看看褒斜道上的古老栈道。

汉中是一座很独特的城市，在北方人眼里，它属南方；在南方人眼里，它属北方。历史上，汉中长期属于四川，直到元朝，中央政府鉴于四川曾多次地方割据，便将汉中划归陕西，使四川失去了北部屏障。但是，千百年来形成的文化和习俗，却不是一纸行政命令就能改变的。几百年后的今天，汉中方言、汉中饮食及诸多风俗，仍然与四川非常接近，同时又不乏陕西特点。

比如，以美食来说，汉中面皮，恰到好处地融和了川、陕两省的特点。

面皮，从名称上看，肯定是面粉，也就是小麦制作的。但到了汉中，面皮竟然是大米做的。它更类似于南方的米粉，不过更劲道，几乎就像小麦制品，因此称为面皮。它既可以切得像面条那么细，也可以弄成巴掌那么宽。以南方的米为本，以北方的面为形，这算是汉中面皮的最大特点。

汉中面皮的调料，有常见的葱、姜、蒜、草果、大料，此外，蒸面皮的蒸笼旁还有一个炉子，炉子上的锅里炖的是调料汤，汤里常会用到天麻和当归之类的药材。与西安原生态的 biangbiang 面相比，汉中面皮已经做得精致了一些。从西安入川，你会发现，离成都越近，美食也越精致。

吃过汉中面皮后，我们先去了汉中博物馆。馆里，最值得一看的，我以为是褒斜古栈道陈列室。陈列的诸多文物中，最有价值者无过于石门十三品——石门原指人工开凿的一座隧道，后来则成为褒斜道南端的地名。石门十三品，是褒斜古道石门内外十三种摩崖石刻的总称。这其中，尤以《石门颂》《石门铭》为人称颂，是历代书法家梦寐以求的神品。这些原本依山凿石、镌刻于崖壁上的文字，因 1970 年修建水库，不得不切割下来，收藏于博物馆。

不过，尽管褒斜道是司马错大军的入蜀之路，他们看到了褒河的浪花，也看到了秦岭南坡更为幽深的草木，但他们没看到那座中国最古老的隧道——石门，当然也没看到石门十三品。

秦军将士经过这里时，可以肯定，古道还要更加荒凉，更加杳无人迹。石门和石门十三品，还要等上好多年才会诞生。

5

城市化进程既表现为城市人口的增加、城区面积的扩大，也表现为行政称谓的变化——后者甚至更直观，一望而可知之，如县改市，镇改街道。从行政级别上讲，县与县级市，镇与街道，它们大体同级，但县改市，镇改街道，却表明它已由以农村为主变成以城镇为主。

周陵街道的前身便是周陵镇、周陵乡、周陵公社。

我是从渭河边的古渡公园前往周陵街道的。两地相距十余公里，车程不过二十余分钟。古渡公园地处渭河北岸。按古人称谓，应该叫渭阳——公园门口的那条街，就叫渭阳路。

渭河北岸，即咸阳老城区。当年，秦孝公从栎阳迁都咸阳时，这里应该还是一片天苍苍野茫茫的冲积平原。两千多年间，这座城市虽然屡遭毁灭性兵火蹂躏，但仍然生长为一座楼宇林立、生机勃勃的中等城市。

由渭阳路北行不远，有一所学校——西藏民族大学。西藏民族大学，按理，它应该在西藏，为什么却在咸阳呢？

中国有不少大学，名称与所在地名不副。比如，河北工业大学在天津，四川美术学院在重庆，但这只是行政区划调整造成的。西藏民族大学不同，它虽然落址咸阳，却由西藏管辖。

西藏民族大学的前身是1957年组建的西藏公学。其时，雪域高原条件太差，而陕西一向对口支援西藏，公学便建在了交通条件、生活条件都相对较好的咸阳。后来，一步步发展成西藏民族大学。

过西藏民族大学，拐一道弯，是笔直而宽阔的迎宾大道。

迎宾大道一直通往周陵。周陵街道的主体，就在迎宾大道右侧。

由于与市区毗邻，周陵显得比普通的镇要繁华，更像城市——有星级酒店，有大型超市，有多个新修的高层小区。只不过，街区北侧，几乎没有过渡，一下子就从街道变成了田野——小麦青葱的田野、杨树深碧的田野，其间偶有一些星星点点的农舍。

在笔直穿过田野的公路上，横着一座五彩的牌坊，因为日晒雨淋的时间有点长，色彩斑驳而暗淡，显得有些沧桑。牌坊正中是两个隶书大字——周陵。

周陵的得名，源于境内的周文王陵和周武王陵。

然而，更多的证据表明，所谓周文王陵和周武王陵乃是从古代就开始了的以讹传讹。它们不是周文王陵和周武王陵，而是秦惠文王陵和秦武王陵。

因此，"周陵"名不副实，它更准确的名字应该叫"秦陵"。

云淡风轻，是盛夏难得的一个清凉日。

麦地旁的一户农家小院，几棵高大的杨树挡住了初升的太阳，微风过时，杨树叶子哗哗作响。树下，一只黄羽毛的公鸡引颈长鸣，它的旁边，两个老汉正在下棋。

观棋不语真君子。我站在一旁，一个老汉略微对我点了一下头，指了指背后的凳子，示意我坐。另一个老汉低头沉思——他正被卧槽马弄得左支右绌。过了半晌，他抬头表示认输。马上又说，再来。

招呼我坐的老汉赢了，有三分得意，问我从哪里来。

意外的是，他居然说的是普通话，当然带着浓重的口音。细看面相，无端地觉得他可能做过教师。一问，果然，是才退休几年的语文老师。

我向他请教去两座王陵的路——其实，路基本是清楚的，问路是由头，我只想和当地人随便聊一聊。

语文老师先说了一句民谣，然后为我指路。他说的民谣我听过，道是："南方的才子，北方的将，陕西的黄土埋皇上。"

还想再聊五分钟，输了棋的老汉颇有些不耐烦，把木制的象棋在棋盘上砰砰砰地乱敲。鸣叫得欢的公鸡吓了一跳，止住歌唱，转身逃入小树林。那里，有一群花枝招展的母鸡。看得出，这只公鸡很幸福。

辞别两个老汉，我重又上路。

不到五分钟，我看到了被小树和杂草覆盖的小山。

那是其中一座王陵上的封土。碑文和介绍都称它是周文王陵。

事实上，它是秦惠文王陵。

在一马平川的渭河平原上，一座隆起的土堆便是一座小山。山前山后都是空旷的原野。山前有碑，上有隶书大字——周文王陵。附带一些不老不新的建筑，墙壁剥落，有一股若有若无的霉味儿。山前土里，几块碑仆倒在地，像是一具具石头的尸体。

站在所谓的周文王陵上向北望，百十米外的平原上，还有另一个隆起的土堆，或者说小山。那就是传说中的周武王陵。

事实上，正如传说中的周文王陵乃是秦惠文王陵一样，传说中的周武王陵则是秦武王陵。

关于秦惠文王陵和秦武王陵，《史记》说，"惠文王享国二十七年，葬公陵"，"悼武王享国四年，葬永陵"。《史记正义》引《括地志》注释说，"秦惠文王陵在雍州咸阳县西北一十四里"，"秦悼武王陵在雍州咸阳城西十里，俗名周武王陵，非也"。从地理位置上说，所谓周文王陵正好对应秦惠文王陵，周武王陵正好对应秦（悼）武王陵。

为什么会如此张冠李戴呢？

主要是由于自古以来对古籍中所说的周文王和周武王葬于毕原的理解。陕西有两个毕原，一在西安，一在咸阳——咸阳这个毕原，就包括了今天的周陵街道一带，而这里又恰好有两座覆斗状的封土，古人就误认为它们即周文王陵和周武王陵。

其实，按周朝礼仪，哪怕是君主陵墓，也是不封不树，仅此一点，就足以证明两个高大的封土堆下，绝不可能埋着周文王和周武王。只是，多年来，连官方都把它们当作周文王陵和周武王陵，并加以祭祀，以讹传讹，也就影响至今，且无从更正。

秦惠文王在位的二十七年间，秦国处于自献公、孝公以来的持续上升期。检讨其业绩，对内，有四件大事：

其一，诛商鞅，继续推行商鞅的改革措施；

其二，初行钱，也就是从此由国家统一发行货币；

其三，平定义渠内乱，稳定后方；

其四，称王。

对外，也有四件大事：

其一，多次打败魏国，终使魏国江河日下；

其二，击败五国联军；

其三，灭蜀、巴；

其四，从楚国手里夺取汉中。

惠文王的几大业绩中，对后来的秦国乃至所有诸侯影响最大者，无过于将蜀国和巴国纳入版图。尤其是蜀国，对秦国的统一大业具有举足轻重的意义。并蜀后，蜀守李冰建成了举世闻名的水利工程都江堰，从此，成都平原水旱从人，不知饥馑，继关中平原之后，成为又一个天府之国。这两个物产丰饶、人口稠密的天府之国，都是秦国疆土。

公元前311年，惠文王去世，其子荡继位，是为秦武王，又称秦悼武王。

秦武王是一个短暂的过渡性人物。如果不是意外死亡的话，他多半也会是一个开疆拓土、碾压诸侯的强势君王。

秦武王曾经和臣下说过他的理想："寡人欲容车通三川，窥周室，死不恨矣。"表面是说，他想修一条路，从秦国通往三川郡，看一看周朝宫室，那就死而无憾了。实际上，他的意思是希望向中原扩张。窥周室必经过韩国，而三川，也属韩国领土。地处中原的韩国，国力弱小，又与秦国毗邻，便成了秦国必欲吞之而后快的不幸者。后来，秦灭六国，果然就从韩国开始。

武王为了死而不恨的理想，于登基后的第三年，即公元前308年，派甘茂率兵进攻韩国重镇宜阳（今河南宜阳）。

宜阳在洛邑西边，两地相距只有几十里地。宜阳既下，武王令其叔樗里疾——又称樗里子，乃是惠文王的异母弟，因战功而封于蜀郡严道（今四川荥经），故又称严君疾——率战车百辆，浩浩荡荡地进入了东周首都洛邑。其时，正值东周末代君主周赧王在位。周赧王见秦兵气势汹汹，吓了一大跳，非常恭敬地出来迎接。

樗里疾是来问鼎的——据说，大禹平息洪水后，用天下九州所贡之铜铸造了九只鼎，每只鼎代表一个州，其上刻有各州的名山大川及奇异之物。以后，九鼎成为国家权力的象征。

周王室衰弱，先后发生过两起诸侯问鼎事件。一次是公元前606年周定王时期。其时，楚国强大，楚庄王讨伐居于今河南伊川一带的陆浑戎，大军逼近周朝首都洛邑。周定王不知楚军下一步会有什么举动，忙派大臣王孙满去慰劳。踌躇满志的楚庄王，别有用心地向王孙满打听九鼎的重量，流露出了欲取周朝天下的意思。其时，周天子虽然势弱，毕竟在诸侯间还有号召力，王孙满严肃地告诉楚庄王："在德不在鼎……周德虽衰，天命未改，鼎之轻重，未可问也。"总之，把骄横的楚庄王教训了一顿。

其二就是秦武王派樗里疾问鼎了。这时的周朝，比起周定王时期，更是江河日下。其时，周天子的城邑土地，要么被诸侯瓜分，要么分封给宗室。周考王元年（前440）——这一年，在秦国为躁公三年——周考王封其弟揭于河南，是为西周桓公。这是周朝的最后一次分封，至此，周天子的土地全部分封完毕。尔后，周天子分封的周国分裂为西周和东周两个小国，周天子借居于两小国，完全是寄人篱下。

秦武王问鼎，除了有不臣之心，完全没把日暮途穷的周天子放在眼里外；还在于他想试一下，能不能把传说中重达千斤的鼎举起来。

司马迁说秦武王"有力好戏"。秦武王谥号武，其根据乃是此君崇尚武力，且本人是一个力壮如牛的大力士。他最喜欢的事情，就是和大力士们举鼎比试力气。所以，当时几个以武力闻名的人，都被他封了高官，如孟说、任鄙等。反之，擅长外交谋略的文人型官员，则被他厌恶。曾为秦国崛起立下大功的张仪，就是在他上台后黯然离开秦国的。

国家社稷的象征，岂能被名义上是臣子的人举来扛去。周王室虽然弱到不能再弱，但周赧王还是义正辞严地拒绝了。拒绝之后，秦武王撕破脸皮——他没敢杀周赧王，但把周赧王赶出了成周王宫。周赧王无奈，只得前往王城，依靠西周公。

武王如愿以偿地举了鼎，代价是他的生命。

《史记》的记载是："王与孟说举鼎，绝膑。八月，武王死。"

青铜制成的鼎实在太重，孟说没能举起，秦武王亲自下场，勉强将鼎举起来，却又因力气不济，鼎落下来将他的腿压断了。

压断了腿的武王并没有当场死亡，放到今天，一家好点的外科医院肯定能把他治好，但在两千多年前不行，他在痛苦中捱了一段时间，于当年八月驾崩。

秦国官方追究责任，大力士孟说被灭族。

武王被安葬在了父亲惠文王身后，也就是惠文王陵以北仅一百多米的地方。从高空看，两座覆斗形的封土矗立于平原上，中间一条笔直的通道将它们联结，宛如一只哑铃。哑铃以南，是日益繁华的周陵街道，是人歌人哭的世俗生活；哑铃以北，是麦菽生长成熟的田野，是从田野上穿过的高速公路，通向渺不可知的远方。

秦武王非正常死亡时，只有二十三岁，有后无子。重臣们商议了一番，一致决定立武王同父异母的弟弟稷为王。

这就是秦昭襄王，又称秦昭王。昭襄王在位之初，由其母宣太后当权，其叔父樗里疾为相，魏冉为将军。宣太后系楚国人，芈姓，名芈八子。她是我国历史上第一个被称为太后的人，也是前几年风靡一时的电视剧《芈月传》的主角。

三年后，公元前304年，二十岁的昭襄王成人加冠，亲理朝政，开始了他漫长的五十多年的秦王生涯——自非子以来的几十代秦君，昭襄王是在位时间最长也是最长寿的一位。他在位达五十六年，活到了当时少有的七十六岁高寿。

从辈分上说，秦昭襄王是秦始皇的曾祖父；从时间上说，秦昭襄王去世之年到秦始皇即位之年，却只有区区五年——五年其实是跨年头的虚数，如以实际年数计，只有三年多。也就是说，短短三年多时间里，秦王王位在四代人手里三次传递：公元前 251 年，昭襄王去世，孝文王立；孝文王在位仅三天，离奇去世，庄襄王立；庄襄王在位三年，驾崩，秦始皇立——当然，当时他还没有始皇这个名号，他还被称为秦王。

贾谊在《过秦论》里总结秦国统一天下的进程时说："及至始皇，奋六世之余烈，振长策而御宇内，吞二周而亡诸侯，履至尊而制六合，执敲扑而鞭笞天下。"

所谓奋六世之余烈，指秦始皇继位后将前六代秦君的功业发扬光大。这六代，从秦始皇开始上溯，包括父亲庄襄王，祖父孝文王，曾祖昭襄王，堂曾祖武王，五世祖惠文王，六世祖孝公。

六代人里，秦孝公任用商鞅变法，秦国为之面目一新，迈出了崛起的关键一步；惠文王和武王东征西讨，灭巴蜀，取汉中，进中原，秦国实力大增。其时，秦国已成头号强国，露出了将要一统天下的苗头。

及至昭襄王时代，秦灭六国的统一战争已经开始了。

昭襄王在位期间，发动了数十次对外战争，而他手下的战神白起仅仅四场战争就消灭诸侯军队一百万以上——当时全天下的总人口，估计也不过两千万左右。

为了对付秦国，诸侯以合纵的形式组织了四次或五次联军，然而，正如贾谊说的那样："秦人开关延敌，九国之师逡巡而不敢进。秦无亡矢遗镞之费，而天下已困矣。于是从散约败，争割地而赂秦。"

牛顿有一句名言：我看得远，是因为我站在巨人的肩膀上。套用一下，那就是：秦始皇能统一天下，是因为他站在祖宗的基业上。

当政成为新一代秦君时，他还是一个十三岁的青涩少年，大权掌握在权臣吕不韦手中。公元前238年，已经二十三岁的政来到雍城，成为加冕礼的主角。

二十世纪八十年代，考古工作者在凤翔县长青乡的一处断岩中，发现了一处战国建筑遗迹。最先浮出水面的，是一块瓦当，瓦当上面有四个字——蕲年宫当。蕲通祈，祈年，就是向上天祈求丰收。史料记载，蕲年宫系穆公时修建，政的加冕礼就在这里举行——比加冕礼更重要的是，政坐镇雍城，镇压了在咸阳发动叛乱的嫪毐，次年，又赐死吕不韦，从而将秦国大权掌握在自己手中。

从公元前230年开始，秦国以摧枯拉朽之势发动了对诸侯的灭国之战：

公元前230年，灭韩；

公元前228年，灭赵；

公元前225年，灭魏；

公元前 223 年，灭楚；

公元前 222 年，灭燕、代；

公元前 221 年，灭齐。

到此，天下归一，在战争的废墟上，大秦王国升级为大秦帝国，秦王政升级为秦始皇，一个疆域远迈前代的大一统国家第一次出现在中国。

秦始皇下令没收天下私藏的兵器，并将这些青铜的兵器熔化后制成十二座各重千石的金人——先秦时把铜称为金或吉金，这十二座金人屹立于秦宫大门外；此后，他又下令从全国各地搬迁富豪十二万户到咸阳定居。

当其他诸侯国的大多城市都因连年战争几乎成为废墟时，咸阳成为全天下最壮丽、最繁华的大都会。

以始皇自居的政，有理由相信他的江山必将万世一系，干戈永灭，于是"独夫之心，日益骄固"。然而，他去世后仅三年，他和他的列祖列宗打下的万里江山便土崩瓦解。秦人和嬴氏，也在一片瓦砾之中走到了尽头。

入夜的咸阳流光溢彩。

我沿着渭河之滨散步。夜色下的渭河，无声无息地流淌，夹岸的灯光投进河面，把河水照得像一匹黑亮的丝绸。遥想当年，当秦孝公将秦都从栎阳迁到渭河北岸，那座在渭河冲积平原上缓慢而又执着生长起来的当时最宏伟的城池，它的繁华，它的壮丽，显然超过了秦人此前的八个首都：秦邑、西垂、汧邑、汧渭之会、平阳、雍城、泾阳、栎阳。

从冀阙开始，咸阳城像一幅缓缓铺开的画卷。到了秦王政时期，每灭掉一个诸侯国，便要将该国的宫殿仿制于咸阳。史称："每破诸侯，写放其宫室，作之咸阳北阪上。南临渭，自雍门以东至泾渭，殿屋复道周阁相属。所得诸侯美人钟鼓，以充入之。"

随着六国宫室次第落成于咸阳，秦国已实现了海内混一的远大理想。那时，这个冉冉升起于渭水之滨的大帝国，它的伟大首都，无疑就是彼时最伟大的城市。

作为秦国都城，秦孝公至秦始皇七代秦君在这里运筹帷幄，经过多年浴血奋战，终于一统天下；作为秦朝都城，自秦始皇而秦二世，仅仅十多年就灰飞烟灭——而秦始皇的如意算盘是由始皇而二世而三世而千世万世。也就是说，从非子邑秦到秦始皇统一中国，打江山耗费了嬴氏家族六百多年，坐江山却只有区区十四年。六百多年的崛起与十四年的崩溃，其原因，古人早就总结得很透彻：仁义不施而攻守之势异也。

咸阳充当秦国和秦朝首都将近一个半世纪。秦始皇去世后仅三年，项羽大军攻进咸阳，这座壮丽的城市及其宫殿被摧毁，"楚人一炬，可怜焦土"。咸阳的繁华与重要从此不再，彻底沦为一座普通的中小城市。几百年后的唐朝末年，一个叫许浑的诗人登临咸阳城楼，抚今追昔，感慨万千，留下了一首七律：

> 一上高城万里愁，蒹葭杨柳似汀洲。
>
> 溪云初起日沉阁，山雨欲来风满楼。
>
> 鸟下绿芜秦苑夕，蝉鸣黄叶汉宫秋。
>
> 行人莫问当年事，故国东来渭水流。

秦国（朝）世系图

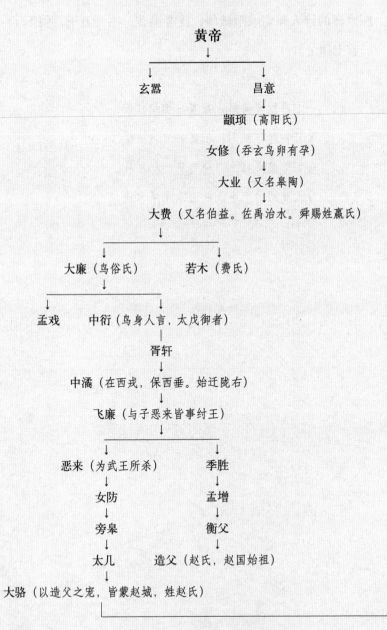

黄帝

玄嚣　　　　　昌意

颛顼（高阳氏）

女修（吞玄鸟卵有孕）

大业（又名皋陶）

大费（又名伯益。佐禹治水。舜赐姓嬴氏）

大廉（鸟俗氏）　　　若木（费氏）

孟戏　　中衍（鸟身人言，太戊御者）

胥轩

中潏（在西戎，保西垂。始迁陇右）

飞廉（与子恶来皆事纣王）

恶来（为武王所杀）　　　季胜

女防　　　　　孟增

旁皋　　　　　衡父

太几　　造父（赵氏，赵国始祖）

大骆（以造父之宠，皆蒙赵城，姓赵氏）

```
                              ↓
                ┌─────────────┴──────────────┐
                ↓                             ↓
              **成**            **非子**（养马有功，邑秦，号秦嬴）
            （为西戎灭）                      ↓
                                          **秦侯**
                                            ↓
                                          **公伯**
                                            ↓
                                   **秦仲**（周大夫，讨戎死）
                                            ↓
                              **庄公**（并大骆地而为嬴氏正朔，居西犬丘）
                                            ↓
                          **1襄公**（护平王东迁。始诸侯，建秦。始居汧）
                                            ↓
                          **2文公**（抵汧渭之会，取岐丰。立史官）
                                            ↓
                              **竫公**（又称静公，未立死）
                                            ↓
                          **3宪公**（又称宁公，迁平阳）
                                            ↓
        ┌───────────────────────────┬───────────────────────┐
        ↓                           ↓                        ↓
  **5武公**（初县，初人殉）    **6德公**（迁雍）        **4出公**
                                    ↓
        ┌───────────────────────────┼───────────────────────┐
        ↓                           ↓                        ↓
    **7宣公**                   **8成公**          **9穆公**（霸西戎。势力抵河西）
    （与晋首战）                                            ↓
                                                  **10康公**（盟楚）
                                                          ↓
                                                      **11共公**
                                                          ↓
                                                  **12桓公**（背盟，失河西）
                                                          ↓
                                                      **13景公**
                                                          ↓
                                                      **14哀公**
                                                          ↓
                                                  **15夷公**（未立死）
                                                          ↓
                                                      **16惠公**
```

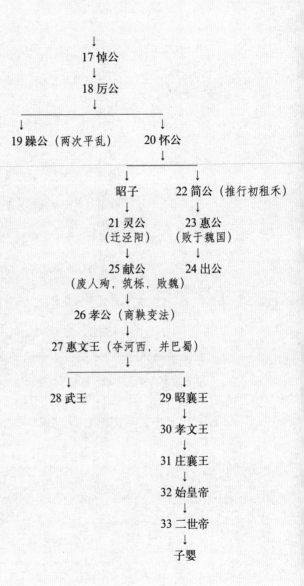

↓
17 悼公
↓
18 厉公
↓

19 躁公（两次平乱）　　　20 怀公
↓

昭子　　　22 简公（推行初租禾）
↓　　　　　↓
21 灵公　　23 惠公
（迁泾阳）　（败于魏国）
↓　　　　　↓
25 献公　　24 出公
（废人殉，筑栎，败魏）
↓
26 孝公（商鞅变法）
↓
27 惠文王（夺河西，并巴蜀）

28 武王　　　29 昭襄王
↓
30 孝文王
↓
31 庄襄王
↓
32 始皇帝
↓
33 二世帝
↓
子婴